U0821648

作为皮克斯标志的顽皮跳跳灯雕塑，活灵活现地矗立在加州爱莫利维尔的皮克斯主楼之外。版权归皮克斯所有，2008 年。摄影：黛博拉 · 科尔曼。

2012 年春季的皮克斯总部入口景象，墙壁正中挂着一幅《勇敢传说》的电影海报。版权归皮克斯所有，2012 年。摄影：黛博拉 · 科尔曼。

左图为蹒跚学步时的艾德·卡特姆与母亲吉恩，右图为婴儿时期的艾德·卡特姆与父亲厄尔。来自艾德·卡特姆个人收藏。

最初建成的卢卡斯影业办公室中的艾德。约摄于1979年。来自艾德个人收藏。

卢卡斯影业电脑图形小组成员，约摄于1985年。前排：阿尔维。后排左起：罗兰·卡彭特、比尔·里维斯、艾德·卡特姆、罗布·库克、约翰·拉塞特、埃本·奥兹比、大卫·萨尔森、克雷格·古德和山姆·莱弗勒。版权归皮克斯所有，1985年。

威利的电脑模型的基础结构，也就是“线框图”。版权归皮克斯所有。

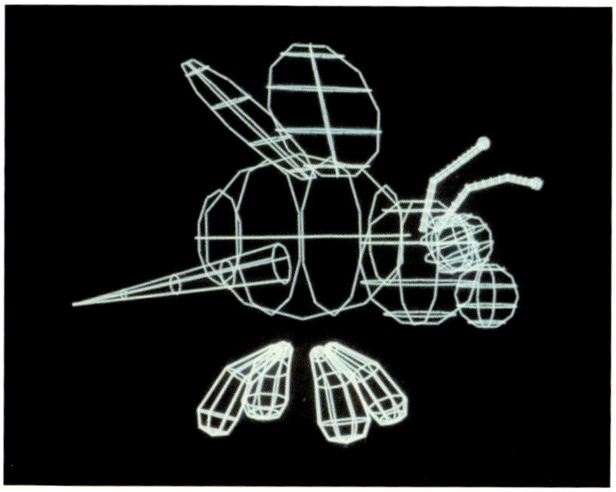

约翰·拉塞特为短片电影《安德鲁和威利的冒险》中的角色威利制作的设计草图。版权归皮克斯所有，1984 年。

在《玩具总动员》的制作过程中，为了与迪士尼的高管们保持频繁的交流，乔·兰夫特、彼特·道格特、约翰·拉塞特和安德鲁·斯坦顿常乘坐美国西南航空的飞机在奥克兰和伯班克之间奔波，积累了不少里程积分。约摄于 1994 年。版权归皮克斯所有。

2011 年，几位制片人聚集在皮克斯园区的普雷斯托剧场。前排：乔纳斯·里韦拉、吉姆·莫里斯、达拉·K·安德森。中间一排是：林赛·柯林斯、丹尼斯·里姆、盖林·萨斯曼。后排：凯文·雷彻、凯瑟琳·萨拉菲安、约翰·沃克、汤姆·波特。版权归皮克斯所有。摄影：黛博拉·科尔曼。

包括安德鲁·斯坦顿、李·昂克里奇和彼特·道格特在内的皮克斯故事发展部及智囊团成员聚集在一起，进行《玩具总动员 3》的第一次剧本试读会。版权归皮克斯所有。摄影：黛博拉·科尔曼。

左起：达拉·K·安德森、詹森·卡茨、约翰·拉塞特、李·昂克里奇和苏珊·莱文在《玩具总动员 3》的剧情研讨会上。版权归皮克斯所有。摄影：黛博拉·科尔曼。

《美食总动员》导演布拉德·伯德在为这部电影进行分镜头制作。版权归皮克斯所有。摄影：黛博拉·科尔曼。

前排左起：皮克斯创意执行副总裁约翰·拉塞特、皮克斯首席执行官史蒂夫·乔布斯、迪士尼首席执行官鲍勃·伊格尔和皮克斯总裁艾德·卡特姆，于 2006 年 1 月 24 日同聚在皮克斯中庭，宣布迪士尼并购皮克斯的决定，版权归皮克斯所有。摄影：黛博拉·科尔曼。

2012 年 11 月 5 日，乔布斯离世后一年多，艾德、约翰·拉塞特和鲍勃·伊格尔将皮克斯主楼以史蒂夫·乔布斯的名字重新命名。摄影：安德鲁·特普曼。

2013年，制片人科里·雷、丹尼斯·里姆、凯瑟琳·萨拉菲安和达拉·K·安德森聚集在皮克斯动画工作室的布鲁克林大楼。摄影：艾德·卡特姆。

为了更好地刻画《飞屋环游记》中的大鸟凯文，副导演鲍勃·彼得森、美工设计师瑞奇·尼尔瓦和导演彼特·道格特一起观察鸵鸟。版权归皮克斯所有。摄影：黛博拉·科尔曼。

米其林三星主厨托马斯·凯勒（左）在他的餐厅“法国洗衣店”的厨房中向《美食总动员》制片人布拉德·刘易斯展示普罗旺斯杂烩的制作技艺。版权归皮克斯所有。摄影：黛博拉·科尔曼。

电影《勇敢传说》的皮克斯动画工作室制作人员在加州金门公园一起上了一节射箭课。版权归皮克斯所有。摄影：黛博拉·科尔曼。

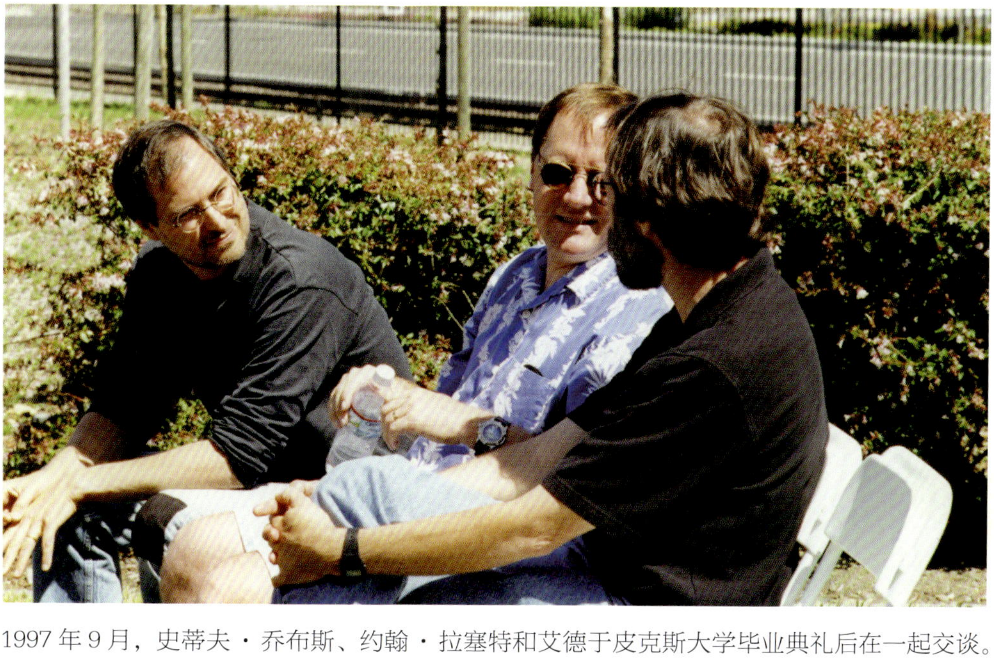

1997 年 9 月，史蒂夫·乔布斯、约翰·拉塞特和艾德于皮克斯大学毕业典礼后在一起交谈。版权归皮克斯所有。

约翰·拉塞特在皮克斯中庭与大家分享了他对诚实反馈的重视，为点评日拉开了帷幕。版权归皮克斯所有。摄影：黛博拉·科尔曼。

2011 年 10 月 5 日，史蒂夫·乔布斯死讯公布后不久，皮克斯总部的天空中出现了一道彩虹。摄影：安琪莉可·雷什。此照片使用苹果手机拍摄。

PIXAR

创新公司

皮克斯的启示

CREATIVITY, INC.

[美] 艾德·卡特姆（Ed Catmull）
埃米·华莱士（Amy Wallace） 著
靳婷婷 译

中信出版社·CHINACITICPRESS ·北京·

图书在版编目（CIP）数据

创新公司：皮克斯的启示 /（美）卡特姆，（美）华莱士著；靳婷婷译. —北京：中信出版社，2015.3（2024.2 重印）
书名原文：Creativity, Inc.: Overcoming the Unseen Forces that Stand in the Way of True Inspiration
ISBN 978-7-5086-4947-4
I. ①创… II. ①卡… ②华… ③靳… III. ①企业创新－创新管理－经验－美国 IV. ①F279.712.3
中国版本图书馆 CIP 数据核字（2014）第 312934 号

Creativity, Inc.: Overcoming the Unseen Forces that Stand in the Way of True Inspiration
Copyright © Edwin Catmull
This edition arranged with C.Fletcher & Company, LLC through Andrew Nurnberg Associates International Limited
Simplified Chinese translation copyright ©2015 by CITIC Press Corporation
All rights reserved
本书仅限中国大陆地区发行销售

创新公司：皮克斯的启示

著　　者：[美] 艾德 · 卡特姆　[美] 埃米 · 华莱士
译　　者：靳婷婷
策划推广：中信出版社（China CITIC Press）
出版发行：中信出版集团股份有限公司
（北京市朝阳区东三环北路 27 号嘉铭中心　邮编　100020）
（CITIC Publishing Group）
承 印 者：河北鹏润印刷有限公司

开　　本：787mm × 1092mm　1/16　　插　　页：8
印　　张：20.25　　字　　数：275 千字
版　　次：2015 年 3 月第 1 版　　印　　次：2024 年 2 月第 24 次印刷
京权图字：01-2014-2804
书　　号：ISBN 978-7-5086-4947-4 / F · 2908
定　　价：49.00 元

版权所有 · 侵权必究
凡购本社图书，如有缺页、倒页、脱页，由发行公司负责退换。
服务热线：010-84849555　　服务传真：010-84849000
投稿邮箱：author@citicpub.com

献给乔布斯

Creativity, Inc.

目　录

Creativity, Inc.

序 言

迷途，发现

我习惯踏着朝阳步入皮克斯动画工作室，走过我们讨喜的吉祥物“顽皮跳跳灯”高近6米的雕塑，进入双开门，走进天花板由玻璃制成的华美壮观的中庭，只见中庭最显眼的地方，摆着完全由乐高积木搭成的真人大小的巴斯光年和牛仔胡迪模型。爬上楼梯，一幅幅在我们的14部电影中大放异彩的角色的草图和海报映入眼帘，而我也已完全被这里处处渗透的独一无二的氛围折服了。虽然这条路我已走了成千上万次，却从未感到厌烦。

皮克斯总部大楼的楼址曾是一家罐头厂，占地15英亩，毗邻旧金山的港湾桥，整座建筑里里外外都是由史蒂夫 · 乔布斯本人设计的。（这栋建筑的名字就叫作乔布斯大厦）。大厦中的进出口设置都经过了深思熟虑的规划，方便人们交流碰面，鼓励大家打成一片。大厦之外有一个足球场、一个排球场、一个游泳池以及一座可容纳600人的半圆形广场。人们偶尔会对这座大楼心存误解，认为皮克斯只是在肤浅地摆阔。但这些人并没有看到，这座大厦四通八达的构造并非是在炫耀奢华，而是在表达一种对交流的追求。乔布斯希望鼓励大家多多合作，从而提升我们的工作能力。

皮克斯给在这里工作的动画师们自由，让大家随心所欲地打造自己的办公空间，或者毋宁说，皮克斯是在鼓动大家这样做。办公时，动画师们可以躲在挂着迷你枝形吊灯的粉红色玩偶之家里，待在用真正的竹子搭成的热带茅屋内，或是干脆宅在自己的城堡中，而城堡那30多厘米高的塑料泡沫塔楼，经过细心雕画后，看上去真好似是用石头砌成的。每年，公司都会举办各种活动。“皮克斯摇滚大战”期间，我们会在楼前的草坪上搭建舞台，让工作人员组成的摇滚乐队在台上各显神通、一争高下。

在这里，我们重视个性的声音，这一理念为许多参观者留下了深刻的印象。他们常常告诉我们，走进皮克斯会让他们产生若有所失之感，觉得自己的工作中缺失了什么。这缺失的东西，是一种触手可及的活力，一种合作无间的默契，一股毫无羁绊的创意，一种一切皆有可能的信念（这句话似乎有些老套了）。而我会告诉参观者，他们捕捉到的那种可以称为放荡不羁甚至异想天开的感觉，就是皮克斯成功的法宝。

但是，这并不是皮克斯独一无二的缘由。

皮克斯之所以无可取代，是因为我们知道，问题永远存在，只是有许多还没有浮现出来；而我们要做的，就是努力挖掘这些问题，即便要为此挑战自己的极限也在所不辞；一旦遇到问题，我们便会不遗余力地去认真面对。每天清晨，我之所以热切盼望着开启一天的工作，不是因为皮克斯精心策划的派对或附带塔楼的城堡办公室，而是因为我热爱这个信条，它激励着我，赋予我坚定不移的使命感。

然而，我在皮克斯的使命感并非一向如此清晰。究其原因，在后文中我会向大家披露，或许还会引得大家咂舌呢。

1995 年 11 月 22 日，《玩具总动员》在全美影院首映，创造了感恩节首映的纪录。影评人盛赞这部影片 “独出心裁”（《时代周刊》），“棒极了”“喜感十足、诙谐机智”（《纽约时报》），“有远见！”（《芝加哥太阳报》）。《华盛顿邮报》的评论是，想要找到一部有资格与《玩具总动员》比肩的电影，人们非得追溯至 1939 年的《绿野仙踪》不可。

《玩具总动员》是第一部完全通过电脑制作而成的动画长片，我们将自己的辛勤汗水、艺术修养、科技成果以及艰苦卓绝的耐力悉数倾注其中。由约 100 名男男女女组成的制作团队经历了数不尽的起起落落，他们毫不松懈，因为他们知道公司的生死完全取决于这部 80 分钟的实验片的命运。整整 5 年间，我们一直在竭力坚持用自己的方式制作《玩具总动员》。由于迪士尼音乐剧动画电影获得的巨大成功，迪士尼的高层极力推荐我们也在电影中加入大量音乐，但我们一直在极力抵制这种理念。我们将电影剧本一次又一次地推翻重写，为的就是去伪存真。我们夜以继日地工作，节日和周末也不例外，但鲜有抱怨声。我们是电影制作的新手，工作室刚刚起步，资金也极其拮据，但我们仍全心全意地坚守着一个看似简单的信念：如果我们能做出我们自己想看的电影，那么别人也会想看这部电影的。在那段漫长的时间里，我们仿佛一直肩负着这个沉重的信念，攀登着不可企及的高峰。皮克斯的前路曾如此漫漫，而今，我们却骤然被人们高高捧起，成为 “坚守信念”的励志典范。

《玩具总动员》成为当年票房最高的影片，全球票房收入达到 3.58 亿美元。然而，让我们引以为傲的并不仅仅是这些数字，因为说到底，金钱只能从一个方面衡量一家公司的发展，并不是最能说明问题的坐标。给予我最大满足感的，是我们创造出的成果。一篇又一篇的影评都对影片感人至深的情节和饱满的三维角色大加赞美，而对电脑制作一事却大多一笔带过。不可否认，科技的发展为我们提供了制作电影的条件，但我们并没有因科技而忘记制作电影的初衷：制作一部令人叹为观止的电影。

对我个人而言，《玩具总动员》实现了我自小萌生、追寻了20多年的梦想。我出生于20世纪50年代，打小就渴望成为迪士尼的一名动画师，却不知从哪里迈出第一步。现在我意识到，我会对当时新兴的电脑绘画产生兴趣，就是因为想以此为踏板实现我的梦想。虽然我的手绘功力欠缺，但我坚信天无绝人之路。在研究生院就读时，我暗下决心，要制作出第一部由电脑完成的动画长片。20年间，我孜孜不倦，以求遂愿。

那曾推动我人生前进的目标终于实现了，我只觉如释重负——至少在刚实现目标的那段时间里。《玩具总动员》一公映，皮克斯公司也随之上市筹资，以保证我们的工作室具备独立生存的能力。与此同时，我们也开始了另外两部动画长片的制作，一部是《虫虫危机》，另一部是《玩具总动员2》。一切都在顺风顺水地推进，而我却若有所失。我的确实现了我的梦想，但梦想的实现却让我觉得失去了目标。这真的是我想做的吗？我不禁扪心自问。这个疑惑来得有些突然，我只能把它默默放在心里。自皮克斯成立以来，我几乎一直都在总裁的职位上。我热爱皮克斯，也热爱皮克斯的每一条理念。尽管如此，我不得不承认，那个目标曾是我职业生涯的全部，而目标实现了，我所谓的职业生涯也到了尽头。人生就这样了吗？我冥思苦想着：是不是该寻找新的挑战了？

我并不是说皮克斯已经“登峰造极”，也不认为我的工作已经画上了圆满的句点。前方的艰险还有许多，这点我心知肚明。皮克斯以惊人的速度发展着，众多股东都指望着我们给予他们丰厚的回报，而手头两部电影的制作也不容我们喘息。简而言之，这庞大的工作量足以把我的工作日程填得满满的。但我内心的使命感，那支撑我为了多出几个小时的上机时间而在研究生院的机房席地而眠的东西，那让儿时的我为解开心中的谜题而辗转反侧的东西，那为我每天的工作带来动力的东西，却不见了踪迹。我花了20多年的时间，建造起这列火车，铺设好这条铁轨，而苦尽甘来的今日，原本只需安逸地驾驶列车前进的我，却顿觉兴趣皆无了。一部接一部地制作电影，这样的生活就是我人生的全部吗？我该如何选择我的下一个人生坐标呢？

整整一年后，答案才浮出了水面。

序 言

自职业生涯伊始，我的工作就仿佛注定要徘徊在硅谷和好莱坞之间。我初涉电影圈是在 1979 年，当时，乔治 · 卢卡斯正享受着《星球大战》的闪耀光环，他向我抛出了橄榄枝，希望我能将高新科技带入电影业。卢卡斯并没有把工作地设在洛杉矶，而是将他的卢卡斯影业公司开在了旧金山湾区的北端。我们的办公室位于圣拉斐尔，距离硅谷中心的帕罗奥图有一个小时的车程。当时，半导体和计算机产业刚刚起步，硅谷也处于最初阶段。占了地利之便的我捷足先登，近距离目睹了众多软硬件公司的腾飞。而位于沙山路的众多风险投资公司，更是在短短数年之间席卷了整个硅谷。

如此风起云涌、生机勃勃的时机，真是百年难求。众多新兴公司如超新星般熠熠闪耀，最终却黯然离场，这些我都看在眼里。我在卢卡斯影业的任务，就是将电影和科技结合在一起，这也让我频繁接触到太阳微系统公司、硅谷图形公司、克雷电脑公司等企业的高层，还与其中不少人有了深交。我当时的主要身份并不是管理人员，而是一名科学研究者，因此我仔细地观察着这些领导者，想要从这些企业的发展轨迹中获得灵感。渐渐地，我看出了其中的奥秘：首先，你需要一个有创意的点子，接着筹集资金，招兵买马，然后通过研发和销售产品来提升知名度。这牛刀小试带来的成果会像滚雪球一样越来越大，为你引来最强的电脑工程师，客户也会带着有挑战性且利润可观的项目找上门来。随着这些公司的膨胀，有关其颠覆常理的经营手段的报道也铺天盖地而来，当公司的首席执行官终于登上《财富》杂志的封面时，往往会被冠上“创意巨头”的美誉。而让我记忆犹新的，是这些企业领导者所拥有的无与伦比的自信。这也难怪，这些人之所以能屹立潮头，正是因为他们具备了超出常人的能力。

然而接下来，这些公司却一个接一个愚蠢地失足了。我说它们愚蠢，并不是我的“后见之明”，那些做法在当时看上去已经是漏洞百出。我想要弄清其中的缘由：这些聪明人为什么会做这些蠢事，亲手将公司推下山崖呢？我觉得，这些领导者是坚信自己方针的正确性的，但他们被什么东西障了眼，对可能会让他们“翻车”的危险视而不见。结果，这些公司像泡沫般越来越大，最后爆炸消失了。这些公司的大起大落，以及科技为环境带来的日新月异的变化，都不是我感兴趣的问题。我想要一探究竟的是，为何这些领导者能够全副精力地投入竞争，却没能通过自我审视来探测出那些藏在暗处的“雷区”呢？

数年间，皮克斯先是销售硬件，后又销售软件，然后转为制作动画短片和广告，跌跌撞撞地探寻着自己的路。我扪心自问：如果皮克斯真能获得成功，我们会不会也犯下什么愚蠢的错误呢？铭记他人的失足经验，是否能让我们更为警醒？抑或，领导者对企业雷区视而不见的命运是无从避免的？很显然，许多有智慧、有创意的公司都受了某种因素的影响，从而造成了这危险的盲点。而这一因素到底是什么呢？我决心解开这个谜题。

在《玩具总动员》首映后那困惑的一年中，我决定将解开这个谜题作为我的新挑战。我希望能让皮克斯免受这股冲垮了诸多企业的邪力的影响，而这心愿使我重获力量。我作为管理者的身份渐渐变得清晰，我倾尽全力，不仅想要打造出一家成功企业，更想要创造出一种可持续发展的创意文化。我将注意力从科技问题上移开，开始考虑如何建立一套可靠的管理哲学。这让我心潮澎湃，也让我坚信我们的第二波出击一定会与第一波一样精彩。

皮克斯的创始管理团队由乔布斯、约翰·拉塞特和我本人组成。打造一种影响力超越我们三人的企业文化，一直是我的一个目标。但与此同时，我也希望将作为皮克斯之本的企业哲学与其他领导者分享，或者不如说，我希望分享的对象，包括在艺术界和商界中与种种阻力进行搏斗——而非对阻力逆来顺受——的所有人。皮克斯的企业文化是我们得以生存的基石，我绞尽脑汁，将打造皮克斯文化的理念付诸笔墨，便有了各位拿在手中的这本书。

这本书的受众不只包括皮克斯员工、娱乐业管理者或是动画师。任何想要在一个孕育创意和充满困难的环境中工作的人，都可以阅读本书。我笃信，优越的领导方式能够帮助创意人才在合适的岗位上大放异彩，这一点是不受职业限制的。自 2006 年迪士尼公司收购皮克斯后，我和我的老搭档约翰·拉塞特一起负责华特·迪士尼动画工作室的管理工作。无论是在皮克斯还是在迪士尼，我想要做的，都是给大家提供条件，最大限度地激发大家的潜能。首先，我们相信我们的员工是一群才华横溢、乐于奉献的人。其次，我们勇于承认，公司可能会在不自知的情况下，以不同的方式遏制员工的才华。最后，我们会尽力挖掘这些不足，并加以改进。

我花了将近40年的时间，思考如何为有才能有抱负的人才搭建合作的桥梁。在我来看，作为管理者，我的任务就是提供一片沃土，悉心保养土质，同时注意提防有害因素的侵扰。我坚信，虽然每个人的创意形式各不相同，但每个人都有创造的潜能，有机会激发这种潜能，不得不说是一种荣幸。然而更吸引我注意的却是那些潜伏在每家蓬勃发展的企业中的，往往隐藏在暗处的，阻碍我们前进的绊脚石。

本书的主旨是，虽然寻找创意的道路上的有许多绊脚石，但我们可以积极采取措施来捍卫我们的创意旅程。在本书接下来的内容中，我会和大家分享许多我们在皮克斯所运用的方法。对我而言，其中最值得我们注意的是那些针对不确定和不稳定因素以及士气低迷等隐性问题的方法。我相信，最优秀的管理者能够承认自己知识的局限性，并给予自己不了解的东西一定空间。这并不只是因为谦虚是美德，更因为如果我们不能持有这样的观念，那么也就无法实现最令人称奇的重大突破。我认为，管理者必须在管控上放松一些，而不是越紧越好。管理者必须接受和承担风险，必须信任一同工作的人，并尽力为同事的前进扫清道路。当然，他们也必须小心提防和及时处理任何会引发人们不安的因素，一刻也不能放松。除此之外，成功的领导者还必须承认自己的管理模式存在错误或漏洞。只有勇于承认自己的无知，我们才有希望去填补这些空缺。

本书分为四个部分：皮克斯起航，营造创新文化，创新之路永不停止，以及不断检验，不断提升。这不是一本回忆录，但是为了更好地理解我们曾经犯下的错误、吸取的经验以及总结教训的方法，书中内容难免会涉及我本人和皮克斯的一些旧事。关于如何让团队共同创造出有意义的成果，以及如何保护这些成果不受那些最为坚实的企业也难避其害的因素的破坏，我有很多话想与大家分享。我在皮克斯和迪士尼动画中探寻着遮挡大家双眼的根源，通过分享这些经验，我希望能够帮助大家避开让各类企业一落千丈甚至一蹶不振的陷阱。《玩具总动员》

首映后的 19 年中，我一直有动力前进，多亏了我的法宝：我意识到，认清这些破坏势力并不只是一个空泛的理念，而是一个至关重要的使命。在皮克斯初尝成功的喜悦之时，它的领导者们需要正襟危坐、保持警惕。时至今日，这种警醒之心仍是不可或缺的。这本书讲的就是这不可松懈的警醒之心，告诉大家如何通过认清自己来领导你的员工和你的公司。在这里，我将与大家分享那些能够最大限度激发我们潜能的理念。

Creativity, Inc.

第一部分　皮克斯起航

第1章　华特·迪士尼与爱因斯坦

迪士尼是创新专家，他将从未出现过的艺术和科技成果带进我们的世界。爱因斯坦则是阐释既存事物的大师，他解开了世界上最大的谜题，并在解谜的过程中，颠覆了我们对现实世界的理解。

在皮克斯的大会议室里，我们有一张叫作“西一”的办公桌。这张漂亮的桌子在会议室里放了13年，我却渐渐对它产生了厌恶感。这桌子又长又细，让人联想到我们在搞笑短片里看到的那种年老的富翁夫妇共进晚餐的场景：餐桌两头各坐一人，枝状大烛台摆在中间，两人得大声叫嚷才能彼此对话。这张桌子是乔布斯欣赏的一名设计师选的，桌子的确高端大气，却妨碍了我们的工作。

我们经常坐在这张桌旁开会讨论电影制作事宜，30个人脸对脸地坐成长长的两排，还经常有人不得不背靠墙壁坐着。彼此之间的距离太大，连沟通都成了问题。而那些不幸坐在长桌尽头的人，不伸长脖子就几乎无法与别人进行眼神交流，致使灵感也几近枯竭。除此之外，会议所讨论的电影的导演和制片人需要接收到所有与会人的意见，因此必须坐在中间位置。而皮克斯的首席创意官约翰·拉塞特、我本人以及我们最资深的一批导演、制片人以及编剧等也必须坐在中间。为了确保这些人的位置被安排在一起，还必须有专人负责摆席次牌，搞得我们像参加正式的晚宴。

在创意面前，职位和级别毫无意义，反正我是这样想的。但在不知不觉中，我们却放任这张桌子（以及由桌子衍生出的席次牌惯例）给大家发出了另一种讯息：你坐得离中间位置越近，你就越重要；你坐得离中心地带越远，就越有局外人的感觉，你的发言也越少。桌子边常围坐得很满，因此其他人只能搬椅子靠着墙壁坐下，这样一来，就将与会者分成了三级（桌子中心位置的人为第一级，坐在桌子两头的是第二级，连桌边位置都挨不到的是第三级）。虽然不是出于本意，但我们已然构建了一道障碍，打击了大家踊跃参与的热情。

十几年来，我们以这样的方式围着这张桌子开了无数次会议，却丝毫没有意识到这是与我们的核心原则完全背离的。但是，我们为什么一直没有意识到呢？因为会议的排位及席次牌都是为了包括我在内的领导层设置的。领导层自以为我们的会议能鼓励大家畅所欲言，而看不到问题的存在，就是因为我们没有被排挤在外的感觉。那些没能占据中间位置的人，虽然一眼就能看出座位中隐含的等级尊卑，却以为这正是我们想要制造的效果。这样一来，他们还怎么敢提意见呢？

一次，我们碰巧围着小会议室的一张正方形桌子开了一次会，直到那时，约翰和我才意识到我们之前犯下的错误。围在这张桌子的四周，大家的互动更加积极，沟通更加顺畅，眼神交流也更多。大家忘记了头衔，自由地畅谈。这不仅正中我们下怀，也体现出皮克斯的基本信念：无论你的职位是什么，畅通无阻的交流对你都是不可或缺的。围在又长又窄的桌子旁，坐在中心位置的我们竟然没有意识到自己的做法已经完全背离了这一基本原则。随着时间的推移，我们作茧自缚却不自知。想要进行一次有效的交谈，房间里的氛围是不可小觑的因素，这一点我们心知肚明。本以为我们已经做足了功课，殊不知我们身处的优势地位却仍让我们对近在眼前的问题掉以轻心了。

认识到这个问题之后，我来到了皮克斯的器材设施部门，央求他们说："拜托了，不管你们用什么方法，一定要把那张桌子处理掉。”我想要营造出一个更加私密的空间，方便大家畅通无阻地交流，避免有人产生落单的感觉。几天之后，以一部新影片的重要会谈为契机，我们终于换上了新桌子，问题也迎刃而解了。

然而，有趣的是，我们的漏洞虽然得到了填补，但并不代表一切问题都瞬间烟消云散了。举例来说，在走入西一会议室时，我看到人们已将崭新的桌子摆放好，可供更多的人围坐在一起更好地进行交流，但是，桌子上却仍然摆放着之前的那些席次牌！我们斩断了席次牌出现的“病根”，可谁知这些牌子本身却成了一种惯例，需要我们单独予以废除。虽然席次牌问题并没有桌子问题那么严重，但是我们必须解决它，因为这些牌子代表了等级，而等级观念正是我们极力避免的。那天早晨，我们的导演安德鲁·斯坦顿走进会议室，他抓起几个席次牌，一边随意地打乱顺序，一边说道：“我们不再需要这些玩意儿了！”话中寓意全会议室的人都能听懂，这个遗留问题也就得到了解决。

这便是管理的特点。人们通常带着美好的愿望做出决策，决策又会衍生出新的决策。因而，当问题不可避免地出现时，与其从问题本身下手，不如直捣问题的根源。寻找解决方案往往需要分成几个步骤，把你正在着手解决的问题想象成一棵橡树，再把所有其他问题想象成掉落的橡子生根发芽后长出的树苗。即使砍倒了橡树，这些幼苗却还没有铲除。

这么多年过去了，我仍然经常蓦然发现问题其实就昭昭然摆在眼前。对我而言，解决这些问题的关键，其实就是一个反复尝试的过程。这听上去简单，实践起来却困难得多。今天的皮克斯就是依照这个原则来管理的。我穷尽一生精力，为的就是挖掘能够更好地发现问题的方法。我对这些方法的探寻，早在皮克斯成立数十年前就开始了。

童年时，我和家人住在盐湖城简朴的家中。每到周日晚上 7 点，我便会提早几分钟在起居室的地板上趴好，等着华特·迪士尼的出现。准确地说，我是在盼着他出现在我家那台黑白电视 12 英寸的屏幕上。当时大家普遍认为，观众与电视屏幕之间的距离，应该是与屏幕的英寸数等同的英尺数。因此，我和电视之间便隔了 12 英尺。即便如此，屏幕上的画面仍让我目不转睛。

每周，华特 · 迪士尼本人都会亲自拉开《迪士尼奇妙世界》的序幕。他身着西服、打着领带出现在我的眼前，像邻居般亲切。他为我们揭开了迪士尼魔法的秘密，向观众们解释《汽船威利号》中声画同步技术的运用，还会讲述《幻想曲》中音乐的重要性。他总会不遗余力地感谢他的前辈们，正是有了他们——当时，这些前辈清一色都是男性——这些先驱的奠基，他才得以建造起这座动画王国。马克斯 · 弗莱舍和温莎 · 麦凯都是他向电视观众们介绍的开拓者，前者创作了《小丑可可》和“贝蒂娃娃”，后者于 1914 年打造出首部拥有能够表达感情的角色的动画片《恐龙葛蒂》。迪士尼召集起他的动画师、着色师以及分镜头艺术家，揭秘他们是如何让米老鼠和唐老鸭活灵活现的。每周，迪士尼都会借尖端技术创造出一个奇幻世界，然后他再向我们解释这世界背后的原理。

华特 · 迪士尼是我童年时的两位偶像之一。我的另一位偶像是阿尔伯特 · 爱因斯坦。虽然我年少稚嫩，但在我看来，他们两人就是创意界的两根顶梁柱。迪士尼是创新专家，他将从未出现过的艺术和科技成果带进我们的世界。而与他相反，爱因斯坦则是阐释既存事物的大师。我将搜集到的所有爱因斯坦的传记读了个遍，连他的那本介绍相对论的小书也没有放过。他用他提出的理论，硬是扭转了人们看待物理和事物的方式，让我们用完全不同的视角看宇宙，这一点真是让我叹服。这个头发蓬乱的标志性人物，勇敢地挑战了我们自以为熟知的逻辑。他解开了世界上最大的谜题，并在解谜的过程中，颠覆了我们对现实世界的理解。

爱因斯坦和迪士尼双双激励了我，但由于迪士尼每周都要来我家的起居室“做客”，因此对我的影响也就更大一些。“当你对星星许愿，你是谁并不重要”，当迪士尼动画片的片头曲响起，男中音旁白也随之向大家许诺：“每周，当你走进这永恒的天地，总会有一个世界向你敞开大门……”接着，旁白便会向大家一一介绍这些世界：边境之地（“离奇而真实的古老传说”），明日世界（“踏上未来世界之旅”），探险世界（“自然王国的奇妙旅程”），以及幻想世界（“最最欢乐的王国”）。动画能够带我周游从未到过的世界，这让我心潮澎湃。但打造出这些动画影片的创新者们所在的地方，才是最令我向往的世界。

1950~1955年，迪士尼公司出品了三部在今天被人们奉为经典的影片：《灰姑娘》、《小飞侠》和《小姐与流浪汉》。虽时隔半个世纪，我们仍能忆起灰姑娘的水晶鞋、梦幻岛以及那只可卡犬小姐和流浪狗共进意面的场景。然而，很少有人能注意到这些电影背后成熟的科学技术。迪士尼的动画师们立足于应用最前沿的科技，他们没有止步于既存的手法，而是着手探索新技术。他们开发出各种工具，使用了蓝屏抠图、动画摄影机和静电复印术等，以求让声音和图像臻至完美。每当科技上出现重大突破的时候，华特·迪士尼都会加以应用，在他的电视节目中将科技与艺术融合在一起，和大家分享。当时我还太稚嫩，不懂得科技与艺术合一背后隐藏着多么巨大的创造性意义。对我来说，艺术和科技的糅合仿佛是理所当然的。

1956年4月，一个周日的晚上，在收看迪士尼电视节目的时候我萌发了一种感觉，就是这感觉让我确定了自己的职业之路。这种感觉难以言传，我只能说那是一种豁然开朗的顿悟。那天晚上的节目名叫“故事是怎么来的”，在节目一开始，迪士尼赞扬说他的动画师们有一种本领，能以日常生活为素材来制作动画片。那天晚上，让我屏气凝神的并不是迪士尼的讲解，而是在他讲解的同时屏幕上出现的画面。屏幕上，一位动画师正在描画唐老鸭，给他勾勒出派头十足的服装，让他手捧花束和一盒糖果，好去讨黛西的欢心。随着动画师的铅笔在纸上移动，唐老鸭渐渐动了起来：他握起拳头，做出攻击铅笔的架势，又仰起脖子，好让动画师为他画一个领结。

经典动画片中的每个角色都能带给观众活灵活现的印象。无论这个角色是只霸王龙、玩具弹簧狗，还是桌子上的一盏台灯，如果观众们看到的不仅是角色的动作，还有角色的意图或者情绪，那么动画师们的任务也就完成了。这样的动画角色不再只是纸上的线条，而是有血有肉的鲜活生命。那天晚上，看着跃然纸上的唐老鸭，我心中萌生的就是这种感觉。静态的线条之所以能转化为鲜活立体的图像，全靠动画师们纯熟的画工，但除了技巧之外，艺术家们是如何在画中倾注如此丰富的情感的呢？这才是最让我感兴趣的问题，我真想钻进电视屏幕到那个世界去一探究竟。

众所周知，20 世纪 50 年代中期到 60 年代初期，美国经历了一个繁荣昌盛的时期。身处犹他州一个居民关系紧密的摩门教社区，我和我的 4 个弟弟妹妹一样，都确信万事皆有可能。我们身边的大人们都经历过大萧条、“二战”以及朝鲜战争，因此这个时期在他们看来就像暴风雨后的平静。

充斥那个时期的积极向上的热情，蓬勃发展的科技所带来的前进动力，让我至今记忆犹新。当时的美国正处在繁荣时期，制造业和住宅建筑发展到一个前所未有的高度。银行大量发放贷款，让越来越多的人添置了电视，购买了房子或者开上了凯迪拉克汽车。新型的家用电器层出不穷，其中有能“吃掉”垃圾的吸尘器，还有帮人洗碗的洗碗机，但是为了清理这些机器，我却没少自己动手。第一例器官移植发生在 1954 年，小儿麻痹疫苗于 1955 年面世，1956 年 “人工智能”一词被编入词典。看来，未来世界已然降临了。

我 12 岁那年，苏联将第一颗人造卫星“斯普特尼克 1 号”送上地球轨道。这可是天大的新闻，不仅在科学和政治领域引起轩然大波，也让我们小学六年级的教室里炸开了锅。校长专门在早课期间来到我们班，他脸上黯淡的表情仿佛在说，我们的生活再也回不到从前了。当时我们被灌输的思想是，苏联是我们的敌人，只要轻触按钮，便能引发一场核战争。因此，苏联在太空领域先我们一步的消息使得人心惶惶。

美国政府立即做出回应，宣称要建立美国国防部高级研究计划署（ARPA）。虽然高级研究计划署隶属国防部，但其建立的目的看似与战争无关：通过向美国大学的科学研究人员提供支持，以避免所谓“科技方面的意外事件”的出现。高级研究计划署的工程师们认为，通过支持美国头脑最聪明的人才，我们就能够想出更好的对策。现在，我仍然很赞许这种积极面对严峻形势的处理方式：我们只需提升自己的智力就行了。高级研究计划署对美国产生了巨大的影响，直接带来了数不胜数的创举，其中包括计算机革命以及互联网的诞生。全国上下弥漫着一股春潮涌动般的生机，巨大的机遇正在酝酿之中，一切皆有可能。

我出生在一个中产阶级家庭，我们几个孩子的世界观得益于父亲的教育，虽然实际上父亲很少谈起教育的话题。我的父亲厄尔·卡特姆生于艾奥瓦州的一个自耕农家庭，共有13个兄弟姐妹，其中5个出生不久就夭折了。我的外婆由摩门教先锋派人士拉扯大，这些教徒在艾奥瓦州蛇河边靠淘金勉强过活，外婆直到11岁才开始接受学校教育。父亲是全家第一个上大学的人，靠打几份工自己缴纳学费。我小时候，父亲平日里在学校教数学，暑假期间则在建房子。我们家的房子就是完全由他一手建造起来的。父亲从没有明确地向我们灌输教育的重要性，但我们几个孩子都知道，努力学习、进大学深造是我们必须做的事。

高中时代的我是个学习用心但沉默寡言的孩子。一位教艺术的老师曾经告诉我的父母，我经常会过于沉浸在作品中，连下课铃声都听不到；我还常常呆坐在我的课桌旁，直勾勾地盯着花瓶或椅子发愣。把物体用笔呈现在纸上，这在我看来是那么引人入胜，以至于我必须专注于花瓶或椅子本身，屏蔽我对这些物体样貌的臆断，不让主观的想象干扰我。当时，一些连环画书的封底广告正在宣传乔恩·尼亚吉的"学习绘画"工具套装，我便邮购了一套。另外，我还购买了一本1948年版的经典绘画书《卡通动画绘画技法》，作者是为迪士尼的《幻想曲》绘制跳芭蕾舞的河马的普雷斯顿·布莱尔。我还购置了一块压印盘，就是那种艺术家们用来在纸上压印油墨的金属板，我甚至用胶合板自己搭了一架动画制作台，台下还装配了灯泡照明。我动手做了动画翻页书，其中一本的内容是一个人的双腿渐变成独轮车的小故事。与此同时，我的心也因《小飞侠》中的小仙子而情窦初开。

尽管如此，我很快意识到，迪士尼动画师们的才能是如此耀眼，我永远也无法达到他们的水准。除此之外，我其实对怎么样才能成为动画师一窍不通。我不知道任何相关的培训学校，高中毕业时我发现自己对如何成为一名科学家的了解，要比如何成为动画师清晰得多。从绘画转到物理，这一跨专业的转变在人们看来是如此令人费解，因此每当我讲起自己的这次人生转折时，听者都会用微笑做回应。我放弃了绘画，选择了物理，但这一决定却鬼使神差地让我找到了我真正的使命。

4年后的1969年，我从犹他大学毕业，取得了物理和当时新兴的计算机科学两个学位。申请研究生院的时候，我本打算选择计算机语言设计专业。但再次被犹他大学录取后不久，我遇到了一位鼓励我转系的贵人。此人名叫伊万·萨瑟兰，是交互式计算机绘图领域的先锋人物之一。

简言之，计算机绘图就是通过操控机器将数字或数据制作成数字图像。当时，计算机绘图领域仍处于蹒跚学步阶段，但萨瑟兰教授早已成为该领域的传奇人物。在职业生涯之初，他设计了一个叫作“几何画板”的程序。使用这种设计独特的电脑程序，人们可以在不改变图像基本属性的前提下，对图像进行绘制、复制、移动、旋转或改变尺寸。1968年，萨瑟兰与人合作创造出头戴式虚拟显示系统，被公认为首创。（这个装置名叫“达摩克利斯之剑”，源于希腊神话。原因是，装置很笨重，需要安装在天花板的机械吊臂上才能供人佩戴。）萨瑟兰和犹他大学计算机科学系的负责人戴夫·埃文斯就好像两块磁铁，将兴趣广泛、聪明灵光的学生吸引到他们身边。两人的教学手法非常开放，他们将我们带进这片领域，为我们提供了工作空间和计算机使用权，然后便放手让我们跟着兴趣自行探索。结果，我们形成了一个相互合作、相互支持的群体，这个群体让我受益匪浅，而我在进入皮克斯后也试图以此为范本，营造出相同的氛围。

在我的同学中，有硅谷图形和网景通信公司的建立者吉姆·克拉克，有合作创立Adobe——Photoshop和PDF文件格式等诸多创举都出自此公司——的约翰·沃诺克，还有引领了面向对象编程和窗口式图形用户界面等风潮的艾伦·凯。从许多层面来讲，我的大学同学才是我大学生活中最出彩的部分。这种平等互助的氛围，燃起了我对课程的热情，也为我的成果打下了基础。

我们是应该凸显个人对集体创意的贡献，还是该多利用集体创意的优势呢？这个问题是任何一个创意环境都无法避免的，在大学中，我初尝了这种矛盾的滋味。我们既有单打独斗也能出群轶类的天才型人物，也有因观点多样而秀出班行的团队。那么，我们该如何在这两种极端间找到一个平衡点呢？当时的我还没有足够的经验能力来回答这个问题，但想要寻找答案的热情之火已熊熊燃烧起来。

犹他大学计算机科学系的许多研究项目都是由高级研究计划署出资赞助的。

我在上文中说过，计划署是为了回应斯普特尼克的升空而建立的，而“合作出成果”则是计划署的一个核心组织原则。实际上，计划署最引以为傲的成果，就是通过一种叫作“阿帕网”的系统将大学联系在一起，阿帕网也就是互联网的前身。阿帕网最先建立的4台计算机“节点”，分别设在斯坦福研究所、加利福尼亚大学洛杉矶分校、加利福尼亚大学圣塔芭芭拉分校以及犹他大学。因此，我有幸在“前排”见证了这项伟大实验的全程，并受到巨大的触动。高级研究计划署要求为各领域的高智商人才提供支持，而要践行这一理念，计划署的人就要笃信各界的研究人才能自觉选择正确的研究方向，管理过严反而会适得其反。对我们这些得到资助的研究人员，计划署的管理者并没有严密监控，也没有设下研究成果必须能够直接用于军事目的等硬性指标。他们给予我们信任，放手让我们去创新。

这种信任让我有空间去应对各种复杂的问题，并满怀热情地投入其中。为了最大限度地延长上机时间，在机房地板上席地而卧这种事对于我和我的同学们都成了家常便饭。我们年轻有激情，又肩负着白手起家开拓新领域的使命感，这种刺激的感觉真是难以言喻。我人生中第一次体验到了如何一边进行艺术创造，一边通过技术革新来打造新型影像。在使用电脑制图的过程中，我的左右脑被一并调动了起来。准确地说，1969年电脑制作的图像尚十分粗糙，但是，一边设计新的计算机算法，一边看着图像质量一步步提高，这让我颇感心潮澎湃。童年时的梦想又一次渐渐清晰起来。

26岁那年，我为自己定下了一个新的目标：研发出一种新的绘画方式，用电脑，而不是画笔来制作动画，并保证制作出的图像在质量和美观上达到电影标准。我告诉自己，我的动画师梦想是有希望实现的。

1972年的春季，我花了10周的时间制作出我的第一部动画短片：以我的左手为模型制作的数字影像。制作方式新旧参半，和每一个置身于这个瞬息万变的领域中的拓荒者一样，我也在为这种新“语言”的诞生贡献着自己的力量。首先，我把左手插进了一桶熟石膏中（不幸的是，我忘了先往手上涂一层凡士林，搞得我在剥落石膏模具时，不得不给手背也脱了个毛）。模具做好后，我往里填满石膏，做出左手的模型。之后，我把模型拿出来，在上面画满了350个相互连接的微型三角形和多角形，看上去就好像用黑线在“皮肤”上连接而成的网。大家可能会觉得，用这样有平面有棱角的元素是无法打造出曲面的，但如果你的元素够小，制作出来的效果其实还是不错的。

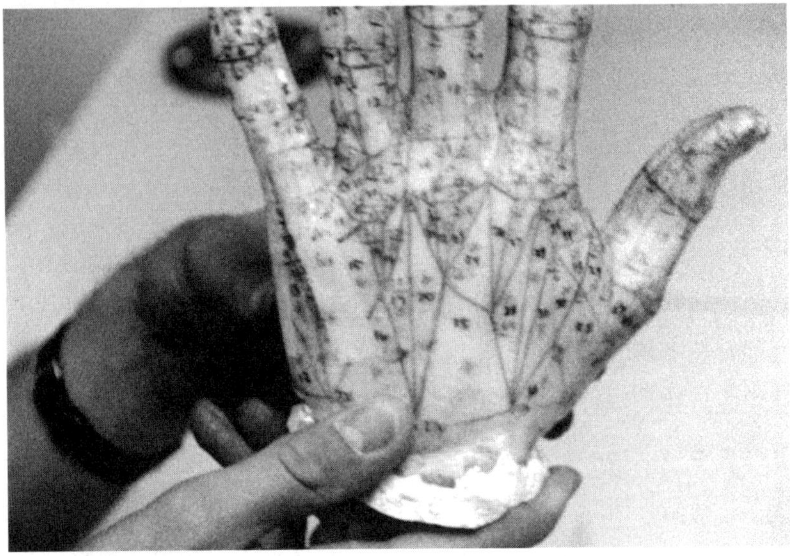

之所以选择这个项目，是因为我对用电脑制作复杂的物体和曲面很痴迷，另外，我也一直在寻找一个挑战。当时，计算机连平面都显示得不清晰，更别提曲面了。计算机的曲面算法尚未成熟，计算机的内存空间也很有限。在犹他大学的计算机绘图系，每个人都渴望用电脑做出可以与照片相媲美的图像，因此，大家心中有三个急需达成的目标：高速度、高逼真度以及显示立体曲面的能力。我希望通过这部电影，将后两个目标变为现实。

真实的人手上没有一处平面，但手的曲面并不像球体那样简单，因为手上的许多部分的运动都与其他部分相关，大有“牵一发而动全身”的效果。因此想要将手这个“对象”捕捉下来，转换成计算机数字极为不易。由于当时绝大部分的电脑动画只能制作简单的多角物体（比如立方体和锥状物），大费周章看来是在所难免了。

在模型上画好三角形和多角形后，我测出每个角的坐标，然后把这些数据输入我自己编写的三维动画程序中。这样，我就能够在屏幕上显示出构成这只虚拟之手的三角形和多角形了。在最初绘出的图像上，多角形在手的边缘处显得参差不齐。幸而不久后，另一名研究生研发了一种叫作“光滑明暗处理”的技术，将这样的锐边消除了，也让我的左手图像变得更加逼真。而如何让这只手活动起来，才是我面临的最大挑战。

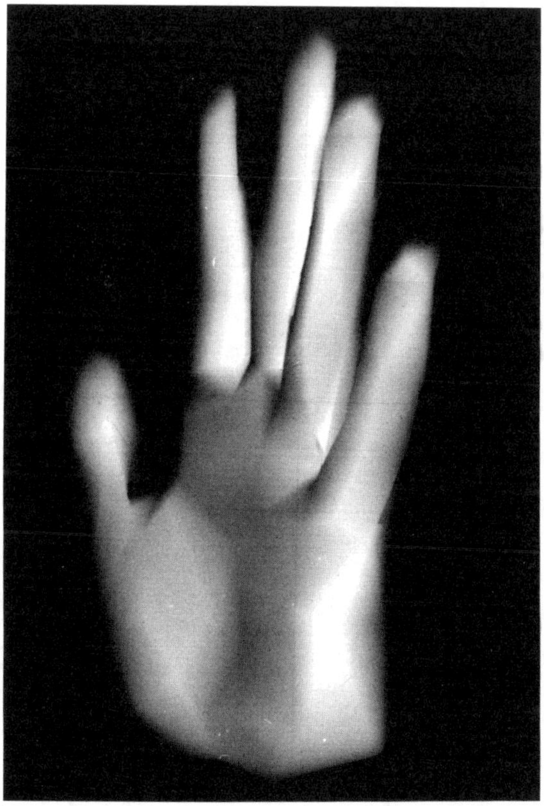

1973 年,《手》于一场计算机科学会议上首映，大家都没有看过这样的影片，因此它引起了不小的轰动。在影片中，我的左手先是被白色的多角形覆盖，然后好像在试着握拳，张开又合上。接下来，手的表皮变得平滑起来，越来越像真实的手。影片中有一个场景，我的手指向观众，仿佛在说："没错，我就是在跟你说话呢。"接下来，镜头深入手的内部，带领观众环游了一圈。镜头先是进入手掌，然后向上移入每根手指，我对这种独特巧妙的摄像角度挺满意，因为这种效果只能通过计算机才能达成。这短短 4 分钟的影片，却让我投入了 6 万多分钟的制作时间。

当时，我的朋友弗雷德 · 帕克以他妻子的面庞为原型，也制作了一部数字影片。在制作完成后的数年间，这部影片和我的《手》一道，共同引领着电脑动画技术的最高水准。1976 年，电影《未来世界》引用了弗雷德和我的影片片段。虽然绝大多数电影观众已然印象模糊，但一些铁杆影迷至今仍然记得，《未来世界》是第一部加入了电脑动画的长片。

萨瑟兰教授曾经表达过对犹他大学的研究生们的喜爱，因为在我们的字典里没有"不可能"这几个字。其实，他本人又何尝不是呢？他很早就意识到，好莱坞电影制作人有可能对学术界的研究产生兴趣。基于这一理念，他希望与迪士尼达成正式的交流计划，让迪士尼工作室派出一名动画师来犹他大学学习电脑制作的新技术，而犹他大学也相应派出一名学生到迪士尼学习如何讲故事。

1973 年的春天，萨瑟兰教授让我去加州的伯班克，向迪士尼的管理层介绍他的这一理念。驱车进入迪士尼的红砖大门，将车在停车场停好，我便激动地向迪士尼动画大楼"真身"进发。这幢大楼于 1940 建成，建筑平面图在华特 · 迪士尼本人的监督下设计而成，呈双H形，最大限度地增加了带窗房间的数量，以便增加采光。我对这幢建筑并不陌生——或者说，我从我那 12 英寸的电视屏幕里看到过它，即便如此，在楼内漫步的感觉，就像第一次踏上帕台农神殿。在那里，我遇到了弗兰克 · 托马斯和奥利 · 约翰斯顿，两人都属于迪士尼"九大元老"。这九大元老是迪士尼的一批传奇动画师，《木偶奇遇记》和《小飞侠》这些我热爱的影片，都出自他们之手。我还有幸在档案室里参观了一番，一排一排的架子上，存放着迪士尼所有动画影片的纸质原画，正是这一幅幅画，为我的想象力插上双翼。我仿佛置身于应许之地。

这次出访的结果很快尘埃落定：迪士尼对萨瑟兰的交流计划一点儿兴趣也没有。那个勇于探索新技术的华特 · 迪士尼已经离世很久了。① 我说得津津有味，对方却听得两眼呆滞，在他们看来，电脑和动画毫无契合点可言。要问这样的谬论从何而来，我们还要回头看看迪士尼对电脑科技的一次尝试。在 1971 的真人动画影片《万能飞天床》里，他们希望借助电脑制作出上百万个泡泡的场景，但那次尝试显然没有达到预期效果。当时的科技水平还很低下，曲面的制作更是难上加难，因此使用电脑制作泡泡的时机还没有成熟。我却不巧赶上了这么一个节骨眼。那天，不少迪士尼的管理者都对我说："哎，如果电脑动画技术还做不出泡泡，那么电脑动画的时代就尚未到来。"

他们希望我能加入"迪士尼的幻想工程"，也就是负责设计主题公园的部门。虽然华特 · 迪士尼一直在我心中有着不可取代的地位，但我还是毫不迟疑地放弃了这次机会。在我看来，设计主题公园的工作像一条分岔路，会把我带往一条我不愿踏上的人生轨道。我不想靠设计游乐设施为生，我想做的是用电脑制作动画。

就像几十年前的华特 · 迪士尼和手绘动画的开拓者们一样，我们这些电脑动画师也想要开辟出一片新的疆域。我在犹他大学的同事们只要有谁一有新的发明，其他人便会争相试用，将这个新生事物继续向前推进。挫折当然在所难免，但是那种向着遥远的目标稳步推进的使命感，才是我们创意生涯的"主旋律"。

在听闻迪士尼因用电脑制作泡泡而受挫之前的很长一段时间里，我和我的许多研究生同学彻夜奋斗，就是为了锤炼我们的技术，用电脑制作出更光滑的曲面，并让图像更饱满、更复杂。在毕业论文《曲面电脑制作之分割演算法》中，我找到了这个问题的答案。

我在平日大部分时间里思索的问题都非常专业，很难用语言来解释，但即便如此，我还是想在此试一试。我所谓的"分割表面"的意思是，我们不必一次把光滑的红瓶的整个表面呈现出来，而是可以把这个表面分割成小块来制作。这样

---

① 华特 · 迪士尼于 1966 年去世。——编者注

一来，这些小块的上色和呈现难度都会大大降低，我们可以通过拼接这些小块来重塑光滑的红瓶。（正如我提到的，当时的电脑内存十分有限，我们花费了许多精力来寻找克服这一限制的方法，分割就是其中一种。）如果你不想制作光滑的红瓶，而想做出斑马纹的瓶子，那你该怎么做呢？我在论文中提出，我们可以将斑马纹或木纹图案包裹在任何物体的表面。

我将这种方法叫作“材质贴图”，操作的过程就好像是拿一张有弹力的包装纸贴合地包裹在一个曲面物体上。我制作的第一个材质贴图项目，就是把米老鼠的图像覆盖在一个波浪状的表面上。

我也尝试过用小熊维尼和跳跳虎制作贴图。虽然我当时并不打算加入迪士尼，但迪士尼的卡通角色仍是我用来检验效果的试金石。

我们仿佛在研发一种新的语言，有人设计动词，有人设计名词，还有人负责想办法把这些单词串联起来，为这种语言赋予实际的意义。我发明的“Z缓存”，就是一个以他人的成果为基础进行创新的例子。设计Z缓存，是为了解决电脑制作的图像中，一个物体被另一个物体完全或部分遮盖时出现的问题。虽然被遮盖物体的全部数据仍在电脑的内存中（也就是说，我们可以在需要时把整个物体调出来），但是我们要追求的空间效果是这个物体不该被完整地看到。举个例子，如果在一个立方体之前放置一个球体，让球体遮住立方体的一部分，那么我们应该在屏幕上看到整个球体和立方体未被挡住的部分。运用Z缓存，我们可以为三维立体环境中的每件物体指定纵深度，让电脑将显卡像素与其距离最近的物体相匹配。我在上文中已经提过，当时电脑的内存空间非常有限，因此这种方法并不是太实用，但我总算是探索了一条新的途径。这方法听上去很简单，实际并非如此。现在，全球各地出产的各种电脑游戏和电脑芯片都应用了Z缓存技术。

1974 年，拿到博士学位后，我离开了犹他大学。虽然我在创新项目上小有成就，但我很清楚，我的这些成绩其实只是为了推进大家的共同目标而尽的一份薄力。和我的同学一样，正是因为有了这兼容并蓄、充满挑战的环境的保护，我才能拥有头上的光环。我的系领导明白，要想营造出生机勃勃的实验室环境，他们必须招募多种多样的思考型人才，并给予人才足够的自由。这些领导者会在需要的时候给我们反馈，平时则甘愿退居幕后，为我们腾出空间。我的直觉告诉我，这样的环境是极其难得的，也是值得用心珍惜的。我明白，从犹他大学学到的最珍贵的东西，就是老师们在如何领导和激励创意人才方面为我树立的榜样。而我当时所面临的问题，便是如何寻找到一片类似的发展沃土，或者如何开垦出一片属于自己的沃土。

走出犹他大学的校园时，我的目标更明确了，我下定决心，要用毕生的精力制作第一部电脑动画电影。然而，前路漫漫，据我估算，想用电脑塑造出会活动的动画角色，并将角色安插进复杂的背景环境中，至少要用 10 年的时间。以此为前提，我们才有能力考虑制作动画短片的事，而长片就更是遥遥无期。实际上，当时的我并不知道，除了技术问题，通往我的目标的路上还有其他的拦路虎。要实现目标，我们不仅需要在科技上有所突破，还要在合作方式上大胆创新。

当时，没有哪家公司或大学在进行电脑动画电影相关的工作。在接受大学的工作面试时，我只要一把这个目标提出来，整个屋子的气氛就凝滞了一般。我的面试官总会说："但是，我们招聘你是想让你教计算机科学。"在绝大多数学者的眼中，我口中的理想简直是痴人说梦，而且是一个昂贵的梦。

1974 年 11 月，我接到了一通神秘的电话。来电的女士告诉我，她是纽约理工学院的工作人员，担任学院院长的秘书，来电的目的是想帮我订一张机票。我一头雾水，问她："你再说一遍你们机构的名字好吗？为什么要给我订票呢？"话筒那头沉默了。"不好意思，"她终于说道，"在我打电话之前，应该有人先打电话给你说明一下情况。"

说完，对方就挂掉了电话，而接下来接到的电话改变了我的一生。

第2章　皮克斯的诞生

瞬息万变的环境，为那些有能力且有志于创新的人创造了无可估量的机遇。掘金的诱惑召唤着头脑聪颖、野心勃勃的人才，而竞争和风险也接踵而至。老旧的商业模式不断经历颠覆性的改变。

卓越的管理究竟意味着什么？

当时还是个毛头小子的我对此一无所知。但是，为三位风格各异、颠覆传统的风云人物效力的经验，仿佛为我恶补了一堂关于领导力的课，让我对领导力的认识有了一个飞跃。在接下来的10年里，我懂得了领导者该做什么、不该做什么，也领悟到远见和妄想、自信和自大的差异，还意识到什么会点燃创意，什么会扼杀创意。我一边积累着经验，一边寻找着那些引我注意又惹我困惑的问题的答案。即使在40年后的今天，我也从未停止探索的脚步。

我想从我的第一任老板谈起，他的名字叫作亚历克斯·舒尔。就是他的秘书，在1974年的那天给我打了那通“突如其来”的电话，说要给我订一张机票，后来又急匆匆地把电话挂断。几分钟之后，一个自称亚历克斯下属的陌生人打来电话，向我解释了事情的来龙去脉：亚历克斯在纽约长岛北岸创办了一家研究机构，希望将计算机技术引入动画制作。对方向我保证，亚历克斯是个千万富翁，资金完全不是问题，他们想要找的是一个能够管理这个研究机构的人。说完，他问我有没有兴趣谈一下。

不过短短数周的时间，我就搬到了位于纽约理工学院的新办公室里。

亚历克斯之前是一位大学校长，是个十足的计算机科学门外汉。这种情况在当时很正常，但亚历克斯本人绝对称不上“正常”。他天真地认为计算机很快就会取代人类，而他也非常有劲头来引领这场革命（虽然这种见解在当时很风靡，但我们知道这只是个谬论。尽管如此，我们还是很感激他能如此慷慨地资助我们的研究工作）。亚历克斯说话的方式很奇特，时而咆哮，时而前后矛盾，有时甚至像《爱丽丝漫游奇境记》中的“疯帽子”一样，把小段押韵的打油诗掺进谈话中，我的一位同事把他讲的话戏称为“文字大杂烩”。（比如说，亚历克斯会说出“我们的远见会加速时间，然后再把时间抹去”这种话。）他的话时常让我们这些工作人员一头雾水。亚历克斯有一个“秘密抱负”……好吧，其实他的抱负也不是什么秘密，因为他几乎每天都要强调自己不愿意做下一个华特 · 迪士尼。可这么一来，反倒让我们大家都觉得他就是想做第二个迪士尼。我赴任的时候，他正在制作一部名叫“钝音大号”的手绘动画电影。实际上，这部电影的失利是必然的，因为纽约理工学院里没有人受过影视制作的相关培训，也不具备铺设剧情的能力。电影一上映，便石沉大海了。

虽然亚历克斯对自己的能力看走了眼，但他仍是个有远见的人。他预见到电脑会在动画制作中占据重要的地位，也不吝于自掏腰包将这一预测变成现实。科技与绘图的糅合在别人看来无异于白日梦，却是亚历克斯笃信的信念。这份毫不动摇的信念，造就了无数突破性的成就。

亚历克斯刚把我招来，便把组建团队的任务交给我。我不得不说他对自己招聘的人充满了信心。我对这一点很钦佩，并且在今后的人生中一直努力借鉴。在第一批接受我面试的人中，有一个名叫阿尔维·雷·史密斯[①]的人。他是一位来自得克萨斯州的计算机科学博士，魅力超凡，简历上也有许多亮点。他在纽约大学和加州大学伯克利分校教过书，还在位于帕罗奥图的权威科研机构施乐帕克研究中心干过。与阿尔维见面时，我感到有些矛盾，因为他看起来比我还有资格管理这家研究机构。那种浑身的不自在以及感觉到潜在威胁后的心慌意乱，我至今记忆犹新。我暗想：这个人，说不定哪天就把我顶替了。但最终，我还是把他招入麾下。

在一些人看来，雇用阿尔维似乎是大胆自信的一步棋。坦白说，当时29岁的我一心扑在研究上长达4载，连助手都从未雇过，就更别提招聘和管理团队的经验了，我一点儿自信都没有。然而我明白，纽约理工学院为我提供了一个空间，可以让我向研究生时便定下的目标摸索着前进。为了实现我的目标，我需要最灵敏的大脑，而想要吸引最强的大脑，我就不能让自己的不自信成为障碍。“面对挑战，强大自己”，这是高级研究计划署铭刻在我脑中的箴言。

我们也的确是这么做的。阿尔维成了我的一位挚交，也是我最信赖的合作伙伴。从那以后，我定下一条招聘策略：尽可能地招揽那些比自己聪明的人才。杰出的人才能够大胆创新，做出突出贡献，能为你的企业——当然也包括你本人——增光添彩，这些好处可以说尽人皆知。但除此之外，直到回顾过往的时候，我才发现杰出人才还能带来另一个不那么明显的好处：忽视心中恐惧。这么多年来，我遇到过不少人，他们选择了看似安全的道路，却缺少了一股子全力拼搏的勇气。雇用阿尔维是一步险棋，却为我带来了最丰美的果实，让我收获了一位真心诚意、能力超群的队友。在研究生院时，我曾思忖过如何才能将犹他大学这种独特的氛围复制出来，如今，我突然顿悟：即便看似潜藏威胁，我们也不应放弃进步的机会。

在纽约理工学院，我们专注于同一个目标，努力开拓电脑动画和电脑制图的新疆域。随着企业使命的传播，行业中越来越多的顶尖人才慕名而来。随着团队

---

① 阿尔维·雷·史密斯，计算机图形领域的先驱，他更为人熟知的名字为匠白光，是1998年时旧金山亚洲艺术博物馆的一个印章设计者赠送他的中文名。——编者注

的扩大，寻找管理团队的方法也就显得越发迫切了。我仿照学生时期的经验，创建了一种平面式的组织结构。创建这种结构的主要原因在于，我觉得那种设立一群管理人员并让他们听从我指挥的上下级结构，会占用太多时间，让我无暇顾及自己的工作。我给予员工们足够的信任，让他们按自己的步调来推进自己的项目。这种模式当然也有弊端，但这种为自觉向上的人才提供自由空间的管理方式，让我得以在短时间内完成了数项技术上的巨大飞跃。我的团队同心协力，完成了不少突破性的项目，在电脑技术和手绘动画的糅合上大步向前迈进。

举例来说，在1977年，我设计了一款叫作“补间动画”的二维动画软件，这款软件的功能就是所谓的“自动视觉连贯”，即实现关键帧之间的动作连贯。另外，我们也一直在摸索如何打造出“动态模糊”的效果。在大部分动画——尤其是电脑动画——中，图像的对焦是非常清晰的。这听起来没什么不妥，但实际上，这种清晰的效果会造成人体视觉上的不适。如果运动中的物体非常清晰，会带给电影院的观众一种频闪灯似的不自然的视觉感受，也就是大家所说的“卡”的感觉。这种感觉在观看真人电影的时候不会出现，因为传统的摄像机在物体移动的方向上捕捉到的是模糊的影像，原本清晰的边缘被钝化了，这种效果在我们的大脑看来是自然的。而缺少了动态模糊，我们的大脑会觉得似乎有什么东西不大对劲。因此，我们所面临的问题就是如何在动画中模拟出这种模糊感，如果电脑动画得不到人类肉眼的“认可”，那么这个领域的前途就堪忧了。

不少企业都在努力解决这些问题，其中绝大多数企业都对自家的成果采取了中情局式的严格保密措施。但话说回来，我们的确是在进行一场跑步比赛。为了在动画长片的制作上拔得头筹，许多竞争者都对自家的科研成果缄口不提。然而在一番商谈之后，我和阿尔维却决定反其道而行之，也就是把我们的技术慷慨共享。在我看来，我们距离目标还很遥远，而闭门造车的方法只能让到达终点更遥遥无期。因此，纽约理工学院与电脑制图领域的专家频繁交流，将我们所得到的科研成果全部公之于众，还参与委员会，审批各路研究人员的论文，并在所有重要学会研讨会上积极贡献力量。刚开始，如此的公开透明化所带来的益处并不明显（在此需要强调一点，当我们决定信息公开化的时候，完全没想过得到任何好处，我们只是单纯地觉得这么做是正确的）。然而没想到，日积月累出的人脉关系所带来的价值大大超过我们的想象，有效地推动了技术的革新，也让我们对创意的总体把握更加准确了。

然而，虽然我们在纽约理工学院成果倍出，我却渐渐生出一种进退两难的窘迫感。在亚历克斯的帮助下，我们有充裕的资金来购置器材和招聘人才，足够我们在电脑动画技术的世界里开拓进取。然而，我们却找不到一个电影制作方面的人才。我们用电脑讲故事的技术一直在提升，却始终缺少一个讲故事的人才，这让我们无法最大限度地施展拳脚。我和阿尔维明白这副镣铐带给我们的阻碍，便开始与迪士尼等工作室私下进行交流，想要试探他们对我们的技术有多大的投资兴趣。一旦找到有意的工作室，我和阿尔维就准备离开纽约理工学院，将团队迁到洛杉矶，与资深的电影制作人和会讲故事的艺术家一起合作。但天不遂人愿，所有的工作室都拒绝了我们。虽然现在看起来有些不可思议，但在 1976 年，高科技与好莱坞电影制作的融合与其说少有人关注，不如说连谈都没人谈。然而不久之后，这一局面被一位奇人用《星球大战》打破了。

1977 年的 5 月 25 日，《星球大战》在全美国上映。影片对视觉特效的运用——以及破纪录的票房——将会永远地改变电影业。而对当时 32 岁的编剧兼导演乔治 · 卢卡斯来说，一切才刚刚开始。他的公司卢卡斯影业及其子公司工业光魔已然在视觉特效和声效技术的研发上拔得头筹，而那个时期，电影界没有任何人对电脑科技表现出一丁点儿的投资意向。因此，乔治在 1979 年的 7 月做出了开设计算机分部的决定，多亏了卢克 · 天行者[①]的“助阵”，乔治才攒足了开发计算机技术的资源。

在物色该部门的管理者时，乔治不仅仅想找一位电脑好手，他还要求此人热爱电影，并且坚信电脑和电影不仅能够共存，更能取得相得益彰的效果。最终，乔治找到了我。理查德 · 埃德隆德是乔治手下的一员“大将”，也是电影特

① 卢克 · 天行者，《星球大战》影片中的角色。——编者注

效的先锋人物。一天下午，他来到我在纽约理工学院的办公室。只见他的皮带上有一个硕大的搭扣，上面大大的“星球大战”字眼很是显眼。我一直不愿让亚历克斯 · 舒尔知道我与理查德有联系，因此他的到访着实让我捏了一把汗。但是，亚历克斯并没有发现。乔治的信使对这次见面很满意，会面后不过几周的时间，我便踏上了赴加州接受卢卡斯影业正式面试的旅途。

在卢卡斯影业，最先与我碰面的是一位叫作鲍勃 · 金迪的男士，此人专门负责乔治的私人建设项目。选择这样一个人来负责计算机部门主管的招聘工作，真让人有些意外。他张口问我的第一个问题是：“你觉得卢卡斯影业的这个职位还有没有其他合适的人选？”他所指的当然就是我所面试的职位。我想都没想就说出了几个人的名字，这些人都是在相关技术领域业绩斐然的人才。我如此乐意推荐他人，是出于我在学校里形成的世界观，即一个难题应该由众多头脑聪颖的人同心戮力地解决。其实，这种观点可以说是个简单的常识。但直到面试之后我才知道，卢卡斯影业的人员早就把我推荐的所有人都面试了一遍，也对他们提出了相同的问题，但孰料他们却连一个人也没有推荐！诚然，能为乔治 · 卢卡斯效力，这样的美差只有精神不正常的人才不会垂涎。在面试官要求他们对业界人才做评判时，我的竞争对手统统选择了沉默，这不仅表现出他们强烈的竞争心理，也将他们的不自信暴露出来。不久后，我便获得了接受乔治亲自面试的“通关卡”。

我还记得在去见乔治的路上，我感到了前所未有的紧张。在《星球大战》之前，乔治就已经凭借《美国风情画》一片成功奠定了自己编剧和导演兼制片人的地位。而我，只是怀揣着一个昂贵梦想的普通理工男。来到卢卡斯在洛杉矶的拍摄场地，我终于与卢卡斯见面了。没想到的是，我们两个人看上去有几分相似：瘦瘦的，留着胡子，戴着眼镜，30 岁出头的年纪，一忙起来就会与外界隔绝，只在必要时才开口说话。乔治对实用性的极致追求，立刻给我留下了深刻的印象。他要把科技带入电影制作的想法，并不是心血来潮。从数字光学印片机和数字音效，到数字非线性剪辑和计算机制图，他对计算机技术的兴趣，自始至终都与科技为电影增值的潜力挂钩。我相信科技定会为电影带来更多的价值，我也是这样告诉乔治的。

在我为他工作期间，乔治告诉我，他雇用我是因为他看中了我的诚实、“清晰的远见”以及对计算机潜力的坚定信心。我们那次见面后不久，他就将工作交给了我。

卢卡斯影业计算机部门临时设在圣安塞尔莫，在我搬进位于一幢两层建筑中的新办公室时，我已经为自己设定了一个新的任务：把管理人员的旧方法推翻，采用新方法。乔治想要创建的机构，比我在纽约理工学院管理的机构规模要大得多。盈利和预算数额高出许多这一点暂且不谈，单凭乔治在好莱坞的雄心壮志，这家机构自然也需要造出一番声势才行。我希望能为团队提供所需的支持和帮助，让他们最大限度地达成目标。在纽约理工学院时，我以自己在犹他大学的经历为样板建立了一个平面式的组织结构，为我的团队提供了自由空间，我很少插手或监督他们的工作，所得到的结果差强人意。但现在我不得不承认，当时的团队与其说是一个为了共同目标而奋斗的整体，不如说更像是一群研究生在各自忙活各自的项目。但研究室毕竟不同于大学，因此沿袭大学的模式并不明智。于是，我决定聘用专门的管理者来分别负责制图、视频和声效团队，而这些管理者则由我直接管理。我明白，层级式管理结构是必不可少的，但同时，我又很担心这种管理方式可能会带来一些问题。我对层级结构心存疑虑，但同时也明白这种结构有一定的必要性，因此，我采取了循序渐进的方式。

1979 年的旧金山湾区为我的工作创造了一个不可多得的环境，硅谷的企业数量增长神速，没有谁的名片架（没错，那时候我们还在用名片架呢）上的名片能跟得上“最新潮流”。与此同时，人们布置给电脑解决的任务也在以指数级增长。我来到加州后不久，微软公司的比尔 · 盖茨就决定为IBM（美国国际商用机器公司）新推出的个人电脑创建操作系统，由此给美国人的工作方式带来了一场革命。一年之后，雅达利公司发布了全球第一款家用电视游戏机。这一举动不仅将《太空侵略者》和《吃豆子》等高人气电子游戏带入了美国人的家庭起居室里，也开辟了一个现在全球销售额高达 650 亿美元的市场。

1970 年，我还是研究生的时候，大家使用的是由IBM和另外 7 家大型机企业制造的巨型电脑（大家把这几家公司戏称为“IBM和7个小矮人”）。想一想，一个房间里一排排的架子上满满堆着高约2米、宽约0.5米、长约0.8米的机器，这是怎样一幅情景。5年后，当我来到纽约理工时，尺寸与衣橱相仿的小型计算机正处于冉冉升起的阶段，当时在市场独占鳌头的是位于马萨诸塞州的数字设备公司。而等到1979年我加入卢卡斯影业之时，太阳微系统公司和硅谷图形公司等硅谷新贵企业及IBM所生产的工作站计算机粉墨登场，但当时大家都知道工作站仅仅是通往个人电脑途中的一个站点，而这条路的终点站，则是个人台式电脑。这样瞬息万变的环境，为那些有能力且有志于创新的人创造了无可估量的机遇。掘金的诱惑召唤着头脑聪颖、野心勃勃的人才，而竞争和风险也接踵而至。老旧的商业模式不断经历颠覆性的改变。

卢卡斯影业总部设在硅谷北部的马林县，距离硅谷有一小时车程，乘飞机到好莱坞也要花一小时。选择这个地点并不是无意之举，乔治认为自己的身份首先是一位电影人，因此硅谷并不适合他，但他也不想靠洛杉矶太近，因为他总觉得这样有点儿“近亲繁殖”的意味。因此，他创建了自己的乐园，一个热衷于电影和电脑科技，却不对这两种主流文化俯首因循的大家庭。他所营造的氛围像学院一样，充斥着避风港的感觉，而我也将这种理念收于心底，在之后建设皮克斯的企业文化时加以借鉴。我们虽然很重视实验和尝试，但赚取利润的紧迫感却实实在在地压在我们的肩上。换言之，我们的研究都是有目的而为之。

我指派阿尔维负责我们的制图团队。此团队的首要任务就是探索出如何用计算机进行蓝屏抠图，也就是如何将一个图像（比如一个踏着冲浪板的男孩）叠加到另一幅图像（比如一个高约30米的巨浪）上。在使用计算机制图之前，这种特效要用到高精复杂的光学设备，而当时的特效“魔法师们”却完全无意淘汰这种劳民伤财的方法。我们的任务就是扭转他们的理念。阿尔维的团队负责设计一款专业性的单机，此款计算机拥有扫描胶片所需的像素和数据处理能力，可将特效图像与实拍影像结合在一起，再将最终完成的效果重新记录在胶片上。这款单机的设计花费了我们大约4年的时间，但我们的工程师出色地完成了任务。我们将这台机器命名为皮克斯图像电脑。

为什么要叫“皮克斯”（Pixar）呢？这个名字是阿尔维和另一位名叫洛伦·卡彭特的同事反复“拉锯”的结果。阿尔维大部分的童年时光都在得克萨斯和新墨西哥度过，对西班牙语感觉很亲切，因此对形似西班牙语的英文单词也颇有兴趣，比如“laser”（激光）这个词。因此，他自己造出“Pixer”一词，这个词既可以冒充西班牙语，又带有“制图”的意味在里面[①]。而洛伦则推举了“Radar”（雷达）一词，因为他觉得这个词听上去更有高科技的范儿。这么一来，两人意识到，Pixer和Radar可以合成为“Pixar”。这个名字就这么诞生了。

卢卡斯影业的特效研究专家对我们的电脑制图技术稍显漠然，而卢卡斯的电影剪辑师则对我们的技术采取了完全反对的态度。在乔治的要求下，我们制作了一套能让剪辑师运用电脑进行剪片工作的视频编辑系统，但此举却使得剪辑师的不满情绪凸显出来。乔治想设计出一款程序，能实现影像的轻松存储和整理，剪辑速度与胶片剪切法相比也可以得到显著提升。拉尔夫·古根海姆——我从纽约理工学院挖走的一位计算机程序员（此人还获得了卡内基–梅隆大学的电影制作学位）——担任了这个项目的负责人。此项目所研发的系统在当时非常超前，支持系统所需的硬件尚未问世。（为了模拟出效果，拉尔夫用激光软盘精心仿制出一个系统，作为权宜之计。）系统的设计已是困难重重，但人们对改变的抗拒所带来的阻碍却更大、更根深蒂固，相比之下，设计本身的难度立即“逊色”了不少。

虽然乔治对这款新的视频剪辑系统满心期待，但卢卡斯影业的剪辑师们的态度却不然。剪辑师们使用的老方法需要他们用刀片将电影胶片切成小段，再把这些小段重新黏合在一起，他们对这种方法早已熟稔、精通。从短期来看，改用新方法可能会减缓剪辑的速度，因此他们不愿意尝试改变。剪辑师们习惯使用自己熟知的方式，而改变则意味着打破习惯，因此，等到我们将研究成果拿出来公测时，遭到了大家的冷眼相待。我们对视频剪辑法将带来的革命性影响深信无疑，乔治本人也对此系统大力支持，即便如此，剪辑师们仍不愿改变。由于这些剪辑

① 在拉丁词缀中，pix有图像的含义。——译者注

师是我们新系统的目标受众，因此，他们的阻挠让系统的推行寸步难行。

那我们就这么坐以待毙吗？

如果一切都迁就这些剪辑师的意愿，那么就不用设计新工具，也不可能有什么革新了。这些人看不到改变带来的益处，也无法想象出电脑会为他们的工作带来怎样的轻松和便利。但话说回来，如果我们的设计完全不接地气，丝毫不考虑这些剪辑师的意见，那么这样无法解决受众之需的工具就是失败的。单凭我们对这一创新的价值充满信心自然是不够的，还需要目标群体接纳它。没有他们的支持，我们的计划就不得不以失败告终。

无须多言，管理者单有智谋是不够的，他们还需要找到愿意为他们的理念埋单的受众，并得到这个群体的支持。这个原则，我铭记于心。

在卢卡斯影业的几年间，作为管理者的我当然有被压得喘不过气的时候，也经历过自我怀疑的煎熬，还考虑过是否该采取一种更强调自身领导地位的强硬管理方式。我会在自己构建的层级结构中将一些权力下放给其他管理人员，但放眼整个卢卡斯影业，我自己其实也是层级链条中的一个齿轮。记得当我晚上拖着疲惫的身躯回到家时，只觉得自己就像站在一群马的背上，拼命保持着平衡。无奈这些马匹中既有优良的纯种马，也有脱缰的野马，还有一些奋力想要赶上队伍的小马驹。能保持平衡已经很困难了，更别提掌控方向了。

简而言之：管理，真难！没有谁能为我指点迷津。我所阅读的书籍大多主题看似鞭辟入里，内容却都是泛泛之谈。因此，我便开始从乔治的身上寻找答案，我发现他的一些理念与尤达大师①的颇有相似之处。尤达大师会说出诸如“要么做，要么不做，没有所谓的试一试”这样的格言，同样，乔治也喜欢用语言平实的类比来一语道破人生的真谛。他说，修建 4 700 英亩天行者农场（一块兼作迷你居住城区和影视拍摄基地的场地）的艰巨任务，就像一艘船只顺水而下，而船身已经被劈成了两半……船长也已不幸溺亡。他告诉我们：“我们终究还是会到达目的地。抓紧船桨，加油划船！”

① 尤达大师，《星球大战》影片中的角色。——编者注

乔治还说，创立一家企业就像置身于一支西行的马车队中。在驶往丰沃之地的途中，这些开拓者们紧盯前方，团结一心向着目的地这一共同目标进发。而一旦到达目的地，这些人便各奔东西了。这种向着目标进发的过程，这种目标尚未达成的状态，在乔治看来是最理想的。

无论是拿马车还是船只打比方，乔治的着眼点都是长远的。他对未来充满希望，也自信有创造未来的能力。有一个故事现在被人一遍遍地谈起。在《美国风情画》一片刚刚获得成功时，人们建议这位年轻的电影人在下一部电影《星球大战》上大捞一笔：这可是好莱坞万众瞩目的大片，让他们给你加加价码吧。乔治却另有打算。他完全没有要求加薪，而是要求保留《星球大战》的续集所有权和周边产品销售权。影片的发行公司20世纪福克斯觉得这只是蝇头小利，便一口答应了乔治的要求。事实证明福克斯错了。这是乔治控制的第一桶金，让他有能力在这片他热爱的领域中翻云覆雨，大展身手。他将赌注压在了自己身上，并成为最终的赢家。

《星球大战》大获全胜后的卢卡斯影业，可谓一块吸引各路英豪的磁石。斯蒂芬·斯皮尔伯格、马丁·斯科塞斯等大导演经常现身来访，看看我们在研发什么，物色有没有能在他们的影片中使用的特效或新花样。但与这些大牌人物的造访相比，最让我难忘的还是迪士尼动画师们的一次参观之旅。那是1983年情人节的第二天，在带领大家参观的过程中，我注意到一个穿着松垮牛仔裤的男孩。这个年轻人名叫约翰，他对我们所做的工作表现出极大的热情。吸引我注意约翰的，就是他的好奇心。我为大家展示了一幅电脑制作的图像，我们对这幅图很满意，还特地起名叫“通往雷耶斯角之途”。看图的时候，约翰呆站着，完全着了迷。我告诉他，这幅俯瞰太平洋的蜿蜒小径的图像，是我们用一款叫作雷耶斯[①]（眼见一切，尽可制图）的软件程序制成的。雷耶斯还是个双关语：雷耶斯角，是加州沿着1号公路的一个海滨小镇，位于卢卡斯影业附近。代表了当时电

① 雷耶斯，英文为Reyes，是Renders Everything You Ever Saw（眼见一切，尽可制图）的首字母组成的单词。——译者注

脑制图的最尖端技术的雷耶斯，让这个年轻人佩服得五体投地。

没过多久，我就发现了约翰如此痴迷的原因。他告诉我，他想制作一部叫作“电器小英雄”的影片，讲的是一台烤面包机、一张毛毯、一盏台灯、一个收音机、一台吸尘器在被主人遗弃在林中的老房子后，历经万难重新回到主人身边的故事。他告诉我，他准备将电影的构思推荐给迪士尼动画的高层，希望能让此片成为第一部将手绘动画与电脑生成的背景相结合的电影。而我刚刚给他看的图片，正巧用到了这一技术，因此他想看看我们有没有合作的可能。

这位动画师就是约翰 · 拉塞特。当时的我并不知道，我们这次在卢卡斯影业的会面过后不久，他便丢掉了迪士尼的饭碗。原因是，在他的上司们眼中，这部“电器小英雄”和他本人一样，都有些太过前卫了。在听取了约翰的提案后，他们立马让他卷铺盖回家。几个月后，普瑞特艺术学院的计算机绘图年会在长岛的玛丽皇后酒店举行，这个有历史的酒店，其实是一艘停靠在码头边的邮轮。我和约翰不期而遇。当时我并不知道约翰已经丢了工作，只是问他愿不愿意到卢卡斯影业帮忙制作我们的第一部短片，他毫不迟疑地答应了。当时的我还以为是萨瑟兰教授人才交换的理念终于实现了呢。招募到一名迪士尼的动画师，即便只是临时的，也一定能助我们一臂之力。一位名副其实的讲故事高手终于肯加入我们的阵营了，这还是第一次呢。

约翰是个天牛的梦想家。孩童时，他总是沉浸在自己的幻想世界中，在自己画在素描本上的树屋、洞穴和宇宙飞船中遨游。他的父亲是加州惠蒂尔雪佛莱经销店的汽车配件经理，耳濡目染下，约翰一生都对汽车情有独钟；母亲则在高中教授艺术。和我一样，在发现世上有靠制作动画为生这条路后，他觉得自己找到了人生方向。同样，约翰注意到动画之路的原因也与迪士尼有关：上高中时，约翰在校图书馆里无意中看到了一本磨得破破烂烂的书，书名叫《动画艺术》，作者鲍勃 · 托马斯在书中记录了迪士尼工作室的发展历程。与我初遇时，26 岁的约翰与迪士尼之间的关系是任何一个同龄人都望尘莫及的。他毕业的院校是迪士尼本人创立的鼎鼎大名的加州艺术学院，在学校里，他师从数位迪士尼黄金时代的重量级艺术家；他曾在迪士尼乐园的丛林漂流项目中担任河流向导；1979 年，他以《小姐与台灯》一片向迪士尼的《小姐与流浪汉》致敬，并凭借此片获得大学生奥斯卡奖，而作为片中主角出现的那盏白色台灯，之后亦演进为皮克斯的标志。

加入迪士尼动画时，约翰并没有意识到公司正在经历一段惨淡的低谷期。当时，迪士尼的动画片已停滞不前许久了：从 1961 年的《101 忠狗》后，迟迟不见有重大的技术突破，而公司许多年轻有才的动画师因日渐分明的层级制度而得不到重视，在种种原因下纷纷离职。当 1979 年约翰加入迪士尼时，弗兰克 · 托马斯、奥利 · 约翰斯顿等迪士尼九大元老中最年轻的也已经 65 岁了，年事渐高的他们不再参与日常的电影制作，而接管工作室的艺术家是那些坐了几十年冷板凳的二线动画师。这些人终于等到了这一天，但觉得自己在公司里的地位还不够稳固，他们想要紧紧抓住自己的新位置，因此对新人不但不鼓励，反而采取了压制的态度。对后起之秀的理念不管不问，还用条条框框对人才施以禁锢，看起来他们似乎是要把这些人的升职速度拖延得比自己还要慢。在这种人心不齐的环境里，约翰立马就泄气了，即便如此，被炒鱿鱼的事情仍是他未曾料到的。难怪他加入卢卡斯影业的态度那么积极呢。

我们打算让约翰帮忙制作的影片本来定名为“与安德烈早餐”，灵感源自我们都很喜爱的 1981 年的影片《与安德烈晚餐》。片子的构思很简单：太阳初升，一个名叫安德烈的机器人从床上起来，打打哈欠，伸伸懒腰，以此展示一个由电脑生成的绚烂多彩的世界。阿尔维设计出了第一版的分镜头，整个项目也由他负责，这样一来，我们就可以将一些动画研发成果拿出来付诸实践了。约翰的加入让阿尔维很欣喜。约翰热情洋溢，仿佛天生就是个给大家传播正能量的人，他的活力也必定会让这部电影更有生气。

看过初版的分镜头后，约翰问阿尔维：“你介不介意我提几个建议？”

阿尔维回答：“当然不介意。我们请你来就是为了听你的建议。”

根据阿尔维的叙述，接下来，约翰“让这部片子起死回生了”。阿尔维说：“我一直幼稚地以为我才是这部片子的动画师，但其实我没有那种神奇的魔力。我能让物体流畅地运动起来，却不能赋予物体思想。我不能给物体灌输情绪和灵魂，但约翰可以。”约翰对主角的样貌提出了见解，他构想出的主角是一个简洁而形似人类的机器人，头和鼻子都以圆形代替。而约翰真正的神来之笔，是要求将一个叫作威利的大黄蜂角色加入影片，与安德烈进行互动。（顺便提一下，威利是华莱士 · 肖恩的小名，华莱士是给予这部短片灵感的影片的主演）。这部短片后来改名为“安德烈和威利的冒险”。影片开头，安德烈仰面朝天地在林中睡觉，醒来后，他看到威利在他的脸旁悬停着。安德烈被吓了一跳，而黄蜂威利则紧跟不放，惹得安德烈四处逃窜。如果我们能勉强把这称作剧情的话，那么以上内容就是整部片子的剧情。不难看出，相较于剧情而言，我们更注重的是电脑动画制作的潜力。约翰的天才之处，就在于他能够在如此简短的情节中表现出情绪的张力。

短片片长原定只有两分钟，但我们在制作时仍嫌光阴似箭。无须赘言，制作动画的过程需要投入许多人力，不仅如此，在制作的同时，技术上的开拓创新也是不能停的。而我们给自己留出的时间又偏偏如此紧迫，压力可想而知。我们给自己定的最后期限是 1984 年 7 月，也就是约翰加入后的第 8 个月。究其原因，主要是考虑到那时候，计算机图形图像特别兴趣小组年会（SIGGRAPH）会在明尼阿波利斯举行。这场为期一周的计算机图形会议为我们提供了一个了解业界人士动向的绝佳平台。这是一个一年一次的盛会，届时，学者、教育家、艺术家、硬件销售人员、研究生以及程序员将共聚一堂。根据传统，会议期间的周二会举办“电影之夜”活动，当年最引人瞩目的视觉成果将有机会在此展示。而在 1984 年之前，电影之夜大多只放映些 15 秒长的图标四处飘飞（比如旋转的球、飞扬的美国国旗）的作品，或是科学模拟视频（从美国国家航空航天局旅行者 2 号飞过土星的景象到康泰克感冒胶囊的起效过程，应有尽有）。而我们的《安德烈和威利的冒险》，将为年会首次带来有人物的电脑动画影片。

但随着截止日期的逼近，我们意识到这回可能是赶不及了。我们夜以继日，致力于制作出更清晰、更逼真的角色，还将影片的背景设置为细节繁多的树林（树林中树叶的制作着实考验了我们的动画制作能力），更让整个过程难上加难。然而，我们并没有考虑制作这些图像对计算机能力的需求，也没有思考整个制作过程需要留出的时长。我们可以在截止日期前完成影片的粗样，但这意味着影片中有一部分画面是不完整的。原本该是彩色的动画角色，只能以线框示人（这些线框是网格状的模型，用来暂时代替电影完成后的角色）。在首映当晚，我们惴惴不安地看着这些零碎的模块出现在荧幕上。然而，出乎意料的事情发生了。虽然我们对影片存在诸多担忧，但在放映后与我交谈的大部分人都说，他们并没有注意到彩色图像换成了黑白线框。原来，影片的情感带动了观众，让他们忽视了图像的缺陷。

这种现象我在日后的职业生涯中曾多次遇到：通常来说，无论你对视觉工艺有多么重视，无论视觉上的润色有多无可挑剔，都没有讲一个好故事重要。

1983 年，乔治和妻子玛西娅离婚，而离婚协议书为卢卡斯影业的资金状况带来了天翻地覆的变化。虽然乔治依然野心勃勃，但资金状况的现实摆在眼前，乔治不得不缩减财务支出。也正是在那时，我渐渐发觉，虽然计算机部门的成员们都将制作动画长片作为首要任务，但乔治却另有打算。对他而言，电脑能对真人电影做出的贡献才是他关注的焦点。我们双方的梦想虽然有分歧，但也有重合的部分，可以在短期内维持相互扶持的状态。而今，在合并投资项目的压力之下，乔治做出了卖掉计算机部门的决定。我们部门最重要的资产就是我们使用皮克斯图像电脑打造出的成果，虽然我们设计这台电脑的初衷是为了处理电脑影像，但这台电脑出乎意料地展示出各种神通，无论是制作医药影像，还是为华盛顿特区那些简写清一色为三个字母的行政机构的图像处理设计模型。

接下来的一年，是我此生最暗无天日的一年。

乔治找来一支管理团队负责卢卡斯影业的重组，而这支团队最为关心的是公司的资金流状况。随着时间的推移，他们开始公开质疑计算机部门，觉得我们永远也不可能赢利。这支团队的两个领导姓异名同，我和阿尔维将他们戏称为“傻子二人组”，因为他们对我们所处的行业一窍不通。这两个人用企业咨询术语对我们狂轰滥炸（他俩特别喜欢吹嘘自己的“商业直觉力”，总是撺掇着让我们赶紧去找“战略伙伴”），但他们对如何招来买家或招来哪种买家就没有那么“洞若观火”了。他们把我们叫到办公室，让我们坐下，告诉我们让所有员工卷铺盖回家，等到部门售出后再商量是否把他们招回来。这对员工感情造成的伤害自不必多言，更重要的是，我们部门真正的“卖点”，即迄今为止能吸引到潜在“追求者”的原因，其实就是这些我们积攒起来的人才。这种做法最让我们头疼的地方就在于此。没有人才，我们何以立足？

因此，当这两个臭味相投的“傻瓜”让我们列出下岗人员名单时，我和阿尔维只给出了两个名字：他的和我的。这一计让我们得以暂时维持，但随着1985年的临近，我越发迫切地意识到，如果部门不能尽快卖出去，就随时会面临关闭的命运。

卢卡斯影业希望能带着1 500万美元的现金一走了之，但有一个小问题：我们的计算机部门附带着一纸商业计划，要求买方为部门再投资1 500万美元，将部门带入市场，推出产品，并确保我们有独立生存的能力。被卢卡斯影业寄予希望的风险投资者们，通常不会在并购公司时出这么多的血，因此，这一纸计划与他们的意愿相悖。卢卡斯影业将部门推销给20家不同的购买方，结果无人出价。这一招无效后，又接洽了一系列制造公司，仍然没有结果。

漫长的等待之后，我们的团队终于跟通用和飞利浦公司达成协议。飞利浦公司是一家荷兰电子工程产业集团，之所以对皮克斯感兴趣，是因为我们用皮克斯图像电脑研发出的处理大量数据的技术，可以与电子计算机X射线断层扫描技术和核磁共振效果相媲美。通用公司看重的是我们在模型建造方面的领先地位，他们觉得这一点可以在汽车设计上有所应用。但只差一个星期就要签合同时，计划又泡汤了。

此时此刻，我的心中既有绝望又有欣慰。与通用和飞利浦的协议很可能会让我们制作第一部动画长片的梦想破灭，这一点我们早有准备。无论买主是谁，我们的梦想都无法存活：每家投资商都有自己的盘算，而为了自保，我们不得不放弃自己的梦想。直到今日，我依然对那次合约的破裂心怀感激，因为它为史蒂夫·乔布斯的出场搭好了舞台。

初遇乔布斯是在1985年2月，当时他还担任苹果公司董事长一职。苹果的首席科学家艾伦·凯得知我和阿尔维正在寻找投资者以脱离乔治的掌控，便促成了我们和乔布斯的会面。艾伦是我在犹他大学的同窗，又是阿尔维在施乐帕克研究中心的旧识，他告诉乔布斯，如果想要体验电脑制图的尖端科技，就应该来我们这儿看一看。我们会面的地点是一间会议室，屋里架着一块白板，摆着一张大桌子。乔布斯还没坐上几分钟，便站到白板前为我们画起苹果的收支图表来。

乔布斯的果断自信给我留下了深刻的印象。他不爱寒暄，而是一个劲儿地提问：你们的目标是什么？你们的方向是什么？长远计划呢？他用“好得令人发狂的产品”来描述能让他信服的东西。很明显，乔布斯不是那种坐听汇报的人，没过多久，我们就把签合同的事提到了议事日程上。

老实说，当时我有点儿不喜欢乔布斯。他的个性很强，我却不然，因此我觉得很受他气场的压制。我虽然总在重申要在身边安排比自己聪明的人，但乔布斯的强大是如此与众不同，我甚至不知道该如何去描述。当时，麦克塞尔磁带公司正在主打一支广告，广告的主角后来成为一个标志性的形象：一位男士深深地坐在一张真皮镀铬的勒·柯布西耶[①]沙发中，长长的头发被面前的立体声音响“震”得往后飘飞。和乔布斯在一起的感觉就是这样的。他就是那台音响，而其余所有人都是坐在音响前的那个男人。

初次会面后过了大约两个月，我们没得到一点儿回应。

我们有些摸不着头脑：乔布斯在会面时明明显得情绪很高啊。后来，我们终于知道了原因：5 月底，报纸上刊出了乔布斯和苹果首席执行官约翰·斯卡利决裂的消息。原来，关于乔布斯鼓动董事会“政变”的流言不胫而走，于是斯卡利鼓动董事会免除了乔布斯麦金塔电脑部门负责人一职。

这场“鏖战”的硝烟落定后，乔布斯又一次找到了我们。他希望寻找一个新的挑战，而我们或许就是他的新挑战。

一天下午，乔布斯来到卢卡斯影业，参观了我们的硬件实验室。和上次一样，他以“不得答案誓不罢休”之势进行了一番打探：皮克斯图像电脑有什么功

① 勒·柯布西耶，现代设计大师、建筑大师和艺术大师。——编者注

能是市面上其他电脑做不到的？你们对这台机器的用户的定位是什么？你们的长期计划是什么？看起来他的目的并不是要理解我们复杂精巧的技术，而是希望能通过与我们辩论来锤炼自己的观点。乔布斯盛气凌人的个性简直令人瞠目结舌，我仍然记得他转向我，平静地告诉我他想让我把职位交给他时的情景。他解释说，一旦他顶替了我，我就能从他身上获益良多，这样一来，我只需要两年时间就可以具备独立管理公司的能力了。其实，当时公司本来就是由我独自管理的。但他这种肆无忌惮的作风还是让我深感佩服。他不但打算顶替我执掌公司的领导大权，竟然还想让我甘之如饴！

乔布斯做派强硬——说是冷酷无情也不为过，和他聊天，话题总会被他引向你意想不到的地方。你不仅要警惕设防，还必须全情投入。我逐渐意识到，单单这一点就很锻炼人。

翌日，我们一行人驱车到乔布斯在伍德塞德的宅邸与他会面，这片社区毗邻门罗帕克市，风景十分怡人。整座房子里只有一辆摩托车、一架三角钢琴，还有两名曾经在潘尼斯之家餐厅工作过的私人厨师，除此之外，空空如也。乔布斯坐在草地上，向远处眺望着他那 7 英亩大的草坪。他向我们正式宣布，决定买下卢卡斯影业的制图团队，还给我们展示了新公司的组织结构计划图。随着他的说明，我们渐渐意识到，他并非是想建立一间动画工作室，而是想要孕育出新一代的家用电脑，与苹果一争高下。

这样的想法已经不只是偏离我们的愿景了，而是完完全全的背离。因此，我们礼貌地拒绝了乔布斯。我们又一次回到了寻找买主的老路上，可时间已经所剩无几了。

几个月就这么过去了。《安德烈和威利的冒险》公映周年庆离我们越来越近，而我们心中的忐忑——一种生存难保却举目无援的窘迫——也渐渐爬上了面容。天无绝人之路，或者不如说，“地”无绝人之路：1985 年的计算机图形图像特别兴趣小组年会恰好选址在旧金山，顺着硅谷旁的 101 公路就能到达。我们在展销区域租了一个展位，展出我们的皮克斯图像电脑。会议第一天的下午，史蒂夫 · 乔布斯前来造访。

我立马就感觉到了变化。上次与我们会面之后，乔布斯成立了一家名叫NeXT的个人电脑公司。我觉得，乔布斯不再像上次那样急于证明自己了，或许是这家公司让他对我们的心态发生了转变吧。他参观了我们的展位，然后表示我们的电脑是整间展厅里最吸引人的东西。“我们一起走走吧。”在他的建议下，我们绕着大厅随意溜达起来。“你们的情况怎么样？”

我坦白回答：“不大乐观。”我们仍寄希望于从外部寻找一位投资人，但我们已近乎捉襟见肘了。听到这儿，乔布斯提议重拾上次的商谈：“或许这次我们能商量出结果呢。”

我们正聊着，碰巧遇到了太阳微系统公司的创始人之一比尔·乔伊。和乔布斯一样，比尔也是个聪明绝顶、争强好胜、能言善辩的强势之人。这两个人谈话的内容我已记不清了，但两人谈话的方式却让我永生难忘。他们面对面站着，离得很近，背着手，身体重心从一边换到另一边，且步调惊人地一致。他们完全沉浸在谈话中，对周围的一切浑然不知。过了好一会儿，乔布斯才抽身去与别人聊了起来。

待乔布斯走后，比尔转脸对我说：“天啊，这人可真够自大的。”

又过了一会儿，乔布斯回到我们的展位，对着我评价起比尔来：“老天啊，这人可真够自大的。”

两个泰坦巨神交战的时刻让我至今难忘。两人都能看到彼此的傲慢，却觉察不出自身的强势，真是挺有趣的。

几个月又匆匆过去了。1986年1月3日，乔布斯终于开口表达了收购的决定，并且开门见山地提到了最让我揪心的问题，也就是他之前坚决要求执掌公司和管理运营事宜的问题。他说，他不仅愿意在这个问题上后退一步，还同意让我们将电脑和图像制作结合起来，看看能做出些什么。会谈结束后，我和阿尔维觉得乔布斯的建议和态度都是可以接受的。但摆在面前的未知数，是我们并不知道和乔布斯做合伙人会是怎样一种境况。大家对他难以相处的名声都早有耳闻。而他是否“名副其实”呢？只有等时间给我们答案了。

这期间有一次与乔布斯会面时，我很礼貌地问他，如果别人与他意见不合，他会如何解决问题。我的言下之意是，如果在我们俩的合作中出现意见分歧，他会如何来处理。而乔布斯似乎没有意识到我的话外之音，只给出了一个泛泛的回答。

他说："如果我和别人意见相左，我会耐心向对方解释，让对方知道什么才是正确的选择。"

之后，我把这番话向卢卡斯影业的同事们复述了一遍，他们虽然被逗笑了，但笑中也带着不安。记得乔布斯的一位律师曾告诉我们，如果他的委托人决意收购我们公司，那我们最好做好搭乘"史蒂夫·乔布斯过山车"的准备。但当时的我和阿尔维正身处水深火热之中，因此决定坐上这班车。

在商谈中，卢卡斯影业一方的代表表现并不尽如人意，从而让整个收购过程难上加难。特别是首席财务官，他低估了乔布斯，以为他和其他年少轻狂的创业者没什么两样。这名首席财务官告诉我，想要在会议室中建立权威，就要晚些到会。他想明确告诉我的是，他想通过晚到来表现唯有他才有让其他所有人翘首期盼的魄力，从而建立他"最强者"的地位。

孰料他的晚到只说明了一个问题：他从来没有遇见过史蒂夫·乔布斯这样的人。

谈判当天的早晨，乔布斯和他的律师、我和阿尔维及我们的律师、卢卡斯影业的律师以及一位投资银行家全员准时到会，唯有这位首席财务官迟到了。早晨10点整，乔布斯环顾会议室，发现首席财务官缺席后，竟然不管不顾地开始了谈判！凭借这一举动，乔布斯不仅挫败了财务官将自己摆在众人之上的计谋，还抓住了谈判大局的掌控权。之后的几年中，乔布斯就是用这种强硬的策略为皮克斯保驾护航的。一经合并，乔布斯便成了我们的保护伞，无论保护对象是我们还是他自己，他都会用铁拳全力出击。最终，乔布斯花了500万美元解除了皮克斯与卢卡斯影业的关系，之后又承诺再投资500万美元作为公司的运营资金，而公司股权的70%归乔布斯所有，30%属于公司员工。

1986年2月，一个星期一的早晨，双方终于达成了协议。屋里的气氛倏然缓和了许多，因为大家都被这谈判拖得精疲力竭了。我和阿尔维签完自己的名字后，乔布斯用双臂揽住我们，说："无论未来如何，我们都要彼此肝胆相照。"我觉得他之所以这样说，是因为被苹果罢黜的伤疤仍在隐隐作痛，尽管如此，这句话仍让我永生难忘。经历了充满艰险的孕育阶段，皮克斯这家生命力顽强的小公司终于破茧而出。

第 3 章　有了目标，才有一切

不要将目标与方法混淆。我们应坚持不懈、不遗余力地通过优化、简化及提高效率等方式努力改进我们的工作方式，但这并非我们的目标。打造出优秀的产品，这才是我们的目标。

起点微不足道，志向却很远大。受到这样的“逼迫”，人们快速学习的能力往往可以被淋漓尽致地激发出来。我本人对此深有体会。1986 年，我成为一家新成立的计算机硬件公司的总裁，我的主要任务就是销售皮克斯图像电脑。

而唯一的问题是，我对自己该做什么完全是两眼一抹黑。

在外人看来，皮克斯或许和硅谷其他的新创企业没什么两样。但仔细看，我们的企业绝不一般。史蒂夫 · 乔布斯从来没有生产或销售过高端产品，因此他既不能凭经验也不能靠直觉来找出路。该如何运营这家刚刚起步的企业呢？乔布斯、阿尔维、约翰 · 拉塞特，还有我，4 个人都没有一点儿头绪。我们就这么僵住了。

我习惯按照预算来管理公司，但面对营业损益表却是经验全无。我不知道如何管理存货清单，也不懂怎样保证产品质量。但凡那些产品销售企业的管理者需要掌握的技能，我都不具备。记得我在走投无路之下，只得向迪克 · 莱文所著的《低买高卖，早收账迟付款》求援。这本风靡一时的商业书，我如饥似渴地一口气读完了。

为了成为一个更好、更高效的管理者，我阅读了大量类似的书籍。我发现，这些书籍给读者的慰藉和保证大多都经不起推敲。这种将事物过于简单化的鼓吹是带有危险性的。书中满是朗朗上口的口号，比如："敢于失败！""跟随大众，大众才会跟随你！""专注，专注，再专注！"（其中最后一句口号算是最受欢迎的一条伪建议。听到这句话，人们总是点头称是，仿佛这是什么至理名言，大家却没有意识到，这句话把他们的注意力从急需处理的问题上移开了：大家专注的重点到底是什么呢？而关于如何寻找专注点和如何专注的问题，却只字未提。那么，这样的建议意义何在呢？）这些口号都是以结论形式示人的，看似饱含着智慧，或许其中也真有贤明之处，但这些口号无一能为我指点何去何从，也不能告诉我究竟该将精力专注于何物。

与乔布斯共事是有正反两面的，这一点是我在皮克斯任职初期不得不攻克的难题。他对成功的势在必得和他的高瞻远瞩，常常激励着我们。比如说，他坚持要我和阿尔维在全美开设皮克斯图像电脑经销店，如此大胆的举动，是我们在公司起步时万万不敢设想的。在我们两人看来，我们销售的产品的确很棒，但它的针对性很强，也就是说，其销路本来就很有局限性。而在大众计算机领域浸淫过的乔布斯则让我们把眼光放长远些，他认为，如果想要销售这款产品，我们就得让产品在全美范围内曝光。我和阿尔维虽然不知该从何入手，但还是很欣赏他的远见。

乔布斯的远见值得称赞，但他的交流方式却让人难以习惯。对他而言，缺乏耐心和唐突无礼都是家常便饭。与潜在的客户会面时，只要他觉得对方是泛泛之辈或是准备得不够充分，便会毫不迟疑地和对方当面叫板。想要达成交易或是建立忠实的客户群，这样的做法可不是明智之举。但当时的乔布斯年轻气盛，一心扑在事业上，并没有察觉到自己对别人产生的负面影响。我们刚开始共事的那几年，他完全无法理解“普通人”，即那些没有自己的企业或是缺乏自信的人。他喜欢用诸如“这些图表都是狗屁”或“这个协议狗屎不如”这种咄咄逼人的话语来激怒大家，然后通过观察大家的反应来评判对方的品性。如果你敢跟他叫板，就很可能会赢得他的尊重。他使用这种先试探、后观察对方反应的方式，一来可以推测对方的想法，二来可以看看对方是否具备捍卫自己想法的魄力。他的作风让我想起工程学中的一条原则：就像海豚用回声定位法探测鱼群的位置一样，发射高速脉冲也能让你获取有关周围环境的重要信息。而这种挑衅式的互动交流方式，就好似乔布斯的“声波定位仪”，是他探索世界的工具。

就任皮克斯总裁后，我的第一要务是挖掘和雇用优秀人才，建立一支核心团队，来弥补我们这些人的不足。如果我们想以销售硬件为业，就得建立起像样的生产、销售、服务及市场部门。我找了一些已在硅谷创办企业的友人，从利润率到商品定价再到佣金及如何与客户建立关系，巨细靡遗地向他们寻求建议。这些友人为我大方出策，但我学到的最为宝贵的经验，却是我从这些策略存在的漏洞中总结出来的。

首先要解决的是比较基本的问题：我们该如何为我们的机器定价呢？太阳微系统公司和硅谷图形公司的两位总裁告诉我，先把价钱定高一些比较好。他们认为，如果起价很高，那日后我就有降价的余地；如果一开始定价就很低，那么日后提价时顾客会不满。因此，根据预期的利润率，我们决定将每台机器定价为122 000美元。然而，我们大错特错了。很快，皮克斯图像电脑功能强大但价钱昂贵的名声传播开来。在之后降价时，我们发现大家只记得价钱昂贵这一点了。虽然我们努力想挽回名声，但第一印象在人们心中已经根深蒂固。

这些头脑聪明、经验丰富的人怀着助人之心为我们的产品定价出谋划策，但这些策略不仅是错误的，还阻碍了我们的脚步，让我们无暇去关注那些应解决的问题。降价和涨价哪个容易，这并不是我们应该讨论的；如何迎合消费者的期望，如何持续投资软件开发，以确保购买我们产品的用户能更好地对产品加以利用，这些关键性的问题才是我们应该花精力去解决的。现在回想起来，当我向这些经验丰富的友人们寻求答案时，我其实只是在为难题寻找“这样做，别那样做”这种简单的答案罢了，究其原因，是因为我不够自信，承受不了新工作的重压。“定价从高起”之类的简单答案，因为听上去如此在理而充满了诱惑性，但就是这样的建议分散了我的注意力，让我忘记提出那些更为根本的问题。

当时，我们的身份是一家电脑制造公司，因此我们必须在短时间内掌握生产电脑的要领。也就是在这一时期，我学到了一条经验，是我在皮克斯任职初期获得的经验中最宝贵的一条。而这一经验居然是我在日本制造业历史中碰巧发现的。没有人会觉得装配生产线是个迸发创意的地方，我之前也一直这样认为。生产与效率关系紧密，和创意则基本不沾边。但很快我发现，日本企业将生产打造成了调动员工全情投入的创意工作，这在当时是一种既超前又有违常理的理念。而在如何营造创意氛围的问题上，日本人的确让我受益良多。

“二战”后美国经历了一段持续繁荣的发展阶段，日本却一边重建基础设施一边踉跄前行。日本经济受到重创，加上受质量低劣坏名声的冲击，其制造业长期处于低迷状态。20 世纪 50 年代时我还是个孩子，那时人们将日货看作次品，甚至垃圾（在今天，我们无法找到能够与之相较的恶名。那些打上“墨西哥制造”的商品给人的负面印象，完全无法与当时的“日本制造”相提并论）。相反，美国却是当时全球制造业的老大哥，汽车制造业尤为领先。福特汽车公司开创了流畅的装配作业线，这种生产线不仅大力推动了低价产品的大量产出，也推动了整个生产流程的变革。没过多久，美国每家汽车制造商都采用了这种通过传送带将产品从一位工人传送给另一位工人从而完成拼装的方法。节省的时间转化为大量的利润，引得家用电器、家居和电子设备生产商们也纷纷效仿。

“无论如何都要确保流水线的畅通，因为这才是高效率低成本的要诀。”这句话成为大批量生产行业的“咒语”。浪费时间就意味着浪费金钱，如果流水线上的某个产品出现了残损，那你必须立马把这个产品从流水线上撤下来，但流水线是万万不能停的。为了确保产品的质量，人们找来了质检人员。产品质量等级评估成为主流，只有高层人员才有暂停流水线的权力。

而在1947年，一位在日本工作的美国人却将这个理念完全颠覆了。此人名叫爱德华兹·戴明，是一位统计学家，以在质量管理方面的贡献闻名。应美国军方的要求，他远赴亚洲协助开展1951年的日本人口普查工作。一到目的地，他就积极投入日本的重建工作，并将自己有关提高生产率的理论传授给千百名日本的工程师、管理者和学者。这些前来听他演讲的人当中，就有索尼公司的创办者之一盛田昭夫，索尼成为应用戴明理论并从中受益的诸多日企之一。大约在这段时间，丰田也开始用超前的思维方式来考虑生产率问题，与戴明的理念不乏一致的地方。

此后，一些用来表述这些革命性工作方法的术语问世，比如“即时生产”或是“全面质量管理”等。这些方法的核心理念是：发掘和解决问题的责任应分配给每一位员工，上到高级经理下到生产线上职位最低的员工。戴明认为，任何级别的员工只要在生产过程中发现问题，都有权力（也有责任）中止流水线的生产。借鉴了戴明理念的日企为方便员工举报问题，专门安装了一条绳子，让任何人都可以通过拉绳中止生产过程。没过多久，日企便在品质、生产率以及市场份额等方面迎来了前所未有的好成绩。

戴明和丰田的理念让那些工作在生产第一线的人员将产品的品质掌控在自己的手中。工人们不再机械地重复单一的动作，他们可以提出建议、举报问题。除此之外，在我看来，因为自己的努力而修复了漏洞所带来的自豪感是最重要的收获。而发展和进步也接踵而至，漏洞得到了填补，品质也得到了提高。换言之，由于员工的积极性被激发出来，日企生产线的产品质量也越来越过硬。这为全球的生产方式带来了一场革新。

当时正值皮克斯蹒跚学步的艰难时期，戴明的理念就像一座灯塔般照亮了我的暗夜。这么多年来，那么多美国企业领导者中居然没有一个人发现这一理念中所蕴含的智慧，真让我匪夷所思。他们并非有意拒绝接受戴明的理念，而是根本没有认识到这种理念的意义。对既存体制的深信不疑遮住了大家的双眼，美国毕竟在老大的位置上稳坐了好长时间，哪里需要什么革新呢？

几十年后，戴明的理论才在美国站稳脚跟。具体来说，直到20世纪80年代，惠普和苹果等硅谷公司才成为第一批实践戴明理念的先锋。尽管如此，戴明的理论对我产生了不可估量的影响，也塑造了我对皮克斯的管理方式。丰田虽是一家有层级结构的企业，但企业的核心指导原则却是民主的：员工们不必征得上级同意就可以自主承担责任。

几年前，由于对刹车失灵问题的疏忽，丰田公司险些名誉扫地。记得当时看到机智如丰田的公司竟能如此背弃自己的核心企业文化，我大感震惊。我们先不讨论这些致使人们犯傻的因素究竟是什么，但我们知道，这些因素不仅力量强大，还往往难以察觉，即便在最完备的环境中也存在让其乘虚而入的罅隙。

20 世纪 80 年代末，在我们建立皮克斯的过程中，史蒂夫 · 乔布斯将大部分时间倾注在了NeXT的创建上，也就是那家在他被迫离开苹果后成立的个人电脑公司。他每年只来皮克斯办公室一次，以至于我们每次都得为他带路，免得他迷路。相比之下，我却是NeXT的常客。每过几周，我都会前往乔布斯位于雷德伍德城的办公室，向他介绍皮克斯的情况。老实说，我并不期待这些会谈，因为它们通常都会令我很头疼。在争取将皮克斯送上赚钱轨道的过程中，我们需要乔布斯的资金来保证周转顺畅，而他在出资时常常会附加诸多条件，这虽然可以理解，但也让我左右为难。因为他强加给我的那些营销或新品开发等条件，往往与企业的现况不相符。回想那段时光，我们似乎一直在闷头寻找一种能让公司赢利的商业模式。总有什么理由，让我们一如既往地笃信下一次的尝试会让我们拨云见日。

皮克斯成立后的头几年，我们打过几场胜仗：1987 年，约翰执导的《顽皮跳跳灯》获得了奥斯卡奖提名，其中的主角台灯也成为皮克斯公司的标志；次年，《锡铁小兵》上映，这部短片讲述了发条玩具锡兵鼓手和一个憨头憨脑的人类婴儿之间的故事，为皮克斯赢得了第一个奥斯卡奖项。然而，公司几乎一直处于“烧钱”的状态。不用多说，这也让我们和乔布斯之间的摩擦越发激烈。我们觉得他并不理解我们的需求，而他也不相信我们具备运营公司的能力。双方的判断都没错。乔布斯对我们的担忧绝对合情合理。在皮克斯最为低迷的时期，我们举步维艰、赢利无望，而乔布斯从自己腰包中掏出的 5 400 万美元也石沉大海。

这笔钱在乔布斯的净资产中占了很大的份额，鉴于我们惨淡的财务状况，任何风险投资企业都不会愿意将这么一大笔钱花在我们身上。

皮克斯何以出现这么大的赤字呢？原因在于我们的首场销售战出师不利：总计下来，我们仅仅卖出了300台皮克斯图像电脑，而我们的实力还不允许我们尽快设计新品来填补空缺。公司的人员扩张至70多人，日常开支的压力几乎快把我们压垮了。随着亏损的叠加，我们渐渐意识到，除了放弃硬件销售，公司已无路可走。在皮克斯图像电脑的销售上倾注了所有心力之后，我们终于接受了此路不通的现实。我们就像是一群站在融化的浮冰边缘的探险者，急需寻找更稳定的立足之地。当然，我们并不知道下一个落脚点是否能承受住我们的重量，但我们已下定决心，纵身跃向我们魂牵梦萦的那个目标，而电脑动画这个最初的梦想，也是我们仅存的慰藉了。电脑动画才是我们的热情所在，除了倾尽所有、全力一搏，我们别无选择。

1990年，我们搬进了伯克利北部的仓库区里士满角，将办公地点设在一幢方正的混凝土建筑中。从此，我们开始将精力集中在创意工作上。我们接到了三得牌口香糖和纯果乐牌橙汁的动画广告案，很快就摘获了各种创意奖项，同时也磨炼了我们的技术和讲故事的技巧。但问题是，我们的赤字仍然很严重。1991年，我们不得不解雇了超过三分之一的员工。

1987~1991年，对皮克斯信心全无的乔布斯曾三次尝试将公司转手。尽管他觉得心灰意冷，却始终无法下定决心与我们“一刀两断”。微软曾打算出价9 000万美元买下皮克斯，乔布斯却选择了放弃。他心中的价格是1.2亿美元，觉得微软的出价不仅是一种侮辱，也证明了微软还不够资格拥有皮克斯。汽车工业设计软件公司阿利亚斯和硅谷图形公司也曾有意购买皮克斯，却都以相同的结果收场。每次面对买家，乔布斯都会开出一个高价，不给对方留回旋的余地。我渐渐觉得，他这样做并不是为了寻找解脱，而是想从外界得到对皮克斯公司的肯定。他的理由是这样的：如果微软愿意出价9 000万美元，那么皮克斯一定是有存续下去的价值的。这场“表演”仿佛在一点点榨干我们的精力，真是让人越看越揪心。

没有乔布斯，皮克斯就无法存活。但那些年，我不止一次地怀疑，乔布斯是否真能将皮克斯引向生路。乔布斯的确才华横溢，有鼓舞人心的魅力，能够深入问题巧妙地找出解决方法。但他也的确是个难伺候的主儿：他目空一切，居高临下，盛气凌人，甚至有些颐指气使。从管理的角度来看，他那无法为别人着想的性格或许才是最大的缺陷。当时的乔布斯全然不知换位思考为何物，幽默感在他身上更是完全找不到。在皮克斯，我们的许多员工都是插科打诨的好手，一直将逗乐奉为核心理念。但无论扔给乔布斯怎样的段子，都会被他的“冷面”挡回来。乔布斯在会议中的咄咄逼人、唯我独尊众所皆知。一次，我们一行人准备与迪士尼高层进行会晤，而乔布斯一再强调让我们“只听不说”。这其中的荒谬之处再明显不过了，我忍不住说了一句：“好吧，我会努力憋住的。”全屋的人都被逗乐了，唯有他连嘴角都未牵动丝毫。会晤开始后，乔布斯在整整一个小时里庭审般向迪士尼高层“狂轰滥炸”，几乎不给对方插嘴的机会。

这个时候，我已和乔布斯共事多时，知道他的内心并不是毫无感觉的。问题是，他并不知道如何让大家看到真实的自己。一次，正在气头上的他给我打来电话，说他不打算支付员工工资了。我怒不可遏，回电过去，严正警告他所有员工和家人都指着这份工资糊口呢。一番唇枪舌剑之后，他的态度才软化了。在我的整个职业生涯中，那估计是我态度最为激烈的一次。乔布斯告诉我，即便皮克斯的价值翻倍，我们依然一文不值。我备感心力交瘁，甚至想到了辞职。

然而有趣的事情发生了，在一起经历磨难的过程中，我和乔布斯逐渐磨合出一种合作方式，也逐渐产生了对彼此的理解。大家可能还记得我在乔布斯收购皮克斯之前问他的问题：出现意见不合的情况时该如何处理？而他只是表示他会一直解释，直到对方认同他是正确的为止，这种回答在当时的我看来简直自大得可笑。而说来讽刺，这个回答却逐渐成了我对待乔布斯的方式。当我们意见相左时，我会把自己的观点陈述出来，但乔布斯的脑筋比我转得快许多，所以经常把我的论点驳倒。我便冷静一周，整理自己的思路，再找他重新理论。他或许依然会对我的观点嗤之以鼻，但我锲而不舍，直到出现以下情况：一是他回话说 “哦好，我明白了”，然后向我提供所需的支持；二是我意识到他才是对的，也就不再说服他；三是双方都不愿妥协，我就不管那么多，直接按照自己的提案去做。每种情况出现的概率相同，可一旦碰到第三种情况，乔布斯绝对不会质疑我。尽管他固执己见，但他懂得尊重别人的热情。如果我对某些事情抱有强烈的信念，那么这信念也能感染到他，他会觉得有这样的信念至少不会全盘皆输。

在加州伯班克的迪士尼大厦中，杰弗里 · 卡岑贝格坐在一张暗色木制会议长桌的尽头。现在，这位迪士尼动画的负责人正为了争取人才而不惜放低身段，但他的屈尊是有限度的。他发话说："很明显，约翰 · 拉塞特才是在座的各位中才华横溢的那个。"我、约翰、乔布斯坐在一起，努力不被他的话触怒。"约翰，既然你不愿来为我工作，我想我们就得以其他方式合作了。"

卡岑贝格想让皮克斯制作一部电影，但希望电影的发行权归迪士尼所有。

这个提议虽然有些出乎意料，但也不能说是全然的意外。在皮克斯创建之初，我们就签订了协议，预备为迪士尼开发一个制图软件。我们开发出一款名叫"电脑动画制作系统"的软件，简写为CAPS，可用来绘图和管理赛璐珞动画。这款软件问世时，迪士尼正在制作《小美人鱼》一片，此片于1989年获得巨大成功，也揭开了包括《美女与野兽》、《阿拉丁》以及《狮子王》的第二波动画黄金时代的序幕。这些电影的大获成功促使迪士尼动画寻找合作伙伴以提高电影产量，而皮克斯与迪士尼建立的良好业务关系，让迪士尼将目光转向了我们。

想要与迪士尼合作，我们就得设法与卡岑贝格达成协议。面对这样一位以狡猾与强硬闻名的谈判好手，乔布斯还是控制了局面。卡岑贝格认为，迪士尼既然要投资皮克斯的第一部电影，那么自然也有权掌控我们的技术。乔布斯则反驳说："你们出资是为了让我们制作电影，而不是用来购买我们的商业机密。"迪士尼一方贡献的是其在市场营销和影片发行方面的优势，我们付出的则是我们的尖端技术，而这技术是不能售予外人的。乔布斯将这一点视为我们的底线，他坚守这一底线直到杰弗里一方让步妥协。在最紧要的关头，乔布斯的谈判实力仿佛又上了一个高度。

1991年，皮克斯与迪士尼签订了一份囊括三部影片的制作协议，制作经费主要由迪士尼承担，影片的发行权和所有权也归迪士尼所有。走到这一步，我感觉像是经过了一生的等待。虽然当时皮克斯公司的历史只有5年，但我那用电脑制作动画长片的梦想已经在心中萦绕了近20年。就这样，我们又一次踏上了一条几乎未知的道路，开始了新的征程。我们没有制作电影的经验，或者说没有人制作过超过5分钟长的影片，而且我们使用的工具是电脑，因此无人能给我们指引。几千万美元的投资眼看就要打水漂，一旦失败我们就别想再打翻身仗了，我们必须赶紧找到出路。

万幸的是，约翰心中早有筹谋。《玩具总动员》这部片子围绕一群玩具和一个男孩展开。男孩名叫安迪，爱着自己的玩具。电影的亮点在于，剧情是通过玩具的视角呈现给观众的。在数月的准备工作中，我们对剧情进行了一次又一次的修改，最终，我们将主角敲定为安迪最喜爱的玩具牛仔胡迪。耀眼的太空刑警巴斯光年出现在大家面前，引得安迪爱不释手。这个新的竞争对手的出现，让胡迪的生活出现了天翻地覆的变化。约翰将这个构想推荐给迪士尼，经过一番修改，我们的剧本终于在1993年1月通过了。

这个时候，约翰已经开始着手组建团队，聚集了一批才华横溢、野心勃勃的年轻人。在皮克斯尚处于制作广告的阶段时，他便雇用了安德鲁·斯坦顿和彼特·道格特，两人日后蜕变为皮克斯最有想法的两位导演。安德鲁是一位导演兼编剧，在故事构架方面颇有造诣。为了捍卫自己重视的理念，他不惜与人争得面红耳赤。他习惯把剧情层层剥开，只剩下最为基础的感情框架，然后再以此为基础重建脉络，这算是他最大的一个爱好。彼特是位资质超群的动画师，善于捕捉人物的情感。1992年的秋季，约翰之前在迪士尼的同事乔·兰夫特刚刚完成蒂姆·伯顿《圣诞夜惊魂》的工作，加入了我们的团队。乔生得高大魁梧，既友善又风趣，这让大家更容易接受他鲜有的批评和意见。我们的团队能力虽强，却尚显青涩。大家可能听过这么一句格言，说最好先将降落伞装配好，再从飞机上跳下去。但我们的情况是，我们已经在半空中自由落体了，却没有一个人带了降落伞。

在第一年里，约翰和他的团队先将分镜头剧本画出来，然后飞赴迪士尼总部，听取杰弗里·卡岑贝格和他的两位上司彼得·施奈德和汤姆·舒马赫的评价。杰弗里固执地要求为角色增添“棱角”，他觉得胡迪这个角色过于明快真诚了。这种理念虽然不符合我们对故事的拿捏，但初出茅庐的我们还是不敢对他的建议有所怠慢。经过几个月的打磨，原本平易近人的胡迪变得越来越阴暗刻薄，一点儿也不招人喜爱。胡迪嫉妒心强，为泄私愤而把巴斯光年从窗户里扔了出去。他不仅对其他玩具颐指气使，还给他们起带有鄙视意味的外号。一句话，胡迪变成了一个恶棍。1993 年 11 月 19 日，我们将这个坏脾气的新胡迪带到了迪士尼。我们做好了动画小样，像连环画一样，将对白、音乐以及画面同步搭配在一起，模拟影片完成的效果。那一天成为皮克斯历史上永载史册的“黑色星期五”，因为迪士尼一方做出的决定是：在出现像样的剧本之前，暂停电影制作。这样的决定无可厚非。

制作计划的流产让皮克斯人心惶惶。我们的第一部动画长片突然之间生命垂危，于是约翰立即将安德鲁、彼特和乔三人召集起来。接下来的几个月中，除去睡觉的时间，四人几乎分分秒秒都在一起埋头苦干，努力让电影的“心脏”——约翰最初构想的那个渴望被爱的牛仔玩具恢复活力。这件事还让他们学到了重要的一课：在讲述故事时，要相信自己的直觉。

正在我们努力拯救《玩具总动员》时，我们在卢卡斯影业施下的种子在好莱坞结出了丰硕的果实。皮克斯的技术在《美女与野兽》和《终结者 2》这两部 1991 年票房最高的大片中扮演了不可忽视的角色，引得好莱坞人士纷纷关注。1993 年《侏罗纪公园》上映时，人们不再将电脑特效视作电脑狂人的冷门实验。电脑特效终于向大家彰显了其真正的价值，成为主流娱乐业中不可或缺的工具。一场带来视觉特效、超清音效以及视频剪辑技术的数字革命，登上了历史舞台。

约翰说过，乔布斯的生平就是古典式的英雄之旅。因傲慢自恃而被人从亲手创建的公司中驱逐出来，然后披荆斩棘，历经各种冒险，最终变得更强大。关于乔布斯的蜕变以及皮克斯在其中扮演的角色，我真是千言万语也难以道尽，但在此，我暂且做个总结：失败让乔布斯变得更强大，更明智，也更平易近人。最初9年中的失败和挑战，影响了我们每一个人，让大家变得更加谦卑、虚心，但与此同时，我们也从中汲取了宝贵的经验。困难中的相互扶持，不仅加深了彼此之间的信任，也让我们的心走得更近了。

其实，有一件事大家早有准备：乔布斯是必然会给我们甩出难题的。随着《玩具总动员》的上映日期不断临近，我们渐渐发现，乔布斯的心里另有一个更为宏大的目标。他认为，这不仅仅是一部电影，而是一项有望改变整个动画领域的伟大工程。在这场变革发生之前，他打算让皮克斯上市。

"这主意欠妥。"约翰和我回应乔布斯，"我们应该多制作几部电影再说，这样才能增加公司的价值。"

乔布斯却不赞同："我们的机遇就在当下。"

说完，他向我们讲述了他的观点：我们先假设《玩具总动员》会获得成功，或者往大了说，我们先假设这部片子会大获成功。那么，迪士尼的首席执行官迈克尔·艾斯纳就会意识到自己犯下了大错，因为他为迪士尼制造了一个危险的竞争者（按合约规定，我们还要为迪士尼制作两部电影，然后就可以独立制片了）。乔布斯预言说，《玩具总动员》一上映，艾斯纳就会试图重拟我们的合约，尽力将我们以合伙人的身份拴在身边。乔布斯表示，如果出现这种情况，他希望能为我们争取更有利的条件。具体来说，他希望与迪士尼达成平分收益的协定，他认为这样的要求还能让我们在地位上占上风。想要达成这一点，我们必须备足电影制作的一半经费。要筹得这笔巨大的款项，我们除了上市别无他法。

就这样，他的观点又一次在辩论中获胜。

没过多久，我就和乔布斯踏上了征途，为首次公开募股四处游说，我们把这戏称为"马戏全国巡演"。我们在一家家投资公司之间奔波，乔布斯（罕见地穿着西装打着领带）向大家担保收益，而我则在乔布斯的坚持下身穿一件肘部缝着补丁的粗花呢大衣，站在一旁尽显我的"教授范儿"。我所表现的应该是"技术天才"的形象，但实际上，我觉得计算机科学界是不会有谁拿这种形象示人的。作为宣传员的乔布斯却是一副全情投入的架势，他说，皮克斯是一家独一无二的电影工作室，以高精尖的技术和独树一帜的剧本为基石；《玩具总动员》上映一周，皮克斯就会上市，到时候大家将会看到我们是有真功夫的。

事实证明，乔布斯是正确的。我们的第一部电影创造了票房纪录，梦想似乎即将实现。我们的首次公开募股也为公司筹得了近 1.4 亿美元的资金，成为 1995 年最大规模的IPO（首次公开募股）。几个月后，艾斯纳的电话如期而至。他希望与我们重新商讨合同条款，与我们继续合作下去。他还接受了乔布斯提出的对半分成条件。这让我瞠目结舌：乔布斯的预言成真了。他的洞察力和执行力着实令人赞叹不已。

对我而言，这个时刻为我们这段跋山涉水的漫长旅程画上了一个句点，真让我有些不敢相信。我投入了 20 年的时间，研发新技术，合伙创建公司，为公司上上下下之间搭建沟通与合作的桥梁。所有这些努力都是为了一个目标：用电脑打造一部动画长片。而今，梦想终于变为现实。不仅如此，乔布斯还为公司争取到了前所未有的雄厚资本。从企业建立至今，我们第一次品尝到了安稳的滋味。

《玩具总动员》上映的那段日子里，成功带给我们发自内心的自豪感，大家走起路来也雄赳赳气昂昂的。我们是用电脑制作动画的开山人，更让我们感到欣慰的是，观众也被我们的故事深深地打动了。我们手头的任务很多，不仅需要制作更多的电影，还要与迪士尼最终敲定合同内容，同事们投入到各自的项目中去，一举手一投足都洋溢着自豪和成就感。我们的成功是坚守自己理念的结果，这感觉真是无与伦比。事不宜迟，由约翰、安德鲁、彼特、乔和 1994 年加盟剪辑《玩具总动员》的李 · 昂克里奇组成的主力团队，立即转战《虫虫危机》一片，为大家呈现昆虫世界的奇观。空气中弥漫着激动人心的气氛。

然而很奇怪，我虽然感受到了这股热血沸腾的气息，却无法沉醉和投入其中。

20 年来，我一直是奔着制作第一部电脑动画电影这个目标前进的。而今，伴随着这个目标的实现，却有一种空落落的感觉。作为管理者，我感觉失去了目标。接下来该干什么呢？运营公司本应成为我的下一个目标，这个任务虽然足够填满我的时间，却让我感到有些平淡无奇。皮克斯上市了，业绩也很不错，我却无法泰然自若地满足于将公司这样运营下去。

没想到，一次不期而至的重大挑战，赋予了我新的使命感。

有关迅猛发展中的企业因疏忽大意而失足的反例，我曾不止一次地提过。我本人也未能幸免：在《玩具总动员》的制作期间，虽然我一直以为自己保持着警惕，但对身边一块绊脚石的威胁却浑然不觉。

在整个电影的制作期间，我觉得我的工作主要就是关注企业内外部的态势，规避那些让我们偏移目标的因素。我下定决心，不让皮克斯重蹈那些我亲眼见证的硅谷公司的覆辙。为此，我特地向员工敞开大门，也会到大家的办公室检查进度。我和约翰下了一番心思，为皮克斯的每个成员建立发言的渠道，确保每个职位和每位员工都能受到尊重。我坚信，企业上上下下都应遵循自我评估和提出建设性意见之风，为此，我殚精竭虑，以求取得实效。

为皮克斯的第二部电影《虫虫危机》“招兵买马”的时机来临了，为此，我们特地遴选出为《玩具总动员》的成功立下汗马功劳的人才。在此过程中，我才发现创意团队和制片团队之间竟出现了裂痕，而我之前对此毫无察觉。简言之，制片经理们告诉我，《玩具总动员》的制作过程简直是一场噩梦，他们觉得自己就像二等公民，没有得到应有的尊重，还受到排挤。虽然他们为《玩具总动员》的成功感到高兴，却非常不愿意再为皮克斯制作电影了。

我惊得目瞪口呆。我们怎么会一直都没发现这个问题呢？

究其原因，这件事与制片经理在影片制作中扮演的角色不无关系。制片经理需要巨细靡遗地把握每个细节，确保电影在预算内按时完成。他们需要整体监控团队的进度，需要记录下成千上万的镜头，需要控制资源的分配，时而要连哄带骗，时而要推动进程，必要时还得唱黑脸说不。换言之，在一家命运与时间和预算紧密挂钩的企业中，制片经理的角色是至关重要的：他们不但要管理人员，还需为制作过程保驾护航。

皮克斯的创意团队和技术人员相互之间保持着平等相待的关系，这是最让我们引以为豪的一项传统。我总以为，负责制片的人员也能自然而然地得到同样的尊敬，但事实并不遂人愿。果不其然，当我与创意和技术人员交流时发现，在他们看来，制片人员确实要低自己一等，因为制片经理管得太严、抠得太细，不但没有为电影制作创造有利条件，反而妨碍了进度。在与我交谈的工作人员看来，制片经理简直就像齿轮中的砂子。

我对这股敌意竟毫无觉察，这点让我大为吃惊。本以为我的开门政策能够让我随时掌握事态的发展，或者至少能让我在如此剑拔弩张的态势发生时不至于浑然不知。然而在制作《玩具总动员》的整整 5 年间，竟没有一个制片经理来找我表达委屈或是提出建议。这到底是为什么呢？一番冥思苦想后，答案才渐渐浮现出来。

首先，在《玩具总动员》的准备阶段，由于我们的功力尚未到家，便从洛杉矶请来资深制片人员帮助我们组织策划。制片经理觉得他们只是来帮忙的，因此推想他们的不满不会得到我们的重视。他们习惯于好莱坞的传统工作方式，也就是几个自由职业者为一部电影聚在一起，并肩合作数个月，然后就各奔东西。抱怨有可能会让你错失今后的工作机会，因此，这些人选择了避而不谈。直到我们与他们谈及继续合作事宜时，大家才开始倒苦水。

其次，虽然这些制片经理心中积怨不少，但他们同时也有一种缔造历史的使命感。他们知道，约翰是一位卓越的领路人，《玩具总动员》一片也是一项意义非凡的项目。于是，对这项工作的热爱让大家甘于忍受工作中发生的摩擦。这让我颇有感悟：原来积极因素是会掩盖消极因素的。我意识到，有一点需要我多加留心：光明面往往会与阴暗面共存，而人们因为怕留下好抱怨的名声，往往不愿去探究阴暗的一面。我同时还意识到，如果采取放任自流的态度，那么阴暗面便会愈演愈烈，最终将会严重戕害皮克斯。

这番感悟让我振奋了起来。我终于明白，防范问题并不一定意味着你能看见问题。而这个理念所带来的挑战，也为我带来了新的使命感。

我们未能察觉到问题的原因似乎找到了，但我们还需继续挖掘导致大家不安的根源。为此，我成了大家办公室中的不速之客，拉出一把椅子，便开始盘问大家觉得皮克斯哪方面做得到位、哪方面做得不妥。这些谈话是开放式的，我并没有强求大家把不满一一列举出来。随着谈话的一次次推进，我渐渐明白了我们误入歧途的原因。

电影制作本身就是一项极其复杂的差事，我们的制片经理不仅要控制预算和档期，还要保持工作人员之间沟通的畅通。而鉴于《玩具总动员》一片承载了太多的希望，制片经理身上的担子之重就更加可想而知了。他们认为，如果大家遇到问题时毫无组织地胡乱找人解决，那么整个片子的制作便会被搅得拉拉杂杂、难以控制。因此，为了保持事情井然有序，制片团队一开始就定下规矩：如果有话要说，就通报给直接管理自己的上司。举例来说，如果一位动画师想要和建模工程师沟通，那么就必须遵循"正规程序"。在创意和技术人员看来，这些"事事都要通报领导"的理念既烦琐又阻滞了制作的进程。而在我看来，这应该是一种出自善意的微观式管理。

影片的制作是一项涉及几百人的工程，因此组织管理系统是不可或缺的。但这一次，我们却错将沟通渠道和企业的组织结构混为一谈。动画师与建模工程师之间是应该直接沟通的，上报顶头上司一举真是画蛇添足。因此，我们将公司全员召集在一起，向大家宣布：从今往后，大家彼此之间可以不分级别、不分时间地进行交流，不必惧怕会招致任何斥责。也就是说，不必再经过等级的门槛就可以直接进行交流。毫无疑问，信息的交换对我们的企业是至关重要的，但我相信，信息的交流不应是压力的来源，应当也能够摆脱程序的桎梏。人们彼此间应当畅通无阻地进行交流，事后再通知上级也不晚。这比让每件事都遵循"正确"的程序和经过"正规"的渠道要明智多了。

改善的效果并不是一夜之间就能彰显出来的，但等到《虫虫危机》制作完成时，制片经理已经甩掉了"拖创意后腿"的名声，以一等公民的身份融入了皮克斯大家庭。我们的团队又向前进了一步。

这次改革本身就是一次成功，但随之而来的收获却是我们意料之外的：思考问题和解决问题的过程为我们带来了激情和满足感。我们认识到，大家的目标并不仅仅是创建一所制作大片的工作室，而是孕育一种鼓励不断提出问题的创新文化。如果说我们的成功是因为做了一些正确的事，那么如何才能确保我们了解这些事究竟是什么？从中得出的经验又是否能够在下一个项目中复制呢？或许我们也该同时问问自己：复制成功经验真的是明智之举吗？在我们看不见的暗处，到底有多少潜在的问题正伺机损毁我们的企业？我们能否找到方法将这些痼疾找出来？我们的成功中到底有多少是因为运气？如果我们继续打胜仗，会不会变得过于自我膨胀呢？如果我们的自信转为了自负，让我们得意忘形，我们应该如何处理呢？现在的皮克斯已然从蹒跚学步的新兴企业转变为成功企业，那么，在吸收新人才的过程中又会出现哪些新情况呢？这些，都是我们需要提出的问题。

多年前，引领我走向科学的是我对“理解”的渴望。诚然，人类的交流远比相对论或弦理论错综复杂，但这也是交流艺术的重要性和魅力所在，它一次次地颠覆我的既有想法。在后来的日子里，随着皮克斯出品电影数量的增多，我渐渐懂得，我对皮克斯成功背后的原因和方式的判断有些其实是错误的。但有一件事却是再明显不过的：找准方法，建立一种可持续发展的创意氛围，克服心中的抵触和阻碍，发自内心地将诚信、超越、交流、创新以及自我评估摆在重中之重的地位上，这并不是一项一蹴而就的任务，而是需要夜以继日的全身心投入。这项任务，正是我想要完成的。

因忽略问题而做亡羊补牢的功课是不可避免的，但在我看来，孕育一种企业文化，用“火眼金睛”捕捉问题，仍是我们无可推诿的要务。我希望将这种企业文化发扬光大，即便在创建皮克斯的元老们离世很久后仍能存续传承，让这家企业不仅能制作出赚钱的原创影片，更能为社会带来积极的贡献。这样的目标听上去难免有高大上之嫌，但这确实是我们自创立之时起就定下的。我们很幸运能拥有一支卓越的团队，他们不仅总能推陈出新，敢于冒险，还乐于不断探索创新的方式。我们如何才能为这些人才提供条件，如何才能满足他们的需求，又如何才能提防那些合作中不可避免的纷争在前进的路上拖我们的后腿呢？这些，就是我给自己布置的任务，至今仍是催促我前进的动力。

第 4 章　锤炼企业的个性

大家都想吸纳有才之人，但是这些人才之间的合作交流方式才是真正的重点。一支优秀的团队是由配合得相得益彰的队员组成的。找到配合默契的合适的人才，要比挖掘高明的点子更加重要。

《玩具总动员》问世之后，我们总结出了两条至关重要的创意法则。某种意义上，这两条法则成了我们的“座右铭”，我们不仅把它们铭记于心，还在会议上不厌其烦地反复强调。在我们看来，这两条座右铭指引我们挨过了《玩具总动员》和《虫虫危机》制作初期遇到的严峻考验，带给了我们莫大的慰藉。

一条法则是 “故事为王”。也就是说，我们不会允许诸如科技或商业的任何因素影响故事的发展。观众们热衷谈论的大多是《玩具总动员》带给他们的感觉，而不是让影片得以制作完成的技术，这让我们颇感自豪。我们相信，正是因为我们一贯将故事奉为照明的灯塔，才能收获如此效果。

另一条法则是“信赖过程”。之所以信奉这一法则，是因为我们可以从中得到安全感：困难和失误是任何复杂的创意事业都不可避免的，而我们往往会在工作过程中摸索出道路。从某种意义来讲，这条法则和所有乐观向上的格言并无区别（比如“亲爱的，挺住啊！”）。但由于皮克斯的制片过程与其他电影工作室迥然不同，所以在我们看来，这一法则的效力是实实在在的。皮克斯赋予艺术家自由徜徉的空间，将掌控大权交付导演手中，也相信员工具备解决问题的能力。我总觉得许多所谓的箴言和法则不过是些阻滞灵感、泛泛而谈的陈词滥调，但这两条法则，却实实在在地帮助了我们的员工。

这自然是件好事，因为皮克斯很快就要需要借助一切能得到的帮助了。

1997年，迪士尼高层给我们抛出一个问题：我们能不能将《玩具总动员2》直接发行至DVD平台？也就是说，这部片子将不会在电影院上映。在当时，迪士尼的这个提议还是很在理的。迪士尼动画工作室制作的续集影片中，在影院上映的只有1990年的《救难小英雄》，而且票房一塌糊涂。但在接下来的几年里，直接发行DVD的影片却让工作室赢利颇丰。因此，当迪士尼提议《玩具总动员2》也走降低艺术标准、定位于特定市场的老路时，我们同意了。虽然我们对绝大多数直接出DVD的影片品质抱着怀疑的态度，但却自信我们是能够颠覆这个标准的。

可我们立刻就发现自己犯了一个严重的错误：这个项目的方方面面都与皮克斯的理念背道而驰。从理论上来说，我们并不反对这种直接出DVD的模式，因为毕竟迪士尼已经运用这个模式多年，也从中赚了不少钱。我们只是不知道如何才能不牺牲品质而达成目标。更重要的是，我们很快就发现，为了制作DVD影片而压制自己的期望，为皮克斯的内部企业文化罩上了一块阴云。我们将工作人员分为A组（《虫虫危机》）和B组（《玩具总动员2》），而那些被安排制作《玩具总动员2》的B组人员并不甘于制作B级品质的影片，不少人甚至来到我的办公室提出抗议。无视他们的愤懑，绝不是明智之举。

影片制作开始几个月后，我们召集迪士尼高层举行会谈，想让他们理解直接出DVD的道路不适合皮克斯，也不符合皮克斯的原则。我们建议另辟蹊径，以求《玩具总动员2》能在影院上映。没想到对方竟欣然同意了。弹指间，我们手头便同时有了两部重量级电影的制作任务——我们的院线产量在一夜之间翻了一倍。这的确让人有些不安，但同时也是对皮克斯核心理念的一种肯定。为此我们增加了人手，我也越发为坚守品质的决定感到自豪。我认为，正是这样的决定，为皮克斯未来的成功铺平了道路。

然而，我们的一系列错误设想，让《玩具总动员2》的制作过程严重受阻。我们认为，鉴于这"只是"部续集，制作工作一定不会像制作第一部时那么艰巨。因此，我们安排《玩具总动员》一片的创意团队专心致力于《虫虫危机》的制作，而只派遣了两名（导演经验为零的）资深动画师来掌舵《玩具总动员2》。我们都认为，有经验丰富的团队做后盾，即便是初出茅庐的新团队也可以手到擒来地续写原片的辉煌。当时，约翰·拉塞特和《玩具总动员》的制作团队已经将续集的剧情写好，大意是：胡迪阴错阳差地被当作旧货卖给了一个玩具收藏家，在被送往日本的一家博物馆前，为了保值而被锁了起来，不允许别人再碰。电影角色的知名度已经有了，人物也为观众所接受，技术团队经验丰富、思路敏捷，整个公司也对电影制作的过程有了更加全面的掌握，于是我们以为这次必定是稳操胜券。

然而，我们又错了。

一年后，我开始感到有什么东西不对劲了，最明显的问题就是两位导演不断地请求多一些"约翰时间"——他们希望约翰能帮忙出谋划策。这让我很是头疼。这意味着虽然《玩具总动员2》的两位导演各自都是出色的专业人士，但他们还缺乏自信，也无法共同带领一个团队。

除此之外，我们的动画小样也出了岔子。在皮克斯，我们的导演每隔几个月都会聚在一起，放映自己的电影小样。所谓小样，就是将图画拼接起来，然后配上临时的音乐和声音。初版的小样只是粗略地模拟出影片的完成效果，无论制作小样的团队技术有多么精湛，小样都是乱七八糟、瑕疵百出的。但是我们只有通过观看小样，才能将需要修补的漏洞找出来。初版的小样绝不是评定团队质量的标尺，但我们仍然期望，小样能随着时间的推移渐渐完善起来。而在这个项目中，我的期望并没能达成，几个月过去后，小样仍停留在一个很糟糕的水平上。

这一现象让我们警醒起来，便向约翰和第一部《玩具总动员》的创意团队表达了我们的担忧。他们建议我们先把这事放一放，相信过程会帮我们消除顾虑。

《虫虫危机》于 1998 年的感恩节周末上映了。直到此时，约翰才终于腾出时间坐下来，仔细审视了《玩具总动员 2》的导演们的成果。他独自在我们的一间放映室观看小样，几个小时后，他从放映室里走出来，径直走进我的办公室，把门关上。他用了“惨不忍睹”来评价：剧情空洞老套，毫无悬念可言，片里的喜剧成分也干巴巴的。之前，我们跑到迪士尼去表示我们不愿在影片的品质上打折扣，坚持要来一记漂亮的全垒打，但现在我们却心虚了：我们做出来的就是这个吗？毫无疑问，这部片子是不能照现在这个样子往下进行的。我们正面临着一场严重的危机。

此前，为了让迪士尼高层熟悉《玩具总动员 2》的进度，我们提前安排了一次放映会。解决方案尚未想好，放映会却迫在眉睫。12 月份，安德鲁（约翰长期以来的得力助手）带着瑕疵百出的小样前往伯班克。一群高管齐聚在放映室，灯光渐渐暗了下来。安德鲁如坐针毡，紧咬牙关，盼着影片早点儿结束。放映室的灯一亮，他便迫不及待地冲了进去。

他慌张地说：“我们知道片子得做大手术。我们正在安排修改事宜呢。”

万万没想到，迪士尼的高管们却并不这么认为。他们觉得影片已经足够让他们满意了，此外也没有进行大修改的时间了，况且这只是一部续集而已。安德鲁却礼貌而坚决地提出：“这部片子我们必须重做。”

与此同时，约翰建议皮克斯的每个成员趁着假期赶紧养精蓄锐，因为从 1 月 2 日开始，我们就要进行整部影片的返工工作了。我和约翰一起向大家传递了一条简单而清晰的信息：想要让这艘船重回正轨，就必须全员各就各位。

但在此之前，我们必须做出一项艰难的决定。不难看出，想要拯救这部片子，就得对领导层做出调整。这是我头一次向影片导演传达我们要撤换他们的消息，这差事一点儿都不轻松。约翰将代替他们接管《玩具总动员 2》项目。约翰和我都不愿向他们传达这个消息，但我们必须这样做。我们已经说服迪士尼让影片在院线上映，也表明绝不在品质上妥协，我们又怎能用不够出彩的影片交差呢？

导演们被消息惊得目瞪口呆，我们心里也不是滋味。从某种角度来说，是我们辜负了他们，因为是我们将超过两位导演承受能力的担子交在他们手中，给他们造成了痛苦。我们在这件事上的失职也让我不禁扪心自问：我们的失误到底是哪方面的疏忽造成的？我们为何会做出如此欠考虑的决定呢？当影片的问题不断涌现出来之时，我们为何没能及时插手呢？满怀信心地将任务交与人手，却发现任务超出了对方的能力，这样的事情在皮克斯历史上还是头一回。我一边冥思苦想，一边被截止日期的压力推着前进。离“交卷日期”还有9个月，这么紧迫的时间，最资深的团队也会觉得难度很大。但是我们决心已定，除了全力以赴别无选择。

修改剧本是我们的第一项任务，负责这项工作的团队是在《玩具总动员》的制作过程中自然发展而成的。后来，我们为这支团队取名为“智囊团”。事实证明，团队的成员都是解决问题的好手，他们挑出那些平淡无味的剧情进行分析解剖，配合得天衣无缝。关于智囊团的故事和工作方法，我会在下一章详细与大家分享。这支团队的成员们能够以平和开放的心态共同解析一部影片的情感节奏，这一点算是团队最难能可贵的特点。在此我要说明，这支团队并不是我们有意挑选的结果，却为皮克斯做出了不可估量的贡献。这支团队在成立之后逐渐壮大，但在当时只有5名成员：约翰、安德鲁·斯坦顿、彼特·道格特、乔·兰夫特以及李·昂克里奇。李是一名很有艺术积淀的剪辑师，来自俄亥俄州一个名叫“懊恼瀑布”的小镇，听上去就像是从皮克斯电影里挑出的地名。李于1994年加入团队，他对电影节奏的感觉敏锐得令人称奇，也凭这一禀赋迅速为大家熟知。约翰钦点他为《玩具总动员2》的副导演。接下来9个月的工作日程，其紧张程度对我们而言是前所未有的。而皮克斯的“真身”，也是在这一严酷时期锻造出来的。

约翰和他的创意团队投入了工作，与此同时，我对摆在面前的赤裸裸的现实进行了一番思考。我们对团队的要求，无异于让他们为电影成功地进行一次心脏移植。离《玩具总动员2》的上映日期还有不到一年的时间，如果不想超过这个期限，我们的工作人员就不得不将弦绷得紧紧的，而这也必定会埋下隐患。但我同时相信，另一个选择——接受一部平庸的影片，只会带来毁灭性的后果。

这部影片算是一部逃难片，剧情的发展很容易猜到，因而也很难打动人，这就是约翰在团队建成之初所面临的最主要问题。影片的故事设定在《玩具总动员》故事发生的 3 年后，玩具收藏家阿尔想要强加给胡迪一种充满溺爱和保护的（封闭式）生活，而胡迪能否逃离这种属于收藏品的生活呢？他能否抓住机会回到原来的主人安迪身边呢？胡迪的面前有两个选择：他可以回到原来的世界，但安迪终究会长大，他将会面临被遗弃的命运；抑或他可以选择留在这个虽然安定却没有人给他真爱的地方。要使影片有感染力，我们就得让观众对胡迪所面临的两难境地感同身受。但是，观众们知道这是一部皮克斯和迪士尼联合打造的片子，因此就会猜想影片的结局一定是欢乐的，也就是说，胡迪一定会选择回家与安迪团聚。而这部影片所需要的，就是将胡迪遭遇的两难境地营造得真真切切，并且能让观众们从片子联想到自己。换言之，这部电影所需要的就是戏剧性。

电影的开头仍保持原貌：胡迪本来准备和安迪一起参加牛仔营，无奈摔断了胳膊，被安迪留在家里（又被安迪的妈妈收放在架子上）。剧情发展到这里，智囊团做出了两个主要的修改：他们加入了一个名叫吱吱的企鹅，他告诉胡迪，因为鸣声器坏了，他已经在这个架子上被“雪藏”好几个月了。一个玩具无论有多么受宠，只要有破损，就很可能被尘封起来，然后被永远遗弃。这是吱吱在影片开头传递给观众的信息，也为影片设置了情感上的悬念。

智囊团所做的第二处大的改动，就是让牛仔娃娃翠丝的戏份丰满起来。这个牛仔娃娃也曾享受过小女主人的万千宠爱，但小主人长大后却将她遗弃了。伴着莎拉 · 麦克拉克伦的《当她爱我时》的音乐和一段蒙太奇展示的回忆段落，翠丝通过一段揪心的独白告诉胡迪，无论他有怎样的憧憬，无论付出多少感情，都终究躲不过被安迪抛弃的命运。翠丝呼应了企鹅吱吱定下的情感基调，而她与胡迪坦率直接的交流方式，也将在此之前一直半遮半掩的主题拿到了台面上。

遇到了吱吱和翠丝后，胡迪的处境越发让人担忧了：他可以选择和他所爱的人待在一起，但终究难以逃脱被抛弃的命运；他也可以投入一个永远受宠的世界，但必须放弃自己真正想要得到的那份爱。这是个实实在在的抉择，也是个实实在在的问题。我们的创意团队是这样表述这个问题的：你愿意失去爱情而获得永生吗？如果你被这个问题所困，那么你会喜欢这部电影。

虽然胡迪最终还是选择了安迪，但在下决心之时，他也明白将来的悲伤是无法避免的。他告诉邋遢矿工彼特说：“我不能阻止安迪成长，但我无论如何也不能错过他的成长。”

皮克斯在里士满角的办公室对面有一幢建筑，后来随着公司的发展被我们征用作附属办公点，并取名为“蛙城”（因为这里曾是一片沼泽地）。故事修改完成后的一天早晨，公司上下在这幢建筑的餐厅齐聚一堂。定好的时间一到，约翰便走到厅前，将更加扣人心弦的新版《玩具总动员 2》的剧情发展线介绍给大家。发言完毕，房间里掌声雷动。而此时，史蒂夫 · 乔布斯正在另一间稍小的房间里，为影片的制作团队打气。“迪士尼不相信我们。”他说，“让我们证明他们错了。”

然后，挑重担的时候到来了。

接下来 6 个月的时间里，我们的员工连与家人碰面的机会都几乎没有。我们一周七天连轴转，不分昼夜地工作。虽然皮克斯已经制作出两部大片，但我们都明白我们仍需要做出成绩来证明自己，因此个个都全力以赴。前方还有几个月的仗要打，大家却早已人困马乏、灯尽油干了。

6 月的一天早晨，一位劳累过度的制作人员开车上班，将还在襁褓中的孩子固定在后座，打算顺道把孩子送去托儿所。工作进行了几个钟头后，他妻子（同是皮克斯员工）无意间问起他把孩子安排得怎么样了。直到这时，他才想起孩子还待在皮克斯闷热的停车场呢。他们赶忙冲到停车场，发现孩子已经昏迷过去，于是马上向孩子泼洒凉水。谢天谢地，孩子平安无事。但这差一点儿就酿成的大祸，在我脑子里烙下了不可磨灭的印记。即便员工们甘愿付出，我也没有资格将如此重担压在他们肩上。我虽然对前途的艰险早有准备，但也不得不承认，大家已经处在崩溃的边缘了。撑到电影制作结束之时，三分之一的员工身体都因长期的高度工作而受到了不同程度的损害。

最终，我们赶上了进度，我们的第三部热门影片按时公映。影评人对《玩具总动员 2》大加赞赏，说这是第一部超越原作的续集电影，影片总票房更是突破了 5 亿美元大关。历经万难之后，虽然每个人都心力交瘁，但我们毕竟成功地跨出了关键的一大步，制作出了一部能够在接下来的许多年中代表皮克斯灵魂的优秀作品。

就像李 · 昂克里奇所言："我们完成了不可能完成的任务。所有人都告诉我们不行，但我们竟然做到了，还完成得很出色。这种意志力将永远在我们体内熊熊燃烧。"

《玩具总动员 2》的制作过程让我们收获了颇多经验，为皮克斯的发展提供了必不可少的养料。大家还记得吧，胡迪的两难选择是故事的主干。智囊团在修改故事的过程中保留了主干，但为什么最初的版本味同嚼蜡，而修改后的版本却令人动容呢？讲故事的高手自有牵动观众心弦的方法，《玩具总动员 2》告诉我一个道理：把高明的点子交予平庸的团队，点子就会毁在他们手上。把平庸的点子交予一支卓越的团队，那么团队要么对点子进行改进，要么将点子推翻，并提出更好的构想。

这其中的寓意值得我们一再回味：组织一支得力的团队是保证点子发光的前提。不可否认，大家都想吸纳有才之人，但是这些人才之间的合作交流方式才是真正的重点。如果搭配不当，即使是最优秀的人才也组建不出一个有力的团队。也就是说，我们需要重视的是团队的协作，而非队员的个人才干。一个优秀的团队是由配合默契的人员组成的，找到配合默契的合适的人才，要比想出高明的点子更加重要。这一原则看似显而易见，但在我看来却一点儿也不简单。

这是我近年来一直在努力思考的问题。一次，我和另一家电影工作室的总裁共进午餐，他告诉我他的燃眉之急不是找不到优秀的人才，而是想不出优秀的点子。听到这番话时，我颇感诧异，大概是因为这句话与我从《玩具总动员 2》中得到的经验截然相反吧。于是我决心看一看，这条对我来说理所当然的理念，与大家的想法到底是否相符。因此，在接下来的几年里，我在演讲时喜欢习惯性地把这个问题抛给观众：优秀的人才和优秀的点子，到底哪一个比较重要？我的听众有退休的企业高管，有年轻的学生，有中学校长，也有艺术家，每当我让大家对这个问题举手表态时，重视人才和重视点子的人几乎各占一半。（统计学家告诉我们，这种平均分的现象并不表示一半人的答案是正确的，而只能说明大家都在瞎猜，就好像抛硬币一样，大家的选择是随机的。）

很少有人对这个问题有过认真的思考，这么多年来，只有一位听众向我指出这两个选项并不是对立的，这样的分法是错误的。但在我看来，这个问题的答案显而易见：思想来源于人才，因此，人才要比点子更加重要。

那么，我们又为何对此感到迷惑呢？原因是，在许多人眼中，思想是独立存在的。点子仿佛生来就有，飘浮在宇宙中，与苦思冥想的思考者一点儿也不沾边儿。其实，思想并非独立存在的东西，点子往往要经过上百人成千上万次的决策才得以形成。在皮克斯的每一部影片中，每一句对白，每一束光亮，每一块阴影，以及每一处音效之所以存在，都是因为它们是影片整体不可或缺的部分。如果我们的手法得当，观众们就会在走出影院时感叹："这部电影的主人公是一群会说话的玩具，这个点子真是绝了！"但是，一部电影的成功不能只凭一个点子，而是众多点子堆砌的结果。要说这点子的"幕后操手"，那就是人才了。其实，其他产品又何尝不是如此呢？比如苹果手机，它不是只靠一个点子造就的，大家无法想象，支撑这部手机的软件和硬件中，凝结了多少人的思想。但是，我们往往只能看到单一物体，并将这个物体当成一座与世隔绝、独立存在的孤岛。

对于任何创意事业而言，人员的工作习惯、才华与价值才是我们应该重视的核心，而人才是无可争议的重中之重。《玩具总动员2》上映后，我审视事物的眼光比从前更敏锐了，并做出了几处调整。通过对周围环境的观察，我发现皮克斯有几项惯例并没有遵照以人为本的理念。举例来说，与所有的影视公司一样，我们也有一个创意部门，主要负责寻找有潜力制作成电影的创意，并为这些创意润色。这样的部门设置在我看来很不合理。从今往后，创意部门不应再负责润色剧本，而应该去物色优秀的人才，满足人才的需求，以人才的天资、禀赋为基础合理分配任务，确保人才之间的默契合作。我们至今仍在不停地对这一模式进行调整，但我们物色、提升和支持优秀人才的大方向始终保持不变。这样一来，人才才会转而去寻找、酝酿和收获优秀的点子。

从一定意义来讲，这种思想与我对爱德华兹 · 戴明在日本所做之事的看法颇有些共通之处。虽然皮克斯并不是靠流水线运作的，也就是说，我们并没有用传送带联系各个工作节点，但是电影的制作也是按流程进行的，各个团队将自己的产品或点子交给下一个团队，这样循序渐进地向前推进。我认为，为了保证品质，各个团队的各个成员都需要找出问题，并及时让生产线暂停。想要做到这一点，我们就要建立相应的企业文化。仅仅提供一条让人伸手可及的绳子是远远不够的，我们还要让员工明白，“效率很重要，品质大过天”这句话绝不只是嘴上说说。重视人才并不是一句口号，而是需要实际践行的。随着时间的推移，我越发感到将人才放在第一位的做法其实就是在捍卫我们的企业文化。

从最基本的层面来说，《玩具总动员 2》为我们敲响了一记警钟。从此以后，再不应该发生电影需求凌驾于人才需求之上的情况。为了员工的身心健康，我们必须考虑得更加周到才行。电影制作一完成，我们就将重心转移到那些身心俱疲的员工身上，推行了各种举措，以求员工因时间紧迫而被压力压垮的状况不再发生。我们按人体工程学原理设计了办公空间，还开设了瑜伽课，提供理疗项目，我们的举措远不只这些。我们还将《玩具总动员 2》项目视作一项个案来研究，一群劲头十足、废寝忘食的员工聚集在一起，为在截止日期前完成工作而拼命，这本是我们的一项优势，但若任这种方式继续发展，便很可能造成严重的后果。我对我们取得的成果倍感自豪，但我同时发誓再也不会用相同的方法制作电影了。具备长远眼光是管理者的一种义务，即使我们的员工心甘情愿地为追求卓越而不惜一切代价，我也应该及时出面干预和制止，如果坐视不管，就是不负责任的表现。

说起来容易做起来难。皮克斯的员工们以工作为荣，个个都有着高远的志向，在他们眼中没有最好，只有更好。从管理者的角度而言，我们当然希望在不超支和不超时的前提下，作品能一部胜过一部。有远见卓识的管理者懂得激发人才的潜能，这是管理者的本职工作。但是这本应激发大家积极性的权力一旦被滥用，产生的负面效果便难以抵消了，这个度很难掌握。制作电影时，高强度高压力的特殊时期都是不可避免的，如果这种时期持续时间不长，便不会对团队造成什么危害。但是，管理者和团队双方的野心会起到彼此促进的作用，从而加剧这种情况的发生，产生不良影响。而管理者的责任，就是要看清这一点，因势利导，切忌滥用权力。

如果我们想要在这一行打持久战，就得学会自我照顾。我们要倡导健康的习惯，鼓励员工们在职场外也有充实的生活。除此之外，随着员工及其子女年龄的增长，每个人的家庭生活也会有所改变。相应地，我们的企业文化也不应让产假及陪产假成为晋升途中的阻碍。这听起来或许并不是什么除旧布新的改革措施，但在许多企业中，有孩子的员工知道一旦休假便要付出一定的代价。这些企业中虽无明文规定，却在向员工们灌输“忠于工作，就要留在岗位上”的理念。皮克斯绝不搞这一套。

想要鼓励员工追求张弛有度的生活，不是光嘴上说说就行的，我们要采取实际措施，协助员工找到平衡点。（皮克斯在工作地点修建游泳池、排球场和足球场，表示我们对体育锻炼的重视，此外，我们还鼓励员工发展工作以外的兴趣。）另外，领导者必须时刻关注职场中的各种变动因素。举例来说吧，如果皮克斯尚未成家的年轻员工工时比有孩子的员工长，那么我们必须多加注意，在比较两种员工的绩效时将员工的背景信息也纳入考虑范围。我在这里强调的并不只是员工的健康问题，还有员工长期的职业发展和长远的幸福。这些方面的投入一定会获得丰厚的回报。

记得洛杉矶有一家游戏公司，曾宣布要将每年的人员流动率保持在15%的水平上。之所以实施这种政策，是因为该公司想要聘用头脑灵光、渴望立身扬名的大学应届毕业生，靠压榨他们的精力来提升公司效率。在这种情况下，摩擦自然是难免的，但这家企业并不以为然，因为他们觉得企业的需求是重于员工的。这样的政策有用吗？效果自然是有一些的。但是在我看来，这样的理念不但会弄巧成拙，还有违良知。在皮克斯，我们坚持贯彻灵活的政策，启发和帮助所有员工拥有劳逸结合的生活，这一点经过我的宣传，已成为众所周知的理念。但是，虽然我们自始至终都将这一理念奉为圭臬，《玩具总动员2》却让我看到，在巨大的压力面前，那些一直坚持的信念是如何被抛到一边的。

本章开头我提到了两条法则，在我看来，在皮克斯的起步阶段，这两句话帮助过我们，也坑害过我们。《玩具总动员》的制作让我们认为“故事为王”和“信赖过程”是皮克斯的核心理念，能够助我们在正轨上勇往直前。也就是说，在我们眼中，这两句话本身就有着帮助我们更上一层楼的魔力。顺便说一句，抱着这种思想的人可不只是皮克斯的员工。你自己也可以试试看，把“故事为王”这句话介绍给创意领域的人，对方在听后一定会频频点头称是。这也难怪，因为这句话听上去的确言之有理。人人都知道，几经锤炼、感人肺腑的故事情节对于一部影片而言有多么重要。

“故事为王”不仅常被我们挂在嘴边，也是我们的信条和行为准则。因此我们都认为，正是这样的理念造就了皮克斯与众不同的个性。然而，随着与业界人士的沟通增多以及对其他电影工作室的了解加深，我发现，所有人都有一套类似的口号。无论这些工作室推出的是真正的好作品还是彻头彻尾的烂片，大家都会强调，故事剧情才是重中之重。这让我们看清了一条看似明显实则艰深的道理：仅仅把理念挂在嘴边念叨，什么用都没有。唯有坚信理念并实践理念才有效果。《玩具总动员 2》中缺乏经验的导演们虽鹦鹉学舌般重复着“故事为王”，却丝毫没能从中得到启发。我的意思是，这条法则让人一目了然，重复起来也不费吹灰之力，却没能让我们免于犯错。实际上，这句话给了我们一种“事情总会好的”的错误保证。

我们对“信赖过程”这条法则同样满怀信心，但过程本身没能拯救《玩具总动员 2》。“信赖过程”渐渐变了味儿，成了“假定问题会在过程中自动解决”。这确实给我们提供了急需的慰藉，但也诱使我们放松了警惕，变得消极被动，甚至人心涣散。

脑筋一转过弯来，我就告诉大家，这句话是毫无意义的，它分散了我们的精力，让我们疏于切切实实地解决问题。我对大家说，我们信赖的应该是人，而非过程，“过程”不会计划日程，也没有艺术鉴赏力，过程只是工具，为我们提供框架体系罢了。想要做好工作、严于自律、实现目标，我们必须担负起更多的责任，掌握更多的主动权。

想象一只老旧而笨重的箱子，箱子上磨损的把手只靠几根线勉强相连。“故事为王”或“信赖过程”的口号，就相当于这个把手。从表面来看，这些短小精辟的口号仿佛隐藏着深远的寓意，而箱子本身则代表了创造这些口号的所有“原料”：实干的经验，深邃的智慧，以及经历挣扎磨炼才得以参悟的真理。我们往往只顾拎起把手就走，却没有意识到箱子本身被落在了身后。我们甚至压根儿不会花心思去考虑我们把什么落在了身后。说到底，拎把手要比拎箱子省力多了。

一旦意识到把手和箱子的问题，我们就会发现，这种现象其实俯拾皆是。人们往往通过语言和故事来理解世界，而它们不过是真实行动和真实意义的投影。广告人喜欢挖掘那些能够代表产品价值的词句，然后将这些标语当作价值的替代品来使用。商家总在不厌其烦地打着“专注于卓越”的金字招牌，意在告诉大家，自家的产品一律品质上乘。“品质”和“卓越”一类的词语被人乐此不疲地滥用，已经失去了原本的意味。管理者们从书籍杂志中四处搜罗，本想获取更实用的方法，无奈只学到了新的术语，还妄想这些新鲜词汇能引领他们向目标迈进。一旦有人想出令人过耳不忘的语句，这语句便会像“米姆”[①]一般四处扩散，有时还会偏离甚至违背其本意。

因此，在追求品质的路上，我们必须用实际行动去换取“卓越”。别人承认的卓越才有效力，我们自诩的卓越只是空话。避免口号与实际意义脱节，这是优秀领导者应当承担的责任。

在此我想声明一点：虽然我认为凭借“信赖过程”来为大家打气并不靠谱，但我仍觉得信心是创意大环境所不可或缺的要素。我们的研发对象往往是尚未问世的全新项目，因此，这样的工作或许会让人觉得困惑不安。影片制作的初期真可谓是一个状况百出的阶段，导演和团队之间的合作摩擦不断，责任、压力以及预期目标让人喘不过气。那么，面对充满迷茫和未知的漫漫前路，我们该如何前

① 米姆，英文“Meme”的汉译，是一种广泛流传、以衍生方式复制传播的互联网文化基因。——译者注

进呢？

一些导演和编剧因为找不到下一步的方向而寸步难行、停滞不前，一些同事以此来反驳我的观点，认为“信赖过程”的口号意在暗示大家“即便前景一片黯淡，我们也要勇往直前”。他们认为，信赖过程可以让我们放松心情，后退一步，在一些更根本的问题上放手一搏。并不是所有点子都能行之有效，我们也接受这个现实，但是如果我们相信终点总会到达，那么失败的威慑力也就被大大削弱了。信赖过程，能让我们相信自己的百折不挠，也能提醒我们，虽然遭遇过挫折，但我们次次都能化险为夷，成为最终的赢家。如果我们能信赖过程，或者更准确地说，如果我们能信赖那些在过程中掌握主动权的人，我们就能既积极乐观又脚踏实地。我们相信船到桥头自然直，相信同事们不但不会对我们的失误横加指责，反而会鼓励我们挑战极限，这些就是我们相互信任的基础。然而，在我看来，我们要谨防被信赖诱惑而怠慢了自己肩负的责任。因为一旦落入这个陷阱，我们就会一味地重复老路，产出空洞而毫无新意的东西。

2000 年，导演布拉德 · 伯德加盟皮克斯家族，他的一句口头禅是：“过程既可成人也可毁人。”我比较赞同布拉德的看法，因为他既看到了过程的威力，又考虑了人在过程中的主动性。凯瑟琳 · 萨拉菲安是一位自《玩具总动员》起就一直供职于皮克斯的制片人，她告诉我，相较于“信赖”过程，她觉得“引导”过程更加合理：审视进程，找出漏洞所在，然后猛烈出击，保证问题一次得到解决。在这里，掌握主动权的是人，而非过程本身。或者我们也可以说，只要你能不忘箱子，那么就算你选择只提把手也未尝不可。

《玩具总动员 2》教给我一件事：对变化无常的态势发展，我们务必要时时紧盯，切莫松懈。《玩具总动员 2》本是一部打算直接出DVD的续集，但最终不仅让我们明白皮克斯坚决不能容忍在电影品质上打折扣，还告诉我们皮克斯的所有产品——一切与皮克斯这个名字挂钩的东西——都必须是上乘之作。这个理念并不仅仅是在鼓舞士气，也是在向皮克斯的各位成员宣布：品质，皮克斯最为宝贵的资产，是人人有份、人人有责的。

大约在这个时期，约翰发明了一句新口号：“品质是最棒的商业企划案。”他的意思是，品质并不仅仅是靠遵循某一套行为准则而得到的结果，还是在行动之前就必须具备的先决条件和思维模式。人人都说品质重要，但是往往说的比做的多。我们需要把口号付诸实践，让它在头脑中扎根，融入我们的呼吸。如果我们能坚持非最高品质的电影不做，如果我们能为言之有信而鞭策自己挑战极限，那么我们就锻造了皮克斯永不退而求其次的个性。这并不是说皮克斯永不会犯错，犯错是追求创意过程中必经的关卡，但是我们一旦发现错误，便会尽力放下抵触之心，虚心面对错误，做到知错就改。《玩具总动员2》一路的摸爬滚打，让我们的思维方式来了个大转弯，我们学会了自我审视、自我检讨。这是皮克斯的决定性时刻，但并不意味着我们可以从此一劳永逸。自我反省的大门才刚刚打开，对这门艺术的理解和探索之路还很漫长。

在接下来的第二部分，我想和大家探讨皮克斯自我反省的文化是如何发展的。下面几章的内容，主要涉及皮克斯作为一家企业在接下来的日子里所面临的问题：诚信的本质是什么？如果大家都对诚信抱着重视的态度，坦诚相对为何会如此困难？我们是如何看待自己的失败和恐惧的？无论准备得多么完备，我们都无法完全规避突发状况，那么，我们能否让管理者更加从容地面对不测？对于许多管理者对工作流程过度控制的现象，我们该如何处理？我们该如何利用积攒下来的经验来修补流程中存在的纰漏？哪些问题我们至今仍未察觉？

在接下来的几年中，这些问题一直考验着我们，直至今天。

Creativity, Inc.

第二部分　营造创新文化

第 5 章　诚信与坦诚

仅仅敞开心扉接受别人的点子是不够的。集思广益、广开言路，这是一个需要我们主动采取行动的长期积累的过程。作为管理者，你必须学会激发员工们的灵感，还应时常激励他们开动脑筋为公司出谋划策。

随便找一个人，问对方：“人应不应该有信用呢？”不必多想，你得到的答案一定是肯定的。否定的回答等同于公开支持尔虞我诈，这就好似认为人不该读书识字、孩子不需要营养一样荒谬，简直就是道德败坏。然而实际上，人们时常需要一点儿遮掩和迂回，在职场中与人交流时，我们常常会将真心掩饰起来。

这就造成了一个两难的困境。一方面，想要了解解决问题和进行高效率合作所需的细微情况，都需要通过坦诚的交流来建立合作的桥梁，遮遮掩掩、刻意误导都是大忌。毋庸置疑，如果我们能够借助集体的智慧，如果我们能够参考大家的真实想法，我们的决策也会容易得多。未经粉饰的信息的确难能可贵，我们也一直宣称这点很重要，但是，我们内心的恐惧和自我保护的本能往往会让我们有所保留。想要接受这个现实，我们就需要挣开诚信施予我们的羁绊。

我们可以找一个意义相仿但与道德伦理挂钩较少的词语，来试着代替“诚信”一词，“坦诚”就不失为一个适当的选择。坦诚是一种直爽，一种率真，严格来说，这个词与“诚信”并无异处。但在日常用语中，坦诚一词不仅指讲真话，还带有一种不甚内敛沉稳的意味。我们都知道，有的时候，有所保留不仅是一种健康的交往方式，还是自我保护的一项必备特质。没有人会觉得不够坦诚的人是坏人（但也没有人想要被冠上不诚实的名声）。谈到坦诚，大家往往都不会有什么避讳，因为即使承认自己有时候会“管住舌头”，也不会招致什么严重后果。关键在于，只有让人们轻松承认自己对坦诚的顾虑，我们才能着手处理这些顾虑。（但如果你使用的词语是“诚信”，只会让大家更难开口。）

诚然，有时你所处的境况的确不允许你毫无顾虑地说实话。比如说，政治家如果对存在诸多争端的事件直言不讳，可能会招致严重的后果。高管们都不愿向竞争对手泄露公司机密，他们若是在面对媒体或股东时信口开河，便会引得麻烦缠身。在工作中，如果稍加遮掩可以避免尴尬或是触怒对方，我便不会一味地坦白相告。在许多场合，如果我觉得言辞谨慎才是上策，我就会小心斟酌自己的用词。但这并不是说，闪烁其词是值得称颂的。人人都能自由交流思想和观念，也能无所顾虑地提出批评，这是创意文化健康发展的一大标志。如果我们任由口是心非的势头发展下去，必会招致企业文化的瘫痪。

那么，管理者应该如何才能确保团队、部门或企业形成坦诚的风气呢？我通过对几个机制的合理运用，来彰显坦诚的价值，由此将坦诚融入皮克斯的企业体系。在本章中，我们就来看看皮克斯“智囊团”这个核心机构的运作原理。多亏了智囊团的推动，皮克斯才得以摒弃平庸、追求卓越。智囊团是传播皮克斯有话直说文化最得力的机构，成员每隔几个月都会碰一次头，对我们正在制作的电影给出评价。团队的运作原理简单描述就是：把有头脑、有热情的人聚集在一起，让他们挖掘和解决问题，然后鼓励大家畅所欲言。有些人觉得自己有坦诚的义务，但对于直言不讳的时机，他们自有分寸，当他们决定给出忠告和意见时，句句都是发自肺腑的真心话。智囊团的工作方式是皮克斯最重要的一项传统，坚持这一点并不容易，虽然有时候只会凸显出坦诚相见的艰难，但只要经过正确的引导，所得的结果都令人惊叹。智囊团的作风奠定了皮克斯一切工作的基调。

从诸多方面来讲，我们的智囊团与所有的创意团队并无什么区别。智囊团的成员们有人谦恭，有人自大，有人直爽，有人慷慨。随着智囊团的评判对象的不同，这个团队的人数和使命也会有所变化。但是，坦诚却永远是智囊团最为核心的特质。这并不是我在夸大其词：如果缺少了坦诚这一基石，信赖就无从谈起；如果没有了信赖，创意合作也就无异于无本之木。

几年来，智囊团也在不断变化、发展。因此，我对这个团队的关注一刻也不能松懈。几乎每一次智囊团的聚会我都会参加并发言，我很喜欢与大家一起对剧本各抒己见，但是我认为，捍卫和坚守会议的出发点，才是我（以及我的同事、皮克斯的总经理吉姆 · 莫里斯）的首要任务。我的这项任务永远不会有结束的那天，因为我渐渐发现，你不可能一劳永逸地一次性为坦诚扫除一切障碍。大家不愿因说傻话而丢人现眼，不愿冒犯他人或受人威胁，也不愿反驳他人或被人顶撞，即便你自认为消除了人们的顾虑，这些不安和恐惧也总会卷土重来。如果这种现象有抬头之势，你就必须坚定不移地勇敢面对。

关于智囊团成立的确切时间，存在着一些争议，因为这个团队是基于 5 名成员特殊的合作关系自然发展而成的。这 5 个人主导了《玩具总动员》的制作工作，同时操刀了影片的剪辑，他们分别是约翰 · 拉塞特、安德鲁 · 斯坦顿、彼特 · 道格特、李 · 昂克里奇以及乔 · 兰夫特。皮克斯建立之初，这个 5 人团队就给我们树立了榜样，为我们展示了高效团队应有的风采。这个团队的成员不仅风趣幽默、目标明确，还能做到彼此坦诚相待。最重要的是，为了保证团队沟通的顺利进行，他们绝不允许工作或个人问题成为沟通的阻碍。直到我们为了挽救《玩具总动员 2》而将大家召集在一起出谋划策时，“智囊团”这个名称才在皮克斯正式出现。

1999 年的 9 个月中，我们为使这部电影起死回生忙得不可开交，与此同时，智囊团也发展成为一个高效的团队，在皮克斯的影片制作过程中起到了不可估量的积极作用。在团队成立之初，大家给出的反馈建议就已经能够做到一针见血，真是让我吃惊。每位成员都能以眼前的电影为出发点来给出建议，绝不打自己的小算盘。大家会出现分歧，唇枪舌剑的情况也是难免的，但都是围绕电影展开的。人们在进行与工作有关的交流时，有的人为了面子非要在辩论中占上风，有的人则为了给自己揽功或讨好上司而心口不一，但智囊团成员的心中却不打这些小九九，大家都视彼此为伙伴。开会时如果出现言辞激烈的情况，彼此也不会记恨，因为大家都是以解决问题为共同目标的。就是这种相互之间的信赖和尊重，让诸多问题在智囊团面前迎刃而解。

《玩具总动员2》推出后，我们的任务量也随之激增。转眼间，我们的手头同时堆积着好几个制作项目，也就是说，每一部电影都召集5人共同献计的做法已经不可行了，毕竟我们不再是昔日那家刚起步的小企业了。彼特投入了《怪兽电力公司》的制作，安德鲁开始着手《海底总动员》的工作，而布拉德 · 伯德则加入我们一起制作《超人总动员》。昔日的智囊团是一支组织紧密、目的明确的团队，只需专注于完成手头的一部影片就行了。如今，这支团队需要扩充人员和变得更加灵活，保证任何影片出现问题时我们都可以按需要将成员召集起来。虽然智囊团的名称一直沿用至今，但团队成员并不是固定的。随着时间的推移，这个团队有形形色色的成员，包括导演、编剧、故事总监等，只要在讲故事方面有所长的人，都可以加入进来。（新加入的人才包括：皮克斯故事开发部的主管玛丽 · 科尔曼，研发总监基尔 · 默里和白卡伦，以及编剧迈克尔 · 阿恩特、梅格 · 勒弗维以及维克多 · 斯特劳斯。）而唯一不变的是大家对坦诚原则的执着，虽然以诚相待要比想象中艰难许多。

我们来想象这样一个场景：这是你第一次出席智囊团的会议，你在一间坐满创意天才的屋子里坐定，和大家一起讨论一部影片。不用说，一定有许许多多的顾虑会让你小心斟酌自己的措辞，对吧？你想要表现出涵养，想要尊重他人，不想与别人唱对台戏，你不愿在大家面前丢脸，也不愿显出一副万事精通的样子。无论你多有把握，都会在发言之前自我审视一番：这个主意是精明还是愚蠢？我得把我说傻话的次数控制在多少次，才不会被别人看扁？我觉得影片的主角不惹人喜爱，而且第二幕让人看得如坠云里雾里，但我能不能对影片的导演实话实说呢？其实，你并不是有意撒谎或者对别人有所保留。眼下，你已无暇顾及坦诚与否，你只有一个想法：千万别丢脸。

但事情比你想得还要复杂，因为你并不是唯一一个心存疑虑的人。人人都有自己的顾虑。社交惯例不鼓励我们在上级或长辈面前将实话和盘托出，这也是人类的本性。自信而强势的人会在无意中给人留下一种不愿接受负面评价、不愿接受别人质疑的印象，也会给同事们造成压力。如果导演觉得自己呕心沥血做出的项目没有得到大家的理解，就可能会认为大家都在虎视眈眈地伺机对自己的成果恶语相向。这时，这些导演的大脑便会高速运转起来，从别人的言语中捕风捉影，筑起高墙把逆耳之言挡在外边。风险和顾虑横亘在眼前，坦诚的前路真可谓险阻重重。

尽管如此，坦诚仍然是我们创意之路上最不可或缺的条件。你问我是怎么知道的？因为皮克斯所有影片的样片都是一团糟！这句话的确有点儿不留情面，但我还是故意把这话挂在嘴边。因为如果我在表达上遮遮掩掩，就不能如实反映出那些样片有多差劲了。我这样说，并不是自我诋毁，也不是为了假扮谦逊。皮克斯的初期样片的确拿不出手，而我们的工作就是把这些影片提升到能够拿出手的水平。用我的话来说，就是把影片从“不堪入目”提升到“可以一看”的水准。我们的每一部作品，都要经过一个丑小鸭变身白天鹅的过程，这个事实在很多人看来都有些匪夷所思。但是我们可以想象一下，一部由会说话的玩具来顶大梁的影片，一不小心就会落入缺乏创意、煽情黏腻或是商业味太浓的俗套；一部有关老鼠掌厨的影片，这创意是多么令人倒胃口；而《机器人总动员》开头那没有一句对白的39分钟，又是怎样的一步险棋啊！我们虽然敢于在这样的剧情上下注，但是并不代表这些剧情一次就能领到“通关卡”。这是一个再自然不过的事实，因为创意总要从某处开始，我们笃信支持互助、坦诚回馈的力量，也相信只有通过三番五次的返工，返工，再返工，才能为有缺陷的剧本找到突破口，为空洞的角色赋予灵魂。

我在上文中已经说过，我们首先会画好分镜头故事板，然后将画面串联在一起，并配上同步音效和音乐，由此得出影片的粗样，也就是动画小样。接着，由智囊团观看粗样，讨论影片哪些地方不够合理，哪些地方需要改进，以及哪些地方需要删除。需要强调的是，智囊团并不会具体指示大家如何去修补他们捕捉到的漏洞。他们的任务是寻找问题、提出建议，但最终采取何种措施，决定权仍在导演手中。隔上 3 到 6 个月，影片便会推出升级版的样片，再交给智囊团鉴定。（一部 90 分钟的动画小样，大约由 12 000 张故事板构成。正如我在上文中向大家介绍的，从制作样片到接受鉴定的步骤需要进行多次，因此我们的故事创作团队大约需要制作 10 个版本的小样，才能达到满意的效果。）总体上来说，影片质量会随着小样版本的升级而一步步提高，但有的时候，导演不知道该如何处理智囊团的反馈，影片的制作就会陷入僵局，所幸我们通常还会尽快再安排一次智囊团会议，以期解决问题。

说到智囊团的具体任务以及其地位何以如此重要，我们就不得不提及这样一个基本的道理：人们在制作复杂的创意项目时，有时会在过程中的某一点迷失方向。这是很自然的现象，为了创作，你必须在一定时间段内深入或近乎融于作品之中，想要让作品脱颖而出，这种与作品融为一体的体验不可或缺。但与此同时，这种交融也会让你陷入迷雾中。也就是说，原本编剧或导演可以洞察到的地方，却被忽略了。原本可见树林的地方，如今变得只见树木了。细枝末节聚合一处，障住了事物的全貌，让人陷入了泥潭一般寸步难行。遇到这样的情形，真让人举步维艰。

无论天资如何优秀，条理怎样清晰，目光多么敏锐，所有的导演都会有迷失方向的时候。而这也向那些希望自己的反馈能够提供帮助的人提出了一个问题：如何才能让导演注意到他或她看不到的问题呢？自然，具体答案是因人而异的。一位导演或许能恰到好处地把握影片的主题，却可能在表述上做得不到位，不能让智囊团充分理解他的思路。也许他本以为用屏幕展示就能说明一切，却没意识到，他脑中的点子只有他自己才能看得见。又或许，动画小样中的创意并不出彩，也不具备出彩的潜力，除了剔除糟粕或推翻重来，已别无选择。无论情况如何，想要获得“彻悟”，耐心和坦诚是必不可少的。

在好莱坞，评鉴电影初期样片时，电影公司的高层通常会写出冗长的“点评”交予导演。看完样片的几天之后，这些高层便会将评语打印出来，寄送到导演手中。而问题出来了：导演们并不欢迎这些评语，因为写评语的人通常并不是影人，这些人往往被看作无知和多管闲事的主儿。除此之外，导演及雇用导演的电影公司之间的固有矛盾也是不可忽视的。说得直白一点儿，电影公司是出资方，总是希望影片能在票房上一举成功；而导演则是以捍卫自己的艺术造诣为出发点的。还要补充一点，一些电影公司给出的评语的确很有见地，因为不涉及影片制作的人看问题总有旁观者清的效果。但是我们要考虑到，是导演经过几个月的亲手努力，才让一部烂片蜕变成一部好片，而这时“非创意人员”却插嘴评论，二者之间的矛盾可想而知。这种矛盾，也让在商业和艺术之间获得平衡变得更加困难了。

鉴于此，皮克斯并不实行写评语这一套。我们立志成为一家以电影人为本的工作室，并以此为基础建立起自己的模式。这并不是说在皮克斯没有层级之分，而是我们在努力创造一种环境，一是将大家的福祉彼此联系在一起，二是鼓励大家乐于接受别人的评价，即使这评价是逆耳之言。我们不仅赋予影人责任，还给予他们自由。举例来说，我们相信，最直指人心的剧本不是由外人分派给导演的，而是由他们自己创作的。几乎所有的皮克斯影片都是导演自己孕育并操刀制作的。我们明白，电影不可避免地会出现漏洞，但对自己影片的热情会冲昏导演们的头脑，让他们看不到问题的存在。而此时就该智囊团大显身手了。

你可能会想：皮克斯的智囊团和其他的反馈机制相比，有什么区别呢？

在我看来，主要的区别有两点。第一，智囊团的成员都很会利用剧本讲故事，很多人甚至自己也有制作电影的经验。虽然电影导演对各界的点评都抱持着欢迎的态度（实际上，皮克斯电影在内部试映时，我们要求所有的员工都为影片写出评语），但来自导演和故事创作者的建议才是最掷地有声的。

第二，这个团队没有所谓权威一说。这一点尤为重要，因为这意味着导演们没有义务听从任何人的意见。在智囊团会议之后，如何处理得到的反馈信息，决定权在导演手里。智囊团的会议并不搞“军令如山，不可违抗”那一套。我们没有赋予智囊团强迫他人接纳意见的特权，我认为，正是因为这种做法，智囊团才得以形成今日的格局与风格。

影片中的问题是比较容易识别的，但想要追究这些问题的根源则困难重重。剧情中一处让人难以预料的峰回路转，或是影片主角一次令人匪夷所思的内心变化，往往都是由别处的剧情中隐藏的某个问题造成的。这就好像一位病人因足弓下陷引起了膝关节疼痛，如果医生选择在膝关节上做手术，不仅不能缓解疾患，还很可能加重病症。想要缓解疼痛，找出病源，在病源上下手才是正确的做法。而智囊团给出评语，并不是为了开处方，而是为了把问题的根源挖掘出来。

另外，我们也不希望让智囊团越俎代庖，因为导演及其团队的解决方案很可能要比智囊团的解决方案更加对症。我们相信，创意和由创意而生的影片，都是要经过质疑和实际考察才能发光的。在学术界，教授们的研究成果也要接受业内人士的审查，这也就是所谓的同行评审。我觉得，智囊团品鉴就是皮克斯的同行评审。我们不会把意见强加于人，而是用坦诚之心和鞭辟入里的分析来打动人。通过这种探讨，我们才能做得越来越好。

然而，摩擦在所难免。毋庸置疑，每位导演都想要听到别人对自己作品的溢美之词。但由于智囊团的特殊运作方式，导演如果听到自己的影片瑕疵众多或是修改在所难免这样的评价，也丝毫不会觉得灰心丧气。没有人会摆官架子，也没有人会对导演们下命令，因此导演们很少会产生抵触心理。大家所审视的对象是电影本身，而不是电影的制作者。有一点非常关键，却又常常被人忽视：你本人并不等同于你的创意。如果你不与你的创意拉开一些距离，那么别人一旦质疑你的创意，你就会觉得自己受到了冒犯。要建立一个畅通无阻的反馈系统，我们必须将权力从中剔除掉。换言之，必须关注问题本身，而不要将矛头指向人。

智囊团的工作流程是这样的：在指定日期的那天早晨，团队聚集在一起，观看尚处于制作阶段的电影样片。放映完毕，大家一起赴会议室用午餐，整理思路，然后开始讨论。先由影片的导演和制片人汇报一下制作的进度，比如，“我们已经敲定了第一幕，但是第二场戏还在磨合之中”，或是，“结尾处的衔接还有点儿不尽人意”。接下来的反馈大多由约翰起头。虽然智囊团中每一个人都享受着平等的发言权，但是我们习惯由约翰来定基调。他会先指出几个最合他意的片段，再指出一些他认为需要改进的内容和创意。你一言我一语的讨论，就这么被激发了。大家踊跃发言，畅谈对电影优缺点的看法。

我们暂且不管智囊团开会的具体方式，先来看看电影制作者对会议的看法。对于他们来说，这些会议是不可多得的机会。《玩具总动员 3》的编剧迈克尔 · 阿恩特说过，想要制作出一部大作，影片制作者必须在适当的时机转变心态，从以自己为出发点转变为以他人为出发点。对他而言，智囊团就是逼人转变的推手，这过程虽然痛苦，却十分必要。他说："放弃你的掌控权挺痛苦的。如果一个在我看来能让人狂笑不止的笑话却没能把智囊团逗乐，那我就得把这个笑话去掉。智囊团比你更有洞察力，承认这一点并不容易。"

《无敌破坏王》是里奇 · 穆尔为迪士尼操刀制作的第一部动画长片。在他看来，智囊团的每位成员手头都有需要解答的谜题（自从我和约翰接管了迪士尼动画的工作，坦诚之风也刮到了这家工作室）。虽然自身也正处在左右为难的窘境之中，但或许是因为对他人的困难可以做到"旁观者清"吧，导演们对其他导演的问题往往洞悉得更彻底。用里奇的话来说："这就好比我暂且把自己的填字游戏放下，换换脑子来帮你玩一会儿魔方。"

鲍勃 · 彼得森是智囊团成员之一，参与了 11 部皮克斯影片的编剧（及配音工作）。在谈到智囊团的时候，他使用了另一个类比，他称之为"索伦之眼"。索伦之眼就是《魔戒》三部曲中那只没有眼皮、目视一切的神眼。之所以这样说，是因为智囊团一旦盯上你，你就别想躲开他们的"法眼"。

虽然这样说，但是智囊团的审视绝无恶意。智囊团以助人为己任，完全不会考虑和掺杂个人利益。

安德鲁 · 斯坦顿几乎参与了智囊团的每一次会议，不仅帮助出谋划策，也常常受到别人的点拨。他说，如果把皮克斯比作一家医院而把电影比作病人的话，那么智囊团就是由一群德高望重的医生组成的团队。请大家切记，在这个比喻中，电影的导演和制片人也是医生。智囊团的工作就好比他们召集了一个专家组，来帮忙为一例疑难杂症做出准确的诊断。然而，在最终选择最佳治疗方案时，决定权仍掌握在这部电影的制作者手中。

制作《玩具总动员》时，乔纳斯 · 里韦拉只是一名办公室助理，而今已为皮克斯制作了两部影片。他对安德鲁的“医院”比喻稍作修改，补充道：“如果将电影比作病人，那么这些病人在第一次接受智囊团评鉴的时候还在子宫里呢。智囊团的会议可以说是电影的产房。”

为了让大家更好地理解皮克斯是如何践行坦诚原则的，我想带领你们参加一场智囊团会议进行亲身体验。会议上，我们播放了彼特 · 道格特制作的一部电影的初期样片，影片当时暂定名为“皮克斯未命名：带你进入大脑内部的电影”。电影的构想是直接从彼特的脑中浮现出来的，我们预期，这会是一部制作宏大、环环相扣、错综复杂的作品。彼特和他的团队已经花了好几个月，一是讨论这部片子到底要带观众进入谁的大脑，二是讨论观众进入这大脑之后会有怎样的见闻。这次参与智囊团会议的人数比较多，其中约有 20 人围坐在桌旁，另有 15 人坐在靠墙的椅子上。大家在进门时取了几碟小食，寒暄之后，工作便开始了。

在样片放映前，彼特已向大家介绍了电影到目前为止的基本构想以及他希望引起观众共鸣的情节。“我们的大脑内部到底是怎样一个世界呢？”彼特向同事们提问，“大脑中有人们的情感。我们经过一番精雕细琢，就是为了让角色看起来有‘情感’。我们的主角已经设计好了，她的名字叫‘乐乐’，她热情洋溢，一激动就两眼放光。我们还有一个角色叫‘怕怕’，他认为自己自信潇洒，实际却很神经质并且很容易崩溃。另外，还有‘怒怒’，身形酷似泪滴的‘哭哭’，以及对什么事都嗤之以鼻的‘拽拽’。所有这些角色都在‘情感总部’里上班。”

大家报以微笑。接下来放映的 10 分钟长的预告样片有不少场景同样博得了大家的笑声。大家都认为，这部片子很有希望像彼特的上一部片子《飞屋环游记》一样，成为我们最富创意和感染力的影片。我在上文中提到过，彼特非常善于在细微之处巧妙地设置既幽默风趣又感情真挚的片段。为人类的七情六欲赋予生命的构思着实令人叹服，影片的创意空间也充满了各种可能。影片中有一幕非常重要的戏，讲的是两个角色争论为何有的记忆会慢慢变淡，有的则一直被人牢牢记着。随着智囊团的讨论逐步升温，大家一致认为，电影中的一个主要场景的感染力不够，不足以将电影想要表达的意义深远的主题传递给观众。

彼特是个身材魁梧的男人，超过一米九。虽然他人高马大，却表现得从容自若、温文尔雅。这一点在会议室里更是彰显得淋漓尽致：他听着我们细致地解析这一幕重头戏中存在的漏洞，一脸的和颜悦色，并无疾首蹙眉之态。他已是身经百战，他明白，大家的批评会帮助他实现自己想要的效果。

坐在中间位置的布拉德·伯德在椅子上欠了欠身，他为华纳兄弟编写和导演了《钢铁巨人》一片，并于2000年加盟皮克斯，他在皮克斯导演的第一部影片就是2004年公映的《超人总动员》。布拉德生性叛逆，反对任何形式的墨守成规。艺术上的突破会让他像打了吗啡一样兴奋，他风风火火、雷厉风行，为了捍卫创意，他不惜在任何地方开辟战场（即便周围没有敌人，他也要大干一场）。不出所料，他率先表达了自己的顾虑：故事的主题有些缺乏重量感。他是这样告诉彼特的："我明白，你希望故事情节简单一些，拉近与观众之间的距离。但是我觉得我们需要加点儿什么东西，好让你的观众能沉浸到剧情中去。"

接下来发言的是安德鲁·斯坦顿。安德鲁常说，人应当把犯错的时间压缩得越短越好。他说，在战斗中，如果你面前有两座山头而不知该先攻打哪边的话，那就尽快做出选择，赶紧采取行动。一旦发现自己攻错了山头，那就赶快去攻另一座山头。在这种情况下，错误的行动只有一种，那就是在两山之间举棋不定地跑来跑去。眼下，他给出的建议是："我觉得，你需要多花心思来为你幻想的世界制定出一套规则。"言下之意好像是在说，彼特和他的团队攻错了山头。

皮克斯的每一部电影都有自己的一套法则，观众们必须接受和理解这特定的法则，同时也会享受这个理解的过程。比如说，《玩具总动员》中的人类绝对听不到玩具们的对话声。而《美食总动员》中几乎所有的老鼠都像被人类喊打的普通老鼠一样靠四肢爬行，唯有我们的主角雷米得以挺身直立，显出与众不同。从眼下情况来看，彼特的这部片子里有这么一套法则，那就是：记忆（用闪亮玻璃球来表示）经过迷宫般的管道进入一个类似档案室的地方，如此被存入脑中。被搜索或被大脑想起时，记忆会沿着另一组管道滑出去，就像保龄球沿着球道回到球手手中一样。

这种独特的设计既优美又很能引起观众的兴趣，但安德鲁的意思是，记忆和情感是如何随着大脑年岁的增长而改变模样的呢？这套规则还有待确定和明确。安德鲁说，这里不啻为一个切入点，可以由此引入一些影片的中心思想。听到这里，我想起《玩具总动员2》中，企鹅吱吱的加入就立马向观众传达出破损玩具遭冷落、没人疼、被遗弃在架子上的命运。而在安德鲁看来，眼下正好有个有冲击力的切入点，但它却没有被利用起来，以致影片的光芒黯淡了许多。他诚恳地说："彼特，这部片子可是关于成长和改变的啊。"

布拉德接过话头："在座的各位有很多其实都还没长大，我觉得这是绝好的事。问题是，我们应该如何在变得成熟、有责任心又可靠的同时，依然保持孩子般的好奇心呢？我想，在座的许多人都亲耳听到过不少类似这样的话：'哎呀，我真想变得和你一样创意十足。会画画可真是了不起。'其实在我看来，所有人在降生时都拥有绘画的天赋。孩子们天生就是画画好手，但许多人不是随着时间的推移把这门手艺扔了，就是听从了不能靠画画吃饭的言论或受了别人的打击而放弃了。所以说，孩子们的确逃不开长大的命运，但或许有什么方法能告诉他们，在成长的同时不要把童心完全泯灭掉，这或许会是一条更好的路。

"彼特，我觉得你的这个电影构思真的很棒，让我想为你鼓掌。"布拉德继续说，声音中饱含深情，"有句话我在评价你之前的作品时也说过：'你所做的无异于在暴风中连做三个后空翻，如果你没在地上站稳，你就会责怪自己。可是你知道吗，在这种情况下你能活着就是个奇迹了。'你在这部片子中做的事情也无异于做后空翻，这个行业里，没有人能用如此大的预算来冒这样的险。所以我不多说了，大家热烈鼓掌吧。"掌声响起，布拉德稍作停顿。然后，他朝彼特咧嘴一笑，而彼特也咧嘴一笑作为回应。布拉德又补充了一句："不过你选的路可真够艰难的！"

我们的智囊团将坦诚奉为重中之重，前提是，各位电影制作者必须具备听真话的气量。谈话对象必须敞开心扉接受建议，面对那些难以修复的东西还需要有敢于舍弃的气度，只有这样，坦诚的忠告才能起作用。彼特的电影制片人乔纳斯·里韦拉有个缓解割爱之痛的方法，用他自己的话来说，无论他正在协助的导演是哪位，他都会把智囊团对这位导演的忠告“总结成大标题”，也就是将五花八门的观点过滤成易于消化的“打包熟食”。这次的智囊团会议一结束，他就帮彼特把所有建议都打了包：他不仅把问题最多的部分挑拣了出来，同时还提醒导演哪些场景是最得人心的。乔纳斯向彼特提问：“我们该放大哪些部分？该削弱哪些部分？你喜欢影片里的哪些因素？你现在中意的部分和最开始制作的时候相比有什么不同吗？”

彼特回答说：“电影的开头。我喜欢电影开篇的方式。”

乔纳斯举起一只手，做敬礼状：“好了，这么说电影的风格就出来了。我们只要以开篇的方式来展开剧情就行了。”

彼特说：“我同意。”

大家就这样开始向目标进发了。

推心置腹的交谈、热火朝天的讨论、欢声笑语、关爱互助，如果我能总结出智囊团会议的基本精髓的话，那么一定少不了以上这4种“原材料”。第一次参加会议的人却大多会首先注意到另一个特点，那就是音量。智囊团的成员们常常会在商谈间越聊越起劲，大家争抢着发言，说话声自然也就提高了。我必须承认，智囊团会议可能会让外人误以为是一场激烈的争吵，甚至是强制的干预。实际当然不是，但这给他们造成的困惑我能理解，因为这些人没能把握住智囊团的意图（由于只在会议上做了短暂的停留）。智囊团这种唇枪舌剑的讨论，绝不以任何一方的胜利为目的。如果非要把这种讨论理解成“争吵”的话，那也是为了挖掘出问题而展开的“良性争吵”。

这也是史蒂夫·乔布斯不来参加皮克斯智囊团会议的原因之一。实际上，这是我和乔布斯共同商议出的一条禁律，因为我觉得，他那目空一切的个性一定会让人不敢轻易说实话。早在1993年，我们就达成了这个协议。那天我正好要去微软，乔布斯怕我被微软挖角，于是打电话联系我。我并没有在微软任职的想法，去微软也不是有意要跳槽，但我知道乔布斯有些担心，就趁机要了点儿心机。我对他说："智囊团的各位彼此配合得很默契，如果你来参加他们的会议的话，他们就不能轻松地做自己了。"他对此表示同意，也认同约翰和负责编写故事的人比他更会讲故事，于是，他决定从此不插手智囊团的事。在苹果公司，乔布斯对每款产品最细微的点点滴滴都要介入深究。然而，他并不觉得自己的直觉要比皮克斯员工更精准，因此也就不多插手。在皮克斯，坦诚是如此重要，就连层级都要退居次位。

给出坦诚的评语，是智囊团会议的一个必要的条件，但会议的要求远不只这些。最有效果的会议会给予大家畅所欲言的空间。以《机器人总动员》为例，这部电影原名定为"垃圾星球"，在结局的设定上，我们在很长的一段时间里，一直安排眼睛鼓鼓的垃圾压缩机器人瓦力把深爱的机器人伊芙从坍塌的垃圾堆中救出来。但是，这样的结局总有什么地方让人感觉不对劲。我们为此进行了无数次讨论，但是导演安德鲁·斯坦顿还是无法找出问题出在哪里，更别提寻找解决方案了。从表面来看，这浪漫的剧情设定无可挑剔，正因为如此，才让人摸不着头绪。瓦力可是从第一眼见到伊芙就爱上她了呀。瓦力救伊芙，这情节不是天经地义的吗?！但在某种意义上，这其实就是问题所在。在一次智囊团会议上，布拉德·伯德点醒了安德鲁："你把观众千呼万唤的情节剥夺了。大家都想看到伊芙全然不顾自己的程序设定，罄其所有只为解救瓦力的情节。那就把这个情节呈现给观众们吧。这才是他们想看的。"布拉德此言一出，一切顿时豁然开朗。会议结束后，安德鲁将结局全部推翻重写，让伊芙舍身救了瓦力。再次放映时，整间屋子里每个人的眼眶都充盈着泪水。

根据迈克尔·阿恩特的回忆，是安德鲁为智囊团提供的点评让《玩具总动员3》第二幕的结局产生了重大变化。大家还记得那只粉红色的泰迪熊吧，他的名字叫草莓熊，是玩具日托部的首领。影片剧情发展至此，草莓熊已经在叛乱中被赶下台来。但是问题是，这场叛乱并不可信，因为导致叛乱的理由不充足。迈克尔告诉我说："我在那一版的样稿里，安排胡迪向大家慷慨陈词，讲述了草莓熊的种种不是，由此改变了大家对草莓熊的看法。但在智囊团会议上，安德鲁却说：'不行，这样的剧情没有说服力。这些玩具又不是傻瓜，他们知道草莓熊并非善类。他们依附于他，只是因为他的淫威罢了。'"这番话引发了一场激烈的讨论，最终，迈克尔提出了一个最切题的类比：如果你把草莓熊想象成国王，把其他玩具当成他的拥趸，那么，耷拉着一只眼、对草莓熊唯命是从的光头大宝宝就好比国王的军队。进行到此，解决方案终于浮出了水面。迈克尔说："如果你能搅乱军心，就能够消灭国王。因此，问题出来了：胡迪该怎么做，才能让大宝宝与草莓熊反目成仇呢？这就是摆在我面前的问题。"

于是，黑暗的过去被搬了出来：原来，大宝宝被他的小女主人抛弃，全是因为草莓熊在背后使诈。这个解决方案虽然出自迈克尔，但若是少了智囊团的帮助，他无论如何也想不到这条出路。

这样一个具有批判性的环境，很容易像看牙医一样给人一种受胁迫的不悦感。因此，任何一个成功的信息反馈小组的成员都要切记：要把别人给出的观点看作一种帮助，而不是一种竞争。如果你用竞争的眼光来看问题，你就会拿他人的观点和自己的观点一较高下，如此一来，原本的讨论就会变成你输我赢的辩论赛了。然而，如果你觉得别人是在为你锦上添花，你就会认为每个观点（即便这个观点并没有实际性作用，只是为讨论增加人气）都是参与者的一份贡献。智囊团之所以如此难能可贵，就是因为它帮与会者开阔了视野，让你——至少能暂时地——透过别人的眼睛来看世界。

说到拓宽视野，布拉德·伯德有一个绝佳的例子，因为智囊团就曾帮助他填补了一个他自己也不知道的漏洞。那是在《超人总动员》的制作期间，大家对片中海伦与鲍勃·帕尔（也就是弹力女超人和超人先生）吵架的一幕产生了质疑。这幕戏讲的是，一天晚上，鲍勃出去重拾自己做超人的老本行过过瘾，却在偷偷溜回家时被海伦逮了个正着。智囊团的许多成员认为，这幕戏整体感觉不大对劲。在这件事上最让布拉德感慨的是，智囊团的成员虽然也没有找出症结在哪儿，但还是帮他找到了解决办法！

布拉德告诉我："有时候，智囊团虽然能察觉到什么地方不对劲，却没法正确地找出症结。我对这部片子的基调了如指掌，因为这基调是我提出来的，大家也接受了这个基调。但是，那一次是智囊团第一次看到带配音的样片，那一幕戏正好设在开头部分。我觉得，智囊团的各位当时估计都在默默思忖：这部片子难道是在向英格玛 · 伯格曼致敬吗？看着鲍勃朝着海伦大吵大嚷，我心中暗想：‘老天呀，这感觉就像是鲍勃正在欺负海伦似的。这角色真不讨人喜欢。我必须重写剧本。’于是我对剧情进行了修改，但当我阅读剧本后又觉得：‘不对，先前的对话确实符合超人的性格，女超人也就应该那么回话呀。’我不想对内容做一丁点儿变动，但我知道我不能这么做，因为剧情确实存在着漏洞。我终于意识到了问题所在：从身材来看，鲍勃壮得像一栋房子，海伦却娇小可人。虽然海伦的实力不输鲍勃，但是观众们在屏幕上看到的却是这个剽悍的壮汉大吼大叫的镜头，因此难免会误以为鲍勃在欺负海伦。意识到这一点后，我给海伦在念台词时安排了一个拉伸的动作，让她一边伸展一边反唇相讥：‘我可不是在说你。’在对话上，我没有做丝毫改动。我只是在绘图上做了修改，好让她的身体看上去大一些，就像在宣布‘我和你旗鼓相当’。当我把修改过的版本播给智囊团看的时候，大家都说：‘这个版本好太多了。你把哪些对话改了？’我回答说：‘一个标点也没改。’在这个例子中，智囊团虽然发现影片存在问题，但是没能给出解决方法，因此我必须往深处探索：‘如果对话没问题，那问题出在哪儿呢？’就这样，我豁然开朗：哦，找到了。”

在皮克斯刚刚成立的时候，约翰、安德鲁、彼特、李以及乔共同立下了一个誓言：无论世事如何变迁，他们都要对彼此坦诚。之所以这么做，是因为他们明白真挚的反馈是多么难能可贵，没有了坦诚，皮克斯的发展便会遇到瓶颈。无论是当初还是现在，我们都用“善意的点评”一词来形容有建设性的批评。

善意的点评会指出哪里有失误，哪里有漏洞，哪里不清楚，哪里不合理。善意的点评像一场及时雨，而不是“后见之明”。善意的点评不提要求，连解决方法也不必提出来。就算提出解决方法，也只是为了举例说明问题，而绝不是在强调答案。明确切题是善意的点评最重要的特点，因此，“无聊透顶”这样的评语可不算数。

正如安德鲁 · 斯坦顿说的：“批评和建设性批评之间是有区别的。建设性批评的意思是，你在批评的同时也在进行建设。你一边拆一边建，用新砖瓦来填补你刚刚拆毁的漏洞。这本身就是一种艺术形式。我一直认为，你给出的点评应该能让对方迸发出灵感，如果你的问题是：‘我该怎么样才能让那个孩子愿意重做作业呢？’那么，你就得表现出老师的样子来。有的时候，你得用50种不同的方法来描述你的问题，其中会有那么一个句子，让人一听就两眼发光，好像在说：‘哎呀！这就是我想要的！’不要说‘这场戏写得不够好’，而要说‘难道你不想让观众们走出电影院的时候争相引用电影里的台词吗？’这样的话听起来更有挑战性一些。‘这不是你想要的效果吗？咱俩真是想到一块儿去了！’”

说真话并不容易，但是身处一家创意企业，说真话是通往卓越的唯一途径。而管理者的责任，就是要调节会议的气氛。有的时候，一些导演会在会后告诉我，有的人在发言时有所顾虑。面对这种情况，我们可以对团队稍作精减，召集一次迷你智囊团会议，通过限制参与者人数来鼓励大家畅所欲言。有的时候，有的与会者会在无意间闪烁其词，根据我的经验来看，这并不是人们有意为之，只需轻轻点拨，就能让大家敞开心扉。

坦诚并不意味着不近人情，也不是要伤害别人。有效的反馈系统都是以同理心为基石建立的，大家都是奔着同一个目标去的战友，你摔的跤我也摔过，所以你的痛苦也就是我的痛苦。如果你是来满足虚荣心的，或是来博人赞颂的，那你最好在踏进会议大门之前端正态度。智囊团的成员笃信，每一句点评都是为了大家共同的目标服务的：彼此扶持，相互帮助，一同创作出更好的电影。

如果你认为，只要每隔几个月召集一屋子人进行一次坦诚相见的对话，就能奇迹般治愈公司的问题，那就大错特错了。首先，想要让成员之间彼此建立赤诚相待的信任，想要让他们毫无顾虑地表达疑义或反对意见，或是培养大家用有效的沟通方式进行点评，都需要经过一段时间的积淀。其次，如果你不理解智囊团的思想理念，不能敞开心扉接纳别人的批评，抑或不具备吸取教训、重新再来的肚量，那么即便最资深的团队也爱莫能助。再次，正如我在前几章提到的，智囊团会随着时间的推移而逐渐发生演变，建立这样一个团队绝不是一劳永逸的事。即便你的团队中满是天资过人、心胸宽广之人，仍会出现很多漏洞。人与人之间以及部门与部门之间的互动是处于变动中的，因此，想要确保你的智囊团能够恪尽职守，唯一的方法就是毫不松懈地对团队进行监控和保护，并在必要的时候做出调整。

在此我想要强调一点：就算你不是皮克斯的员工，也照样可以成立智囊团。无论你身处哪个领域，只要你有创意，都可以将你身边才能、眼光及性格都相宜的人召集在一起。安德鲁·斯坦顿曾说过："你有责任也有能力建立你自己的团队来解决问题。"他每次制作电影时都会在皮克斯官方的智囊团之外组成一个小规模的团队。"我对这个团队的要求是：第一，选择的人必须能够对你有正面的启发；第二，必须能够在短时间内为你提供多种解决方案。人选的职位并不重要，无论是清洁工、实习生还是你最为信赖的助理，只要他们符合以上标准，就可以来为你出谋划策。"

相信我，如果人们在走廊上的交流要比在会议室里商讨重要想法或制定政策时还要坦诚，那么这样的企业肯定不适合你待下去。如果你不幸遭遇这种情况，该采取什么措施才好呢？找找那些愿意对你说真话的人吧。一旦找到，请把他们聚拢在身边，并好好珍惜他们。

第 6 章　恐惧与失败

恐惧是创意之路上最大的阻碍之一，失败在所难免，恐惧却不然。因此，我们所要做的，就是将失败与恐惧拆分开来，也就是营造出一种企业环境，让员工们不为犯错而担惊受怕。

《玩具总动员3》的制作过程，完全可以称得上一堂电影制作的大师课。2007年制作刚开始时，《玩具总动员》的原班制作团队离开工作地，花了两天时间，聚集在旧金山以北约80公里的一幢乡间小木屋里。这间木屋名叫“诗人的阁楼”，常被用作我们非正式的度假中心。小屋全部以红杉木与玻璃建成，用柱子高高支起，俯瞰塔玛莉海湾，是个适合沉思的绝佳场地。团队当天的目标，就是拟出一部能让他们自愿掏腰包去观看的影片的梗概。

屋子正中摆着一张白板，大家坐在沙发上，开始提出一些基本的问题：制作第三部有什么意义吗？这个故事还有什么好说的呢？我们对哪些内容还充满好奇呢？《玩具总动员》的制作团队彼此熟识，也彼此信赖，几年以来，他们一起犯过愚蠢的错误，也并肩解决过看似难以克服的困难。关键在于，不要太过在意最终的目标，而要更多地去挖掘这些早已被大家当作老熟人的角色身上仍能勾起观众兴趣的地方。每过一会儿，就会有人站起身来，像是在为DVD的封底写剧情梗概一样，试图概述一段由三个部分构成的故事，看看是否可用。大家给出反馈意见，然后，发言的人便会回到绘画板前做修改。

终于，不知谁的一句发言，倏地把大家的注意力全都吸引过去了：这么多年以来，我们一直在用不同的方法和大量篇幅来铺垫安迪渐渐长大、渐渐冷落他的玩具的问题，这一次，为什么不直接跳到这个点上呢？如果安迪要离家上大学去了，那么他的玩具会作何感想呢？虽然没人知道该如何回答这些问题，但是在场的每一个人都明白，这就是我们要找的构思。以这个矛盾为基调，《玩具总动员3》的剧情便跃然纸上了。

从那一刻起，这部片子的制作得以顺利展开。安德鲁·斯坦顿写了大纲，迈克尔·阿恩特写了脚本，李·昂克里奇和导演兼制片人达拉·安德森一起负责制片工作，确保我们的影片按时出炉。面对这部影片，就连我们的智囊团也几乎挑不出什么毛病来。我这样说并不是在自卖自夸：这个项目的确存在着问题，但是这次制作过程之顺利，是我们自皮克斯创建以来一直梦寐以求的。一天，史蒂夫·乔布斯打电话给我，询问项目进程。

“真是稀奇，”我回答他，“我们在这部片子上竟然没有遇到大麻烦。”

听到这样的回答，大部分人都会觉得很欣慰，乔布斯却没有。“注意点儿。”他说，“这种现状是很危险的。”

“我不觉得有什么不妥，”我回答他，“做了11部片子了，像这样平安无事的还是头一遭呢。再说，前路上还有几只大拦路虎等着我们呢。”

我这么说可不是在耍嘴皮子。在之后的两年里，皮克斯经历了一连串的失败，让我们付出了高昂的代价。其中，《汽车总动员2》和《怪兽大学》的问题是通过替换影片导演才解决的。另外，一部我们花了3年时间构思制作的影片，因为“病入膏肓”而惨遭停工。

我在后文中还会更详细地与大家分享这些失败的经验，但在此我要欣慰地说，正是因为我们在这些影片未制作完成、未于影院上映时及时“叫停”，才做到了“化惨败为经验”。不错，这些失败让我们损失了金钱，但是如果我们不及时叫停，损失将会更大。不可否认，失败是惨痛的，但是失败的经验也将我们砥砺得更好、更强。我渐渐将代价惨重的失败视作我们工作中必不可少的一部分，就像研发过程中的投资，同时也启发皮克斯的员工用同样的方式看待失败。

对于绝大多数人来说，失败的降临总是附带着沉重的包袱。在我看来，这种观念可以追溯到我们的学生时期。上学的时候，我们的头脑中就有了这样的烙印：失败是恶魔，失败意味着你没有好好学习和充分准备，失败表示你偷懒了，或者更甚，失败说明你天生就有所欠缺。因此，失败成了让人蒙羞的东西。即便成年已久，即便鹦鹉学舌、不厌其烦地重复着失败的好处， 我们仍未摆脱对失败的厌恶。大家读过多少篇以失败为话题的文章？可是，许多人即使在读后频频点头称是，在遇到失败时的情感反应却仍然与孩童时期别无二致。大家也不想这样，但童年时被灌溉的观念是如此根深蒂固，如何能抹得去？在我的工作生涯中，我一次又一次地目睹人们抗拒失败、不惜一切地规避失败的情况。因为无论怎么说，失败的确会给人带来尴尬。面对失败，任谁都会打心眼儿里觉得很受伤吧。

我们需要换一种眼光来看待失败。大家一定都听过：如果用适当的方式去对待失败，那么失败便可以转化为成长的契机。然而，绝大多数人对这句话的解读却是：失败是不可避免的灾祸。这是不正确的，因为失败绝不等同于灾祸，失败只是探索新领域时无法避免的一种结果（因此，我们应当看到失败的价值，没有失败，哪来创新）。可是，虽然我口中说拥抱失败是学习过程中的重要部分，但我同时也明白，单单意识到这一点是不够的。因为失败的确是令人痛苦的，而这痛苦的感觉会扭曲我们对失败真正价值的判断。为了将失败的两面性区分开来，我们不仅需要面对痛苦的真相，还要感知失败带来的成长有何益处。

如果有自行选择的权力，绝大多数人都不会选择失败。但是，安德鲁 · 斯坦顿绝非等闲之辈。我在上文中说过，他经常把“失败要趁早，失败要尽快”以及“人应当尽可能地压缩犯错的时间”挂在嘴边，这在皮克斯公司广为流传。在他看来，失败就好像学骑自行车，如果你幻想不出岔子、不跌几个跟头就能学会，那么无异于痴人说梦。安德鲁说："尽你所能找一辆矮的自行车，戴上护肘和护膝以消除你对摔跤的顾虑，然后就开始学吧。"如果你每次尝试新事物时都使用这样的思维模式，你就可以慢慢学会颠覆失败的负面含义了。安德鲁这样说："你不会对一个第一次学弹吉他的人说：'你应该先好好琢磨一下手指在琴颈上的位置，然后再开始弹，因为你只能弹一次，没有第二次了。如果你出了岔子，我们就不管你而直接往下进行了。'这是哪门子的学习方法呢？"

我并不是说，安德鲁把自己的作品拿出来让大家评价时，他巴不得大家从中挑出毛病。但是，如果出现了失误，他会积极地解决，寻找"化痛苦为成长"的方式。想要尽可能地缩短失败的时间，你就得下决心在短时间内进行高强度的学习。安德鲁就是这么做的，他毫不迟疑，用行动做出了榜样。

虽然安德鲁不厌其烦地重复这些信息，但皮克斯的许多员工还是没能把他的这些话悟透。他们认为安德鲁的意思是劝大家面对失败要不卑不亢，不要让失败影响他们继续前行的脚步。然而，我们还可以做更深入、更全面的理解，把失败看成学习和探索的象征。如果你没有经历过失败，那么你犯下的错误其实要比失败本身严重得多，因为你将规避失败当成了你的动机。特别是对领导者而言，想要靠深谋远虑来避免失败，终会将他们带向败局。就像安德鲁所言："采取行动，向前进发吧。这样，你所领导的团队就会觉得'我所在的船只正在向陆地进发'。相比之下，那些念叨着'我还不确定呢。我得再看看地图，我们先在这儿漂一阵子吧，大家都别划桨，等我考虑好了再行动'的领导者是要不得的。一周周的时间会就这样白白流逝，士气也会渐渐消沉，失败成了迟早的事。大家开始对船长产生怀疑，也无法安心地执行指令。就算大家的疑虑并非全部都有实证的支撑，但作为领导者的你也会因为停滞不前而无力反驳大家对你的看法。"

拒绝失败、规避错误，这些目标看起来很远大，实际却是从根本上走入了歧途。我们来看一看 1975 年成立的金羊毛奖，这个奖项本是为了曝光那些由政府支持实际却是在大量浪费资金的项目而设立的。（获奖项目包括美国科学基金会赞助了 84 000 美元的关于爱的研究，以及国防部砸下 3 000 万美元的有关军人是否该在军队里携带雨伞的研究。）这个措施在当时看来不失为一个好的创意，却对研究造成了巨大的打击。没有人想要摘得金羊毛奖，因为虽然这奖项从表面看来是为了避免资源浪费，但组织者却在无意间宣扬了这样一个理念：犯错是危险又令人尴尬的。

实际上，如果你每年都要资助几千个研究项目，那么其中一些一定会带来明显可见的积极影响，另一些则可能石沉大海。没有人能预知未来，这是不争的事实。但是，金羊毛奖背后却有一个不成文的理念：研究人员应该在动工之前就确定这研究是否有价值。失败不再是学习的媒介，而成了伤人的武器。如此一来，失败便可能让你在众目睽睽之下出尽洋相，研究者们对研究项目的选择方式也因此被扭曲。也就是说，这种对待失败的举措，拖住了我们前进的脚步。

想要看看你的公司是否正受到失败的负面影响，我这里有一个很简单的判断方法。问问你自己，在某个失误浮出水面之时，会出现什么样的状况？人们是否会就此放弃、默不作声，而不是齐心协力控制问题的根源，以避免在前路上再被绊倒呢？大家所提出的问题是不是“这到底是谁的错”呢？如果答案是肯定的，那么失败在你的企业文化中就是贬低中伤的导火线。失败本身已经令人难以承受，何苦浪费精力，非要揪出个替罪羊不可呢？

在一个人人畏首畏尾、人人视失败为眼中钉的企业文化中，大家都会有意无意地对冒险和探索抱有能避则避的态度。为了规避风险，他们会尽量去重复那些经过验证的经验，而他们的工作也变成了毫无创意的沿袭。不过，如果你能营造出一种文化，鼓励大家从积极的一面去理解失败，那么你就能收获截然相反的结果。

那么，你该如何做才能让大家毫无畏惧地直面失败呢？

有一些解决方法是很实用的：如果身为领导者的我们能够分享自己的失误，承担自己应负的责任，那么失败对于其他人来说就不再危险。我们不必一见失败就逃遁，也不必自欺欺人地对失败视而不见。因此，在皮克斯，我非常重视公开我们的重大失误，因为我觉得失败能教会我们重要的一课：以开诚布公的态度分享失败，这是从失败中总结经验的第一步。我的目标并不是将人们对失败的恐惧一扫而光，因为在高标准严要求的环境中，失败是在所难免的，我希望达到的效果是解开失败对我们的桎梏。我们当然不希望失败一个接一个的来，但也应将失败造成的损失看作对未来的一种投资。

如果你打造出一种勇敢无畏的企业文化（至少在人类本性允许的范围内），那么人们就能放开手脚去探索新的疆域，敢于踏上未知的道路。他们会逐渐发现果断行事的好处：如果他们不把时间浪费在踟蹰或纠结自己的决定是否正确上，那么当他们撞了南墙时，就有足够的时间重新出发了。

单单选好路径是不够的，你还必须实实在在地顺着这条路走下去。只有这样，你才能看到起跑线上看不到的风景。一路上或许不总是繁花似锦，有些地方甚至让你晕头转向，但用我们的话来说，至少你“探索了周围的环境”。请大家切记：即便你认为自己已经误入歧途，你仍然有时间重归正轨。虽说走上了岔路，你之前的计划和思考也并不全是白费功夫，因为虽然你沿途接触的绝大部分信息不能解决你眼下的问题，但你肯定也会收获到迟早能够派上用场的东西。同理，你在探索途中有些好的发现虽然暂时解不了近渴，但你仍可以把这些发现记在心中，以备不时之需。

让我来解释一下我所说的“探索周围的环境”是什么意思。《怪兽电力公司》这部电影讲述了外表凶猛的长毛怪萨利与他负责惊吓的小女孩小布之间“不可能的友谊”，然而，这部片子的剧情是花了多年时间、经历了翻天覆地的变化，才演变成现在这个温馨有趣的故事的。剧情最初是由彼特·道格特构思的，故事大意讲的是一个30岁的男人和只有他自己能看到的一帮恐怖怪物斗智斗勇的故事。彼特是这样叙述剧情的：这个男人从事的是会计一类的工作，他很不喜欢自己的职业。一天，男人的母亲送给他一本书，书中的画是男人小时候创作的。男人并没有拿这本书当回事，将它束之高阁。当天晚上，怪兽出现了。男人是唯一能看到这些怪兽的人，他觉得自己快要发疯了。这些怪物跟着他上班，跟着他约会，原来，它们都是男人小时候不敢面对的恐惧化身而成的。最终，他和这些怪物成了朋友。他渐渐学会了克服自己的恐惧，而这些怪物也随之消失了。

任何看过这部电影的人都知道，成片与上文中的描述没有一点儿相似之处。但是大家有所不知的是，几年中，这部片子的剧情走了许多弯路，才最终找对了方向。在此期间，彼特身上担负着巨大的压力。《怪兽电力公司》是皮克斯首部非约翰·拉塞特执导的影片，因此，彼特和他的团队方方面面都处于注视之下。想为剧情寻找突破口，却屡遭失败，这让大家的包袱越来越沉重了。

幸运的是，在此期间，彼特一直秉承着一条基本概念："怪兽是真实存在的，它们靠吓小孩儿为生。"那么，如何才能最精彩地演绎这条理念呢？彼特尝试了好几种方法，才最终摸出头绪。最开始，他把人类主人公设定为一个名叫玛丽的6岁小女孩，然后又改成了一个小男孩，接着又改回了小女孩。之后，女孩的年龄又变成了7岁，名字变成了小布，是个爱发号施令甚至有些专横跋扈的小孩。最终，小布被设定为一个天不怕地不怕的咿呀学语的婴儿。萨利的伙伴名叫大眼仔麦克，由比利·克里斯托配音。这个只有一只眼睛、圆头圆脑的角色，直到第一版的故事大纲写就一年多后才加入电影中。为了给自己设计的这一精密复杂的世界制定一套规则，彼特误闯了数不清的死胡同。最终，这些死胡同对接在一起，形成了一条道路，带领他寻到了最终的故事。

彼特说："编写故事的过程是个探索发现的过程。尽管如此，当你在不同的分岔路上探寻时，总有那么一条原则会指引着你。拿《怪兽电力公司》来说吧，我们所有版本的剧情中都有一个共同点，那就是问题解决后大家分道扬镳之时，心中那种苦乐参半的感觉。影片中当萨利完成了将小布送回家的任务时，他心里就是这种感觉。我们在解决问题时的确会受些磨难，但到了最后大家又会产生留恋，会不舍得说再见。我明白，我必须把这种感觉表达出来。我最终做到了。"

虽然过程艰难费时，但彼特和他的团队从不相信方法上的失误意味着他们自己的失败。相反，他们觉得每一个点子都会将他们引向一个更好的选择。受这种理念的激励，即使面对困惑，他们也能干劲十足地投入工作。如果你觉得尝试不只是令人头疼的无谓浪费，而是有意义的、不可或缺的，那么即使遇到了瓶颈，你的团队也同样能在工作之中找到快乐。这一点是至关重要的。

我在此提到的从反复实验中寻找答案的原则，是科学领域屡试不爽的方法。

面对问题，科学家们先建立假设，然后通过对假设的实验和分析得出结论，并不断重复这一过程。这种做法背后的原理很简单：实验有助于发掘事实，反复的实验可以让科学家们逐渐加深对事物的理解。也就是说，什么样的实验结果都是好结果，因为我们可以从中获取新的信息。如果你的实验推翻了你之前的理念，趁早知道总比后知后觉好。利用搜集到的新信息，你就可以换个角度重新审视你所提出的问题了。

科学家要比商界人士更容易接受这个理念。为追求利润而进行艺术创作或产品研发是既复杂又费钱的。拿皮克斯来说，如果我们想把一个最扣人心弦的故事搬上银幕，那么该如何审查我们想要表达的主题，又该如何引出我们的结论呢？我们该如何判断到底哪些因素是最符合影片需要的，又该如何暂且放下心中对成功的执念，为影片找到最诚恳且最能打动人心的剧情呢？

除了尽可能地缩短犯错的时间，我们还有一种方法供大家参考：如果你能把方方面面的事宜都考虑到，如果你能一丝不苟、精心计划，把所有可能出现的后果都想到，那么你创造出经久不衰的产品的概率就会大大提高。但是，我要在此提醒各位，如果你想要在行动之前把踏出的每一步都规划好，如果你寄望于靠不厌其烦、巨细靡遗的计划来规避失败，那么我只能说你在做白日梦。首先，靠模仿别人开展工作是比较容易的，因为你只是在照搬和重复既有的东西。因此，如果你的目标是制订出一个极尽翔实、一成不变的计划，那么你只是在把自己往缺乏创意的道路上越推越远。除此之外，想靠计划来规避问题，纯属幻想。计划固然重要，我们也的确经常制定计划，但是，在创意环境中，我们所能掌控的范围是非常有限的。总的来说，我发现那些把精力倾注在思忖做事方法、迟迟不愿行动的人，和那些二话不说、立马付诸行动的人相比，出错的概率不相上下。那些过度倚重计划的人，只不过在犯错上花了更多的时间而已（事情出岔子是在所难免的，但这些人更容易因失误而一蹶不振）。并且，这种方法也会带来一个必然的后果：你在计划上花费的时间越多，你就越容易陷入计划。就像深陷泥沼中的车轮一样，你计划中不合理的理念也会在你的脑中越嵌越深，以至于在需要摆脱错误理念、换方向的时候，你却寸步难行。

当然，在某些场合，零失败率也是可能的。客机飞行的安全系数高得惊人，因为人们花了许多精力来确保各个方面都万无一失：无论是引擎制造、零件组装，还是为达到安全检查标准而进行的飞机维护和领空管理条例，全都执行得一丝不苟。与此类似，医院也制订了详尽的防护措施，确保医生在正确的病人、正确的部位以及正确的器官上开刀。银行制订了避免失误的相关流程，公司在生产产品时会尽力避免在流水线上出差错，许多行业则以零工伤为目标而努力。

“零失误”对于一些行业而言的确至关重要，但并不表示这是放之四海皆准的规则。在创意工作中，零失误的概念不仅毫无用处，甚至还会起到反作用。

诚然，失败会造成金钱上的损失。生产劣质产品或是出现重大丑闻，不仅有损企业的名誉，更会挫伤员工的干劲。所以，我们会尽量减少失败所造成的损失，也就是减少大家为失败承担的责任。比如说，我们允许导演在一部影片的构思阶段花费数年的时间，因为在这个阶段，即便推翻重来或尝试探索，所用经费都是相对容易承受的。（在这个阶段，我们支付的是导演的聘金和剧本制作人员的薪金，还没有在最砸钱的制作上投入成本。）

遭遇小的挫折，可以帮助人们在摸爬滚打中加深对事物的理解，但灾难性的重大失误当头时，又该如何面对呢？如果你在一个项目上砸下数百万美元，还向公众夸下海口，最终却不得不以放弃收场，你该何去何从？几年前，我们制作的一部电影就遭此厄运。这部电影的构思很糟糕，而提出构思的却是我们的一位最有创意也最可信赖的同事（但这个人从没有执导动画长片的经验）。这位同事构思的故事梗概是：科学家们强迫地球上最后一对蓝脚蝾螈待在一起，以便繁衍后代和防止种族灭亡，但这对蝾螈却水火不容。当我们的同事提出这个创意的时候，我们大家满心惊喜。这个故事的创意就像《美食总动员》一样，都是比较富有挑战性的，如果能用适当的方式加以演绎，很有可能会成为一部令人叫绝的电影。

说来也巧，这个提案出炉的时候，我和吉姆 · 莫里斯正在努力反省皮克斯的成功是否让我们有些自鸣得意了。我们彼此提问同时扪心自问：我们是否为了确保产量和维持效率而养成了不必要的习惯呢？我们是否正在丧失活力、重复自己的老路？我们在每部电影上的投资越来越高，这是否有必要呢？我们正在寻找改变的契机，想要自己动手建立一个机构，既隶属于皮克斯又有其独立性，以此来寻回最初充盈在皮克斯里的那股朝气蓬勃、奋发向上的能量。而眼前这个项目，看来恰好是我们想找的。着手制作这部影片时，我们决定把这次经验看作一次实验：我们决定从公司外吸纳有新鲜创意的新人，允许他们按自己的方式制作影片（同时为他们安排经验丰富的同事在此过程中提供协助），并将他们的工作地安排在离我们的主园区两条街之隔的位置，以免他们受影响而流于我们的老套路。我们不仅想要制作出一部让人记忆深刻的电影，还想对我们的制作方式进行挑战和改进。我们把这次实验命名为：孵化培育计划。

我们的一些员工对这种做法提出了疑虑，但是，因为它反映了皮克斯不对过去的成绩沾沾自喜的精神，所以得到了众人的一致支持。事后，安德鲁·斯坦顿告诉我，他从一开始就担心这个项目的团队是否太过孤立了。他觉得，我们太过执着于对皮克斯体系进行一番彻底改造，因此低估了一下子进行如此大的改动可能会带来的影响。这就好比我们挑选了4名才华横溢的音乐家，让他们自行排练，却还满心期待他们能像甲壳虫乐队那样配合得天衣无缝。

然而，当时的我们并没有看到这一点。这部电影的构思很棒，我们在皮克斯和迪士尼的新片媒体发布会上向大家揭开了这个构思的神秘面纱，也的确得到了大家的好评。就像“酷不酷新闻”网站对我们的盛赞：电影的主角从小就失去了自由，他被囚禁在实验室里，只能靠看墙上的流程图来理解自己种族的繁衍方式。他孑然一身，因而有时间日夜练习这些步骤，等待着科学家们为他寻找一位女友。然而很不巧，由于流程图的一角被实验室的咖啡机挡住了，因此他没法读到第9条（也是最后一条）交配仪式。就此留下了悬念。

这场媒体发布会博得了如潮的好评。众人纷纷惊叹，不愧是典型的皮克斯作品：诙谐幽默、不落俗套，同时又涉及意义深远、让人感同身受的问题。然而我们没有想到，在制作过程中，剧情的发展却遭遇了瓶颈。剧情的开头，科学家们在野外捉到了一只雌蝾螈，把她带回了实验室，也圆了我们主人公的梦。但等到这对麻烦不断的情侣重新回到野外时，剧情却发展不下去了，即使经过众人的缜密思考和细心反馈，仍无丝毫起色。

刚开始的时候，由于影片制作团队与皮克斯主体处于分离状态，所以这个问题并没有引起我们的注意。我们在检查进度时，早期报告反映出的状况看起来很顺利。导演很有想法，他的团队也劲头十足地投入工作，但是，他们尚没有悟到一点：就像锻钢一样，构架一部电影最初的两年时间，应该用来不断进行检验，从而敲定剧情的节奏。这需要人们实实在在地制定决策，而不能只靠泛泛的讨论。虽然每位制作人员都抱着最美好的憧憬，但是，各种假设和诸多不定因素却让他们无从下手、寸步难行。用安德鲁的比喻来说，虽然大家都在努力划桨，船却待在原地不动。

我们派了几位经验丰富的皮克斯员工去支援制作团队，他们把自己所见的情况反馈给我们，等到我们终于清醒过来，却为时已晚。皮克斯向来尊崇独一无二的构思，而在这个项目上我们可以说做到了极致。我们并没有考虑替换导演，这故事毕竟是他的，没有他做引擎，我们无法让项目向前推进和完成。因此，2010 年 5 月，我们怀着沉重的心情为影片的制作画上了句号。

读到这儿，有的读者可能会认为，当初决定将这部片子投入制作本身就是个错误。失败之后回头看，一位没有经验的导演，一份尚未完成的剧本，这些因素足以让我们从一开始就选择放弃。在大家看来，这可能是再明显不过的事了，我却不这么认为。虽然这次失败让我们花费了时间和金钱，但在我看来，这投资是值得的。我们学会了如何更好地在新旧想法之间寻求平衡，也认识到没有清晰地表述我们的意图，没有征得每位皮克斯领导者的明确认同，这是我们的过失。在此之后，我们引入了新型软件，并在技术上进行了一些革新，这些经验对我们有莫大的帮助。许多人将尝试新的方法视为洪水猛兽，但我认为，相比之下，总是沿用旧法的弊端要大得多。许多企业就是因为不敢冒险而在创新之路上停滞不前，他们把新鲜的构思拒之门外，也因此渐渐淡出了人们的视线。或许，与那些敢于突破极限、敢于承担失败的企业相比，畏首畏尾的企业反倒更容易走霉运。

想要打造一家创意无限的企业，你必须做些有失败风险的尝试。

虽然说了这么多关于如何接受失败的内容，但如果一部电影（或任何与创意有关的工作）的品质迟迟得不到提升，也很让人头疼。如果一位导演制订了一系列的解决方案，电影却还是毫无起色，就可能给大家造成此人无法胜任工作的印象。其实，这样的结论的确无可厚非。

然而，我们应该在何时选择放弃呢？犯多少错误才算过分呢？有的失败只是通往卓越之路上的一个暂停标志，有的失败则是鞭策你做出改变的警示牌，然而我们又该如何辨别呢？我们寄望于智囊团会议，希望导演们能得到他们所需的反馈和支持，但会议毕竟不是万能的。如果大家不能畅所欲言，我们又该如何应对呢？

这些问题，就是我们在面对失败时需要解决的。

我们是一家由电影人主导的电影公司，也就是说，我们的目标是给有创意的人以自由，让他们来掌管我们的制作项目。有时，一部电影陷入僵局，不仅影片本身“病入膏肓”，导演对此也无计可施，遇到这种情况，我们要么替换导演，要么终止制作。大家可能会问：假设每一部电影在制作初期都很糟糕，而且皮克斯将修补漏洞的最高权限赋予电影制作者而非智囊团，那么，管理者该如何拿捏出手干预的时机呢？

当导演失去了其团队的信赖时，我们就会插手干预，这是我们选择时机的标准。每部皮克斯电影都会召集约 300 名制作人员，他们的任务就是不厌其烦地做出微调和改动，直到剧情成熟。整体而言，制作团队的成员都是很懂得相互理解的。他们明白问题永远都会存在，因此他们虽然会带着审视的眼光看问题，却不会急于下结论。在问题面前，他们的第一反应是在工作上多加一把劲儿。如果一位导演能在会议上起立发言道：“我明白这幕戏存在着问题，虽然现在还不知道如何解决，但我正在努力。大家也要继续努力呀！”那么，这位导演的团队成员便会忠实地跟随他。然而，如果问题日益恶化，而大家却都睁一只眼闭一只眼；又或者大家只是坐等指令，那么团队的氛围便会日益浮躁。制作团队通常都对自己的导演抱有好感，所以，我并不是说团队会因此而讨厌导演，他们只是不再相信导演能为这部电影交出满意的答卷。我之所以将团队成员视为可靠的晴雨表，一部分原因就在于此。如果团队成员找不着方向，这表示团队的领导者也是一头雾水。

遇到这种情况时，我们必须有所行动。要想知道应该何时采取行动，我们必须小心观察，看片子会在何时遇到瓶颈。以下是一个例子：智囊团会议之后，大家纷纷给出反馈和评价，而 3 个月之后，片子仍然没什么大的起色，那么这种情况就是不容乐观的。读者们可能会想：“等一下，你刚刚不是说导演不需要被别人的评价牵着鼻子走吗？”事实的确如此。但是，导演们必须找到方法，来解决智囊团提出来的问题。因为，智囊团代表着观众的看法，如果智囊团对片子不理解或不满，那么电影观众很可能也会有类似的感觉。我们说影片由导演来主导，背后的含义就是，导演必须扛起主导影片制作的责任。

然而，创意公司中出现的任何一次失败，都不只是某个人的责任，而是牵扯到许多人。如果你所管理的企业出了问题，那么任何一个问题你都脱不了干系。除此之外，如果你和你的同事不能从失败中汲取经验，那么失败制造的契机也就白白流失了。任何一次失败都可以分为两部分来看：首先是失败本身，以及失败为所有的参与者带来的失意、困惑和耻辱；其次是我们对失败的反应，这部分是我们可以掌握的。我们应该自我反省、掩耳盗铃，还是消极逃避呢？我们应该营造一个鼓励大家敢于认错和汲取失败经验的环境，还是一遇到失误就不容置辩地指责他人呢？我们要切记，失败给予我们成长的机会，如果对这些机会置之不理，吃亏的是我们自己。

这就引出了下一个问题：失败当头，我们该如何最大限度地加以利用呢？皮克斯出现重大失误的时候，我们会坚持从内部发掘问题的根源。我们物色了才华横溢、创意丰富的人才来为这些项目保驾护航，因此，我们一定是做错了什么，才为他们的成功之路设下了障碍。有的人担心，这些严重的失误表示皮克斯已然风光不再，对此我无法苟同。我们从不认为自己所选的道路是坦途，因为我们只允许自己将高质量的影片奉献给大家。我认为，在经历过数次失败之后，我们很有必要静下心来对眼前的状况重新进行评估，并从失败中汲取经验。

因此，2011 年的 3 月，皮克斯的总经理吉姆 · 莫里斯召集了一支由制片人和导演组成的约20人的队伍，在工作室外举行了一次活动。这次活动的议事日程上只有一个问题：我们为什么会接连摔这么多次跤呢？我们并不是在找理由相互指责，而是想鼓励皮克斯的领导者开动脑筋，看看到底是什么东西在作祟。

吉姆对大家的到场表示感谢，并提醒大家我们共聚一堂的原因。他说，开发新项目和提携新导演，是皮克斯持续发展的最关键的因素，但是，我们明显在什么地方出了岔子。我们一直努力增加皮克斯的影片产量，但现在我们撞上了路障。他告诉大家，在接下来的两天中，我们的目标就是找出我们所欠缺的因素，制订出填补空缺的方案，并付诸实践。

我们很快发现，没有一个人想要推卸自己应承担的责任。他们既没有把现存的问题推到别人身上，也没有依赖他人来解决问题。从他们商讨问题时所用的语言可以看出，大家全都把解决问题当作自己的责任。有人提出问题："除了智囊团的点评之外，还有没有什么方法可以让我们的导演更深地理解情感张力的重要性？"另一个人说道："我觉得我应该在一个正式的场合和大家分享我的经验。"此时，我心中感到了无比的自豪。显然，大家都觉得企业的失败有他们的一份责任，自己应该为这些问题寻找解决方法。在棘手的问题面前，大家仍自愿为企业的利益共同携手，虽然面临着严重的问题，但是皮克斯的这种企业文化，却比任何时候都显得生机勃勃。

大家一起分析了我们决策失误背后的原因。在挑选导演时，有没有哪些重要的特质是我们曾经忽视，而又急需重新予以关注的呢？更重要的一点是，我们为什么没有帮导演做好充分的准备就让他去担负重任呢？"我们是绝不会让我们的导演失败的"，这句话我们说了多少次，可最后却为何没能履行呢？约翰、安德鲁以及彼特是皮克斯初期影片的导演，他们并未经过正式的训练便掌握了执导影片的技能。我们通过讨论发现，这导致我们没能认清现实。现在看来，这种现象要比我们之前以为的罕见许多。我们也谈到，安德鲁、彼特以及李与约翰并肩合作数年之久，从他身上学会了许多经验（比如果断决策的重要性），也学会了他在合作中激发他人灵感的方法。在皮克斯，安德鲁和彼特可以称得上是约翰的第一代接班人，他们对皮克斯的工作方式提出了挑战，最终获得了极大的成功。我们本以为他们俩的成果是其他人也可以复制的，但我们不得不面对现实：随着公司的扩大，我们的新导演没有条件像他们一样享受到公司元老亲授技能的待遇。

然后，我们又将目光转向未来。我们挑选了一批具有导演潜力的人才，把他们的优缺点分别列出，并详细讨论了如何才能对他们进行培训和支持，以及如何增加他们的阅历。在经历了失败的洗礼之后，我们仍然不甘心于仅仅挑“安全”的路走。我们明白，在创意和选择方面冒险，是皮克斯不能扔掉的一个特质。这就意味着，有时候，我们必须把钥匙交到那些不大符合传统导演标准的新人手中。当然，大家也一致认为，在我们另辟蹊径的同时，需要更深入、更具体地做好准备工作，为那些我们认为具备导演潜质的人才提供培训和历练的机会。我们不再奢望新人会通过潜移默化自然而然地吸收资深导演们的智慧，而是设置了一套正规的培训课程，为大家还原皮克斯建立初期彼特、安德鲁以及李与约翰共事时所得到的那些耳濡目染的教诲。此后，每位资深导演每周都要和自己所培训的新人进行交流，对新人的电影构思给予激励并提出建议。

会后，我与安德鲁一起回忆这次活动的收获，安德鲁提出了一个很有见地的想法。他认为，他和其他几位资深导演应当承担传道授业的责任，即使不放弃制作电影的老本行，他们也该把培训新人作为工作的重心。他是这样说的：“我们要教会新人如何最大限度地利用手边现有的团队，制作出最高质量的电影，因为我们毕竟不能永远护在他们左右，这才是我们要传授的精华。华特·迪士尼就没能做到这一点。少了他，迪士尼动画遭遇了15年到20年的萎靡期才重新站了起来。所以，这才是我们的最终目标：我们应该如何教导我们的导演，才能让他们即使没有我们的帮助，也能独立敏捷地思考？”

说到担当教育任务的最佳人选，非我们这些人之中能力最强的成员莫属了。我所指的并不仅仅是讲座和正式的会谈。对于那些视我们为榜样的人而言，我们的行为举止，无论积极还是消极，都会成为他们人生路上参照的范例。那么，我们是否好好地考虑过大家学习和成长方面的问题呢？身为领导者，我们理应视自己为导师，将以身作则视为带领大家共同奔赴成功的重要途径。我们是否能将绝大部分的活动视为传授经验、传播知识的机遇呢？作为领导者，至关重要的一项责任就是营造一种企业文化，不仅奖励那些提升公司股价的人才，还要褒奖那些将大家鼓舞得志向满满的人才。

谈论失败和失败带来的连锁反应并不只是嘴上功夫。我们这样做，是因为通过加深我们对失败的理解，我们可以畅通无阻地在创意上全情投入。恐惧是创意之路上最大的阻碍之一，失败在所难免，恐惧却不然。因此，我们所要做的，就是将失败与恐惧拆分开来，也就是营造出一种企业环境，让员工们不为犯错而担惊受怕。

那么，我们该如何付诸行动呢？许多企业给管理者下达的指令都是自相矛盾的：培养人员，帮助他们成长为强有力的人才，为企业和团队贡献力量；哦对了，资源有限，你的团队能否在规定时间和规定成本之内完成任务，这关系着企业的成败，因此请务必确保万事莫出岔子。许多管理者在管理上管得太细，这一点很容易被人诟病，但是，我们也必须认识到，这些管理者往往也是身处夹缝之中左右作难的。管理者要在截止日期到来之前完成工作，而相比之下，培养人才的任务则不那么硬性。非要做选择的话，管理者一定会把按时完成工作放在首位。我们告诉自己，一旦时间或预算上有富余，我们一定会把更多时间花在培养人才上，但是，工作上的要求总是把我们的日程占得满满的，我们的压力与日俱增，但犯错的空间却越来越小。在现实的压力下，一般的管理者只能选择两条出路：要么把每件事都管得死死的，要么装出一副一切尽在掌握的样子。

但是，如果我们把掌控一切视为目标，就会为企业文化罩上阴影。比如说，我认识的管理者中，不少人都不喜欢在会议上遭遇“突袭”。意思是，他们明确要求，如果有意料之外的消息，那么一定要有人在会议前私下通知他们才行。在管理者事先不知情的情况下，当着众人的面向管理者公布新的信息往往被视为不尊重上级的表现。但是，这种理念所带来的实际影响如何呢？这种企业文化意味着在正式会议之前必须加设事前会议，而实际的会议却成了走过场。这意味着时间的浪费，意味着与这些人共事的职员们不得不谨言慎行，也意味着职场氛围被搅得人心惶惶、草木皆兵。

我们的工作中最重要的一项职责，就是动员中层管理者容忍工作上的失误和意料之外的状况。他们往往觉得一旦犯错，就要为自己的过失付出沉重的代价。那么，我们该如何扭转他们对工作方法和风险的看法呢？

信任是恐惧的解药，人们都希望在这个变化无常的世界找到可以信赖的东西。恐惧和信任的力量都很强大，二者虽然不是两种截然对立的情感，但是信赖却是驱走恐惧的最佳工具。让人产生恐惧的事物有很多，在你涉足新领域的时候尤其如此。信任他人并不表示别人不会犯错，而是在别人（或你自己）犯错的时候，你相信对方会用切实的行动推动问题的解决。恐惧的产生可以是一瞬间的事，信任却要经过时间的考验。智囊团与皮克斯大大小小的团队携手挺过了诸多难关，共同解决了许多问题，才建立起彼此之间的信赖。耐心一些，真诚一些，始终如一地坚持下去，信赖之门终将打开。

我所说的真诚，是指管理者需要与下属进行坦诚的交流。在不少企业中，管理者们往往太过隐讳，不愿与员工分享信息。我认为，这样的做法是错误的。在面对问题时，管理者的第一反应不应该是保密，而应该好好衡量息事宁人和开诚布公的成本孰重孰轻。如果你动不动就选择掩盖问题，那么你给员工留下的印象就是，你不值得他们信赖。如果你能坦诚相待，就表示你信任对方，也是在告诉对方没有什么好怕的。如果你能真诚地与员工对话，那么他们就会感觉自己掌握了重要的信息。

皮克斯内部的构想和产品必须在时机成熟之时才能公之于众，这对企业利益而言至关重要。还好，皮克斯的员工对秘密都守口如瓶。制作电影是一个非常混乱的过程，因此，我们需要在内部开诚布公地商讨解决混乱的方法，同时也要确保讨论的主题不会泄露出去。我们与员工们无所顾忌地分享各种敏感问题，这就意味着，我们把员工们当作合作伙伴和企业的共有者看待，相应地，他们也不想辜负我们的厚望。

你的员工都是聪明人，要不你怎么会雇用他们呢？所以，请把他们当聪明人对待。如果你在向员工传达的信息中做了手脚，他们是会有所察觉的。如果管理者只是传达了指令，却没有解释决策的原因，大家便会怀疑此事背后到底有什么玄机。或许你并没有什么私密的动机，却给人造成了你在掩藏着些什么的印象。如果你能把解决方案背后的想法与大家分享，那么大家的注意力就会集中在方案上，而不会胡乱猜测。当我们以诚相待时，大家是能够感受到的。

皮克斯管理部的负责人杰米·伍尔夫开发出一种培训人员的方法：让新晋管理人员和资深管理者一起搭档。这种方法的一个关键点在于，指导者与被指导者需要长时间的合作，具体来说是 8 个月。任何与管理有关的问题，无论是职业规划、培养员工自信，还是处理员工遇到的问题和营造和谐的团队氛围，全都要两人共同商榷。这样做是为了让大家紧密团结在一起，共同承担风险和挑战，锻炼大家在面对来自内部（比如团队中有人过于吹毛求疵）和外部（比如上级的性情反复无常）的实际问题时带领团队的能力。换句话说，我们是在培养管理者之间的信任感。

在让指导者与被指导者一起共事的同时，我每年也会向全体员工发表一次讲话。我告诉大家，当我在纽约理工第一次担任管理职务的时候，一点儿也不觉得自己像个管理者。我虽然很享受权力在握的感觉，但每天上班时却觉得自己像个骗子。即使在皮克斯担任总裁的最初几年，这种感觉也如影随形。我认识许多其他公司的总裁，对他们的个性非常了解。他们野心勃勃、自信满满，而我自知并不具备他们的这些性格特征，这更让我觉得心虚了。坦白来说，我对失败是抱有惧怕之心的。

我告诉大家，直到八九年前，这种冒牌货的感觉才消失。我承受住了失败的打击，目睹我们的影片大获成功，在《玩具总动员》后决意投身皮克斯的企业文化建设，与乔布斯和约翰的关系也日益稳固，多亏了这些事情，我才有了今天的蜕变。说完这些我向员工们发问："你们中有多少人也觉得自己名不副实呢？"这时，满屋的人无一例外地将手高高举起。

作为管理人员，刚上任的时候大家心中都会有些忐忑，我们会揣测这份工作的性质，好尽快抓住入门诀窍。然后，我们便会拿实际情况与自己的构想进行比较。然而，我们对工作的猜测与实际情况总是有出入的。想要衡量我们做出的成绩，我们应当忘掉自己构想出来的东西，把目光转向团队成员，看看他们的合作是否默契，大家是否能在解决关键问题时团结一心？如果答案是肯定的，那么这就是你管理有方的证明。

这种对工作性质把握不准确的现象在新晋导演的身上屡屡发生。有的新晋导演在帮资深导演做副手的时候，一次又一次地表现出他们完全有能力在制作自己的电影时独挑大梁，但等到导演工作真的落在他们肩上时，他们却发现自己的想象与实际情况是有偏差的。当人们发现自己身上的责任超出了脑中所勾画的情形时，不免会生出惶惶不安的感觉。对于第一次担任导演的新人来说，这些责任的重量不仅是他们从未体验过的，还因皮克斯已取得的辉煌业绩而显得更加沉重。皮克斯的每位导演都担心自己执导的电影一旦失利，就会将皮克斯电影蝉联票房冠军的神话打破。长期在皮克斯担任剧作和配音工作的鲍勃 · 彼得森说过："压力总是存在的，没有人想当第一个打破神话的衰神。我们应该要让这股压力激起大家的斗志，让大家产生'我要做得更好'的劲头。但是，有的人也会因为害怕摸不到门道而忧心忡忡。皮克斯那些已经功成名就的导演已经学会了放下忧虑，用这股压力催生出创意。"

鲍勃开玩笑说，皮克斯应该有意识地做一部烂片，"重设电影市场的标准"，以便缓解这股压力。自然，我们绝不会故意制作糟糕的作品，但是鲍勃的想法发人深省：有没有什么方法能让员工知道，你的企业不以失败为耻呢？

这种不但包容失败，还会"期盼"失败的理念，帮助皮克斯建立起独一无二的企业文化。要说我们的文化有多么独特，让我们再次回到《玩具总动员 3》的例子上去。就如我在本章开头所说的，这是皮克斯史上唯一一部没有在制作上出大问题的电影。影片公映后，我屡次三番地在公开场合盛赞我们的制作团队，褒扬他们在影片的孕育过程中一次祸也没有闯。

你可能会觉得，听到我的称赞，《玩具总动员 3》的制作团队一定很开心。但大家猜错了。影片制作团队误以为我的称赞意在强调失败，这让大家感觉受到了冒犯。他们觉得我是在含沙射影地说，他们没有其他影片团队努力，没有像其他同事那样自我鞭策。这完全不是我的本意，但我必须承认，他们的反应很让我欣喜，这表明我们的企业文化是健康向上的。

借安德鲁·斯坦顿的话说："如果我们的电影没有从一出生就沦为'问题儿童'，我们就会心生忧虑，觉得芒刺在背。我们已经学会了认识创新的各种面貌，也学会了将创新融入生活。我们渐渐开始接受'好吧，我们从没有处理过这样的问题，这个问题可真是棘手啊，你想往东，可现实却偏偏向西'的感觉了。这种感觉对于我们来说是家常便饭，这是件好事。"

我们没有浪费精力试图抑制问题的出现，而是笃信我们的员工的出发点是好的，他们希望解决问题。事实也一次次证明我们的推断是正确的。我们把责任交给员工，允许错误的出现，并让员工掌握解决问题的主动权。恐惧的出现，必有其缘由，我们的职责就是揪出病因，根除问题。管理人员的职责并不是预防风险，而是培养大家的恢复力。

第 7 章　饥饿的野兽与丑陋的婴儿

想要见证伟大，就必然经历一段不伟大的平庸，这个道理，有些人是不能理解的。在创意环境中，管理者的任务就是捍卫新生的构思不受这些人的摧残。捍卫未来，不要驻足过去。

20世纪80年代末到90年代初，东山再起的迪士尼动画推出了《小美人鱼》《美女与野兽》《狮子王》等一系列成功的动画电影。与此同时，在伯班克总部的主管办公室里，“我们必须把野兽喂饱”这句话一次又一次地在我耳畔回响。

大家可能还记得，皮克斯与迪士尼签订了一份编写制图系统的合约，可以绘制和管理动画赛璐珞的“电脑动画制作系统”（CAPS）也因此应运而生。我们在迪士尼制作《小美人鱼》期间开始编写这套程序，因此我目睹了这部影片的成功是如何带动迪士尼的发展壮大，以及壮大后的迪士尼是如何通过增加影片产量来配合人员增长（并为人员提供工作）的。换言之，我目睹了迪士尼之“野兽”的诞生。我所谓的“野兽”，是指靠吞噬不断翻新和再加工的原料和资源得以生存的大规模团队。

我应该在此澄清，这种现象的出现并非偶然，也是无可厚非的。华特·迪士尼公司的首席执行官迈克尔·艾斯纳和迪士尼动画工作室的董事长杰弗里·卡岑贝格同心协力，誓要重振华特去世后长期陷入低谷之中的迪士尼动画。在他们的努力之下，效力迪士尼数十载的传奇艺术家以及一些想法新颖的新人将思想糅合在一起，造就了迪士尼的又一个鼎盛时期。这批电影不仅为公司赢得了巨大的收益，而且一面世就成为流行文化标识，带动了动画潮的风靡，为皮克斯制作《玩具总动员》铺平了道路。

然而，每一部迪士尼新作除了带来辉煌的成功，还勾起了大家渴望更多的欲望。为了配合每部影片的制作、营销及宣传，迪士尼动画工作室的基础设施也在不断地扩张，这就需要公司将更多的制作项目提上日程。那么多工作室，那么多办公桌，那么多员工，一旦闲置，成本是不可想象的。在这个时期的迪士尼公司，你或许找不出任何一个相信动画电影可以或应该像产品一样在流水线上生产的人，但是，"喂饱野兽"这句话中却满是这一理论的影子。其实，迪士尼高水准的制作人员的出发点和价值观绝对值得称颂。但是，这头猛兽力量奇大，连最敬业的人也难逃被吞噬的命运。迪士尼不断延长影片的上映档期，对出片量的需求也猛增，致使公司在伯班克、佛罗里达、法国和澳大利亚各处设立工作室，以满足野兽的胃口。不断出片、快速出片，成了公司的当务之急。在此我要说明一点，这种现象是许多企业的通病，不仅仅出现在好莱坞。但几乎无一例外，这种通病会导致质量的全面下跌。

1994 年上映的《狮子王》在全球取得了 9.52 亿美元的票房收入，此后，迪士尼动画工作室开始走下坡路。个中缘由在刚开始时不甚明晰，虽然工作室的领导层有所变动，但大部分人仍在位，这些有才之士仍然干劲十足，想要创作出伟大的作品。即便如此，这段枯竭期还是整整持续了 16 年：1994~2010 年，没有一部迪士尼独立制作的电影坐上票房冠军的宝座。我认为，迪士尼员工将喂饱野兽作为自己工作的理念，是导致这一局面的直接原因。

在迪士尼动画刚走下坡路之际，我就渴望着弄清楚其背后的原因。为什么会有这种冲动呢？因为我有种预感，如果皮克斯以当时的势头发展下去，那么迪士尼动画所遭遇的障碍，也将是我们规避不了的。

独到的创意是脆弱的。创意刚刚诞生之时，往往与光鲜扯不上关系。因此，我把影片的初样叫作“丑陋的婴儿”。这些“婴儿”并不是靓丽动人的成片的缩小版，而是实实在在的丑小鸭：既别扭又不成形，既弱不禁风又有残缺。这些婴儿需要我们付出时间和耐心去培养，才能茁壮成长。也就是说，婴儿和野兽难以共存。

丑陋婴儿的理念并不容易被人接受。在欣赏过皮克斯影片的许多观众看来，这些婴儿自降生之时就是激动人心、内涵深刻、意义非凡的。或者可以说，这些婴儿打生下来就已经发育完全了。实际上，想让婴儿成长到这个程度，需要数月乃至数年的辛勤培育。如果你看过我们任何一部电影的早期样片，那么我所谓的丑陋便会暴露无遗。人们很自然地就会拿初期样片与成片相较，也就是拿着“成人”的标准去衡量“新生儿”。我们的职责就是保护我们的“婴儿”不过早受到抨击的伤害，我们是“新生儿”的保护者。

在我继续讲下去之前，我想向大家解释一下“保护”这个词的意思。这个词具有非常正面的含义，因此如果说保护某事物，那么我担心大家都会自然而然地以为这个事物是值得保护的。其实，被保护的事物并不一定值得保护。比如说，皮克斯的制作团队有时就会对那些大家轻车熟路的工作方式倍加呵护而不管这样做有没有意义；为了保护企业不受潜在的外力威胁，法律部门常会为企业筑起厚厚的围墙；官僚机构的人员则往往会努力维持现状。在这些例子中，所谓的“保护”措施只是为了巩固和维持保守的做派，避免打破现状。随着企业的成功，这些保守派人士也掌握了更多的权势，他们调动大量的资源，以求维护那些行之有效的老方法。

在我发出保护新生事物的号召时，我对“保护”一词的诠释有所不同。我的意思是，当有人酝酿出一个原创的构思时，这构思有可能既拙劣又模糊不清，但与此同时，这个构思既没有成型，也没有发展到积重难返的地步，而这正是这种构思最令人兴奋的地方。在一切未有定论的阶段，那些目光短浅或没有耐心让这构思逐渐丰满起来的人难免会唱反调，致使这些构思不幸夭折。想要看到伟大的构思，就得挨过那些不甚光鲜的阶段，而我们的职责之一就是保护这些新构思免遭不懂这个道理之人的破坏。这就好比毛毛虫蜕变为蝴蝶的过程：毛毛虫有了茧的包裹，才得以生存。换言之，毛毛虫的生存离不开茧对威胁的抵御，茧抵挡了野兽的侵袭。

1999 年，皮克斯已经成功出品了两部电影，我们预期将成为公司第 5 部作品的《海底总动员》也正在制作中。这一年，皮克斯与“野兽”的大战拉开了序幕。

我还记得安德鲁 · 斯坦顿第一次向大家介绍马林时的情形。马林是一条对儿子过度保护的小丑鱼，他的儿子尼莫被人类诱捕，迫使他踏上了寻子之路。那是 10 月份的一个清冷的日子，我们大家聚在一间拥挤的会议室里，听安德鲁讲完了故事梗概。他的发言可以用精彩绝伦来形容。他告诉我们，在剧情发展的同时，会穿插一系列的回忆片段，向观众们解释为何一遇到与尼莫沾边的问题，他的爸爸就会变得紧张兮兮、杞人忧天。(原来，大梭鱼的攻击致使尼莫的妈妈和尼莫未出生的兄弟姐妹不幸遇难)。安德鲁站在会议室前面，天衣无缝地将两段故事编织在一起：一方面，从马林的视角出发，讲述了尼莫被水肺潜水员捕走后马林的大搜救行动；另一方面，从尼莫的视角出发，讲述了在悉尼水族馆中，尼莫和一群叫作“鱼缸帮”的热带鱼之间的故事。安德鲁的故事表明了后辈对独立的渴望，直击父子关系的关键。另外，故事的趣味性也很强。

安德鲁讲完自己的提案后，在座的人一时间鸦雀无声。过了一会儿，约翰 · 拉塞特一语道出了所有人的心声：“你一说到鱼，就把我的兴趣勾出来了。”

此时，《玩具总动员 2》带来的身心俱疲，仍如阴影般笼罩在大家的心头。熬过那段让人几近崩溃的日子，大家清楚认识到，我们之前的做法无论是对员工还是企业的健康都是一种损害。我们发誓，决不在《怪兽电力公司》的制作上犯同样的错误，而且基本做到了。但是，我们的这一决定却导致《怪兽电力公司》的制作周期延长至近 5 年的时间。影片制作收尾后，我们马上开始多方寻找改进和加速制作的方法。这样做的一个原因在于，我们发现即使影片已经投入制作多时，我们仍一直在对剧本修修补补，大量的制作经费都是由此而生的。谁都知道，如果我们在初期就把剧本敲定，那就能省下大量的制作时间和经费。于是，我们定下目标，决定在制作开始之前就把剧本确定下来。听到安德鲁“技惊四座”的发言时，我们认为《海底总动员》就是我们实践这一制作方法的绝佳对象。我们为安德鲁一路“开绿灯”，我们都相信，剧本尽早定稿不仅能催生出一部佳片，也能削减不必要的制作成本。

现在回头来看，我发现我们当时的目的不仅是为了提高效率，也是希望避免创作过程中繁乱（甚至让人不快）的部分，努力将工作中的差错剔除出去（同时也能让我们更快地填满野兽的胃口）。然而不出所料，现实总是不遂人愿。安德鲁在提案中让我们拍手叫绝的倒叙法，运用在样片中却让人看得一头雾水。样片在智囊团会议上放映时，李·昂克里奇第一个提出，影片的倒叙部分太过晦涩抽象，他提倡将叙述结构变得更加线性一些。安德鲁采纳了这个建议，并获得了意想不到的效果。在之前的剧本中，剧情发展了很长时间才介绍了马林对孩子过度保护的缘由，因此他给人的印象有些不近人情，不大招人喜爱。而改后的剧本更加偏重于按照时间顺序叙事，因此马林显得更讨人喜欢，也更能够博得观众的同情。安德鲁原本想要把发生在海洋和水族馆的两条同时进行的故事线交织在一起，但他发现，这种做法要比他想象的困难许多。因此，原本计划穿插整部影片的“鱼缸帮”情节变成了支线。在制作过程中，我们始料未及的状况一一出现，迫使我们做了许多处艰难的改动。以上提到的只是其中的两例。我们提前敲定剧情和简化制作流程的打算，也就此打住。

我们原本希望以《海底总动员》为契机，对皮克斯制作电影的方式进行改革，可到最后，我们在制作期间做的调整并不比之前的那些影片少。众所周知，辛勤的付出让我们收获了一部引以为豪的影片，这部片子成为2003年的票房亚军，也是有史以来票房最高[①]的动画电影。

① 《海底总动员》是当时票房最高的影片，这一纪录保持数年才被打破。——编者注

但是，我们的制作方式并没有完成华丽变身，这是这部电影未能帮我们达成的唯一目标。

当时，我仍然认定在影片制作前敲定剧本是一个值得追逐的目标，我们只是尚未达成所愿罢了。然而，随着制片经验的积累，我逐渐发现这个目标不仅不切实际，甚至可以用异想天开来形容。坚持一开始就要把一切安排得井井有条，与固守谬见不放有什么区别呢？对制作过程加以改善，让其更加畅通无阻，把钱花在刀刃上，这些仍是我们需要努力的地方，但并不是我们的最终目标，创作出伟大的作品才是我们的目标。

这种现象我在其他公司身上屡见不鲜：简化流程或增加产量本末倒置地取代了企业的最终目标，企业的每位成员和每个团队都以为自己是在恪尽职守，而实际上早已偏离了正轨。如果只是工作流程高效流畅，而其他方面却捉襟见肘，那么，我们新生的构想——也就是我们丑陋的婴儿——就不能得到应有的关注和保护，无法茁壮成长。这样一来，婴儿们不是被遗弃就是遭遇胎死腹中的命运。人们倾向于将精力专注于比较保险的、沿袭赚钱的老套路的项目上，这样至少能保证企业不会空转（大家可以看一看《狮子王 1 1/2》，这部电影于 2004 年直接推出影碟，距上一部作品《狮子王 2：辛巴的荣耀》相隔 6 年）。这样的理念遏制了产生真正灵感所需的思想的自然碰撞，只能催生出老套乏味的作品。但这样做却能够满足野兽的胃口。

我说的野兽与婴儿，听上去好像是两个泾渭分明的概念：野兽完全是负面的，婴儿则全都是正面的。而实际上二者之间是相关联的，现实就是连接两者的桥梁。野兽是个贪吃鬼，但能提供宝贵的推动力。婴儿的确纯洁无瑕、潜力巨大，却变化无常，离不开别人的照顾，还让人彻夜难眠。让野兽和婴儿在一起和平共处是十分关键的，要做到这一点，需要你将双方平衡地统筹在一起。

而野兽和婴儿之间看似水火不容，也毫无公平可言，我们又该如何加以平衡呢？野兽的需求总是能压制住婴儿的需求，因为婴儿的真正价值要经过几个月的时间才能真正显现。那么，我们该如何管制住这只野兽呢？如何才能在不侵犯公司利益的前提下管住野兽的胃口呢？每家企业都需要有自己的野兽，野兽迫使企业明确截止日期，制造紧迫感。这自然是好事，但前提是野兽不能失控，这一点便是考验人的地方了。

许多人都把野兽当作一种贪得无厌、头脑简单的生物，觉得它既执拗又无法控制。而实际上，任何一个生产商品或追逐利润的团队，都可以算作野兽的一个组成部分，市场营销与产品分销团队亦包括在内。每个团队都按照自己的方式运作，其中不少团队既不必负责产品的质量，也不必弄清自己对产品质量会产生何种影响。这些问题与他们毫无关系，他们只需保证生产继续进行，让资金流动起来就行了。每个团队都有自己的目标和期许，按自己的胃口大小来采取行动。

在不少行业中，野兽集万千宠爱于一身，从而无节制地膨胀起来，这背后的原因在于野兽的成本不容忽视。在绝大多数企业的成本中，占最大份额的就是野兽。对任何一家企业而言，是否能有效利用人才在很大程度上决定了利润率的高低：无论汽车流水线运转与否，流水线上的汽车工人都可以拿到薪酬；无论亚马逊网站有多少消费者下单，库房的工作人员都要按时来上班；在制作一幕戏的时候，灯光师和渲染师（这只是动画产业中诸多职业中的两种）必须等其他人各自尽到自己的职责后才能着手做自己的工作。如果因为效率低下而使别人的等待时间过长，或是你的人员没能把精力投入到最能创造利润的任务中，那么你的企业就有可能从内部被蚕食掉。

很显然，我们的解决方法就是喂饱这头野兽，把野兽的时间占满，让它无暇顾及旁事，并将它的禀赋利用起来。但是，即便你能做到这些，野兽也无法心满意足，它会催你快马加鞭，再夺取胜利，这也是生活与我们开的众多残酷的玩笑中的一个吧。正因如此，在许多企业中，刺激产量的驱动因素竟是生产日程（也就是对产品的需求），而不是前端开发者的创意。我在说这话时需要多加注意，避免给出暗示说问题出在构成野兽的这些人身上。这些人开足了马力，以求能将自己的本职工作做到最好，大家的出发点都是好的，结果却令人担忧，因为他们把喂饱野兽当作工作的重心。

野兽不仅会在动画或影视公司里膨胀，从科技企业、出版企业，到制造业企业，没有一种创意行业可以幸免。然而，所有行业的野兽都有一个共通点。通常来说，管控这野兽的人是企业中执行性最强的人，也就是那些确保事事按计划和预算进行的人。然而，随着这类人的权势增长及利益膨胀，与其对抗的力量不足以为新生创意提供保护，问题就出现了。这时，野兽便占了上风。

想要预防这种现象的发生，关键是要寻找一个平衡点。我觉得，在一家企业中，不同团队之间的互谦互让是取得成功的关键。因此，我所说的驯服野兽其实是指，如果你能在野兽的需求与企业创意部门的需求之间找到平衡，那么你的企业就会越来越强大。

让我给大家举一个例子，这个事例发生在我最为熟悉的领域里。我们有许多不同的动画制作团队，包括故事团队、艺术团队、预算团队、技术团队、财务团队、制片团队、营销团队以及周边产品团队。每个团队的成员都有自己的当务之急，而不同成员的优先事项常常会出现相互冲突的现象。编剧和导演希望讲述最震撼人心的故事，美工设计师想要呈现出美轮美奂的场景，技术指导希望将电影特效做得天衣无缝，财务人员则要确保经费不超过预算，营销人员渴望挖掘出让影片轻松赚钱的卖点，周边产品负责人希望用吸引人眼球的角色来制作毛绒玩具、印在T恤衫和午餐盒上，制片人员则要努力满足各方需求，以防整个项目全盘崩溃……每个团队都着眼于自己的需求，也就是说，没有人能清楚地认识到自己的决定对其他团队造成的影响。每个团队都想把工作做好，争取完成自己定下的目标。

尤其是在项目刚刚启动的几个月中，这些所谓的目标——从整个电影的制作来看，这些目标其实只是子目标——往往要比电影本身更容易表达和解释出来。然而，如果一位导演把自己所有的构想都放进电影中，那么观众们看到的电影很可能会过于冗长。如果从营销人员的利益出发，那么我们就只能看到一部“公认”的佳作的复制品，这样的电影虽然让观众有似曾相识的感觉，从创意方面看却是不折不扣的失败之作。也就是说，每个团队都在努力尽自己的职责，却都在往不同的方向上施力。

如果其中有哪个团队“赢了”，那么整体就输了。

在一个不健康的企业文化中，每个团队都认为如果自己团队的任务能够凌驾于其他团队的任务之上，就会为企业带来益处。而在一个健康的环境中，各个群体都明白，在竞争比拼的欲望中找到平衡点是非常重要的。大家都希望自己得到重视，却不必高过别人一头。有了明确清晰的目标做指导，这些人才之间自然而然产生的互动便会营造出我们所追求的平衡。我们只有将追求平衡奉为企业的核心目标，才能达到这样和谐的效果。

寻求平衡的理念听起来很在理，却没有从动态的角度阐明达成平衡的真正意义。我们对平衡的思想认知是有所扭曲的，因为我们比较容易将平衡与静止不动画上等号。就好似瑜伽修行者气定神闲地单腿平衡直立，我们心中的平衡也是一种几乎与动态不沾边的状态。在我看来，要为平衡找一个更恰当的类比，我们应当放眼体育运动，比如篮球运动员绕过后卫的防守、冲破争球线的状态，或是冲浪选手乘风破浪的状态。所有这些状态都是对瞬息万变的环境的即时反应。动画电影的导演们告诉我，在电影制作过程中，他们投入工作时的状态非常积极活跃。迪士尼的导演拜伦 · 霍华德说："如果从一开始就假定这些电影会很棘手，那么你心理上也会好过一些。就好像有人告诉你说：'来吧，这只老虎交给你了。小心你的命啊，老虎可不是省油的灯。'我觉得，如果我事先就把老虎看成狠角色，我才更有可能保住命。"

借用布拉德 · 伯德的理念，无论是动画工作室还是唱片公司，都是一个生态系统。他说："四季都有其存在的理由，暴风雨的出现也是必要的，这就像生态学，如果你觉得没有冲突才是最适合的生态条件，就相当于说晴天才是最适合的生态条件一样。晴天指的是太阳的力量远远胜过下雨的力量的天气状况，这其中没有什么冲突，胜者有其绝对的优势。但是，如果天天都是烈日当头、滴雨不下，那么万物就无法生长。如果太阳永不落山，万物就无法生存，我们的星球也会毁灭。关键在于，我们要把矛盾冲突看成必要的存在，因为有了冲突，我们的构思才能有机会经受考验、得以生存。所以说，仅仅有阳光是不够的。"

管理者的任务，就是要帮助大家将冲突与矛盾看成组织运转不可或缺的因素。矛盾是通往平衡的路径，从长远来看对我们大家都有裨益。我觉得传播这个理念并不难，但并不是一劳永逸的。一位优秀的管理者必须时刻警惕，看看企业的哪些部门有失衡的势头。我这里有一个例子，皮克斯扩充了动画制作人员的人数，增加了我们高质量作品的产量，却也带来了一个不得不面对的消极影响：我们的会议规模越来越大，与会者之间的距离越拉越远，从比例来说，每位参与者对成片的所有权也越来越小（这会让大家产生不受重视的感觉）。为解决这个问题，我们把人员拆分成小规模的子团队，让部门和个人觉得自己是有发言权的。想要修补企业的漏洞，让企业重新回归平衡状态，管理者们就必须时刻保持警惕。

在第 4 章中谈到《玩具总动员 2》时，我与大家分享了皮克斯发展过程中的一个关键时刻：我们意识到，皮克斯绝不希望营造出一种将员工分成三六九等的文化，对一些员工高标准严要求，却将其他员工降格到二等团队之中。有些人或许觉得这样的等级划分听上去无可厚非，但在皮克斯，反对层级却是我们维护企业文化平衡的一种方式。如果我们把一些员工、团队或目标看得更重，或是将一部分人视为所谓的“优胜者”，那么平衡就无从谈起了。

请大家想象一块平衡木板，就是那种中段搁置在一个圆柱体上的木板。玩这种游戏的诀窍在于，双脚分别站立在木板的两边，然后左右转移自己的身体，以保持平衡。若要举出一个有关平衡或管理者调控两股对抗势力（左边与右边）的最佳例子，我觉得非平衡木板莫属。我可以试着向大家解释保持平衡的方法，可以给大家看视频，也能给大家一些如何起步的建议，但是即便如此，我仍然无法把获得平衡的方式透彻地呈现在大家面前。唯有亲自动手，方知此中真意。你只有调动你的显意识和潜意识，才能在工作过程中悟出方法；只有通过自己动手，让自己置身于风浪之中摸索，才能找到出路。

我常说，创意企业的管理者必须学会轻拿目标、紧抓意图。这句话是什么意思呢？随着新信息的流入，我们必须抱着开放的心态对目标做出适当调整，否则我们就会被本以为了如指掌、实则知之甚少的事情弄得措手不及。只要我们的用意（或者说我们的价值观）保持不变，我们的目标是可以按需调整的。对于皮克斯的伦理体系、价值观以及打造高质量原创作品的出发点，我们努力做到毫不动摇。但随着经验的积累，我们学会了对目标进行调整，试着让目标适合于现状，当然，这有时需要多次微调才能达成。在我来看，唯有通过这种做法，我们才能开垦出创意生长所必需的土壤：一种保护新生事物的文化氛围。

很多年来，我一直是一个委员会的成员，阅读和筛选一些会在计算机图形图像特别兴趣小组会议——我在第 2 章里提到的一年一度的计算机图形会议——上发表的论文，确保获选论文的理念能够对行业发展起到推动作用。这个委员会的成员都是计算机图像领域最杰出的人才，每一位成员我都认识。委员会对论文的筛选非常严格。有一点让我觉得很有趣，每次评选会议上都会出现两种评选人：一种人专门挑拣论文中的不足，像是在伺机捕杀猎物；另一种人则喜欢寻找闪光点，把好的理念发扬光大。“创意守护者”看到不足时，会小心温和地指出来，意在改进论文，而不是把论文批得体无完肤。有趣的是，“论文杀手们”在评选论文时心中虽然另有算盘（依我估计，他们是想让自己的同事们看一看他们的标准有多高），却并不自知。两种人都认为自己是在遵循会议议程，但是只有一种人真正理解，通过挖掘新颖巧妙的闪光点，才能最大限度地将会议向理想的方向推进。给出负面的反馈或许挺过瘾，但是，支持那些尚未得到公认的构思，为新生创意提供成长空间，这样的做法更需要勇气和魄力。

我希望大家能理解，我说的保护新生事物绝不是指让它们处于真空状态。虽然虫茧里毛毛虫的生长速度让我惊叹，但我并不认为创意产品应在真空环境下产生（这可以说是我们在制作那部有关蓝脚蝶螈的电影时犯下的错误）。我认识的一些人习惯把自己隔绝起来，悄悄地为自己的宝石磨光润色，但是这样的做法并不是保护，反而会起到相反的作用，无法让你的员工学会自我保护。如果我们借鉴历史就会发现，一些人勤勤恳恳，但到头来打磨的不过是一块砖头罢了。

在皮克斯，我们的保护措施就是在剧本讨论会上将懂得捍卫创意的人召集在一起。这些人明白，发展新构思的过程是举步维艰且稍纵即逝的。我们的任务就是为我们的人员提供支持，因为我们明白，只有让我们的员工平安挺过难关，最棒的构思才能应运而生（切记：人员要比构思重要）。最后要提一点，我们的保护措施并不意味着永远都要为新生事物遮风挡雨。事情进展到一定程度时，新生构思便需要与企业的需求及各团队的利益联系起来，婴儿总有见野兽的那一天。只要控制住野兽,不让它凌驾于所有人之上，保持我们的价值观不被扭曲，那么，野兽的存在便会成为企业发展的助推器。

到了某一个时刻，我们必须将新生构思从保护套中取出来，交到其他人手中。通常来说，想要挨过这个过渡期是非常困难和痛苦的。我们的一位特效软件开发人员辞职后，给我写了一封电子邮件，里面提出了两点不满。第一，新开发的软件存在许多小漏洞，他不得不跟着做善后处理，这让他很头疼；第二，他觉得我们在制作电影时不愿意承担更多风险，以实现更大的科技上的突破，这让他颇感失望。讽刺的是，这些漏洞之所以出现，正是因为我们运用了新软件以求实现技术上的重大突破，而他的工作内容就是去解决这些随之出现的问题。他所面对的烂摊子导致他选择离开，但这烂摊子正是尝试新事物的后果。想要冒险，就必须甘愿面对风险导致的后果，他居然没能理解这一点，真让我感到吃惊。

那么，何时才是我们应该从细心呵护转为让婴儿融入外界的关键时刻呢？这就好像在问鸟妈妈，知不知道何时应该把雏鸟从鸟巢中推出去一样：雏鸟有没有力量独立飞行呢？懂不懂在下落时如何运用自己的翅膀呢？会不会坠地而死呢？

说实话，我们在制作每一部电影时都会遇到这样的问题。很多人都知道，好莱坞喜欢用“开绿灯”一词来指代一个项目正式受到制片厂认可的时刻。在皮克斯的历史上，我们只有过一部中途流产的片子。

若说到我们的项目是如何由“婴儿”长大为“成人”的，我最喜欢举的例子并非皮克斯的影片制作工作，而是我们的实习项目。1998 年，我为公司的利益着想，想要效仿许多创意公司开展一项夏令营课程，把有头脑的年轻人召集到皮克斯，花几个月的时间跟随资深制片人员积攒些经验。但当我把这个构想告诉制片经理们时，他们并不赞同，他们表示对带实习生没什么兴趣。一开始的时候，我还以为这是因为他们太忙，没有时间照顾没经验的大学生，也没时间向他们传授电影行业的知识。经过再三试探我才发现，大家之所以不愿吸纳实习生，问题不是出在时间上，而是费用上。他们不希望为了实习生而增加经费。每部电影的预算都是固定的，因此他们只想把这笔钱花在资深员工身上。大家的时间和资源都是有限的，而野兽早就开始虎视眈眈了。我觉得，制片经理们的反应可以视为保护的一种形式，他们希望保护影片，想把每一分钱都花在刀刃上，以求电影的成功。但是，这样的立场对公司整体而言是不利的。实习生培训是一条发掘新人的途径，也是寻找合适人选的机会。不仅如此，新人还能为企业注入活力与生机。在我看来，这是能双赢的好事。

我想，我本可以把招募实习生的费用算作制片团队的制作成本。但如果这样做，我的这个新构想就成了大家一致的敌人。因此，我决定把实习生项目的经费算作公司的开支，也就是说，感兴趣的部门不出一分钱就可以开展这个项目。项目启动的第一年，皮克斯招募了 8 名实习生，分别安排在动画和技术部门。他们个个干劲十足、任劳任怨，吸收知识的速度也让人赞叹，培训临近结束时，每个人都已经在真正的影片制作工作中大展身手了。其中 7 个人在毕业后选择加入皮克斯，担任起全职工作。从那以后，这个培训课程每年都有进步，每一年都有越来越多的管理者为手下的年轻俊才折服。这些实习生的到来不仅减轻了我们的工作量，在培训他们的同时，也让我们的员工得以检验自己的做事方法，从而让每个人都从中获得提升。几年之后，这个培训项目不再需要公司拿钱资助了。因为这个项目已向大家证明了自己的价值，也引得众人自愿将实习生项目经费归入自己的制作经费中。换句话说，我们的实习生项目在起步阶段需要他人搭一把手，但此后便可以独立发展了。去年，多达一万名申请者踊跃报名，争抢我们的一百名实习生席位。

无论是电影创意的花苞，还是实习生项目的雏形，新生事物总是需要他人的呵护。但日常工作就不需要这样的保护了，管理者们无须全力去保护那些得到批准的构思或公认的工作方式。企业制度偏向于在职者的利益，想要跻身入行的挑战者需要有人协助才能站稳脚跟。因此，我们必须有意识地做出努力，保护新生事物，着眼未来，而非留恋过去。

我总会情不自禁地回想起皮克斯的电影中对我触动最大的一幕戏。《美食总动员》中不苟言笑、令人畏惧的美食评论家柯博先生，对由我们的主人公老鼠雷米经营的古士图餐厅做出了评价。由伟大的演员彼得·奥图尔配音的柯博先生评价说，雷米“冲击了我对美食烹饪的偏见……也着实震撼了我的内心”。这些由布拉德·伯德创作的台词，让我深感震撼。从那天起，只要想到我的工作，这些话语便会浮现在我的脑海中。

柯博先生说：“从很多方面来说，评论家的工作都是毫不费力的。我们只需冒很小的风险，凭借着高高在上的优越感，就可以对他人的厨艺和风格评头论足。我们总是从我们所写的负面评论文章中赢得荣誉，因为这种东西写起来容易，读起来有趣。然而，有一个我们不得不承认的残酷现实：从大局来看，就连一道最普通的菜肴恐怕都比我们的一纸空谈要有意义得多。可是，当一个评论家发现新生事物并决心美言几句的时候，却着实需要一番勇气。这世界对年轻的天才和新颖的创举往往充满了敌意，他们需要伯乐。”

第 8 章　变化是必然，也是机会

变化和不确定因素皆是人生的组成部分。我们对此不应抗拒，而应该磨炼在意外发生时迅速恢复的能力。如果你不能时刻准备着揭露和探索那些不可见的因素，那么你就不配当一名合格的领导者。

当站在公司全体员工面前，准备告诉大家一些你明知会让他们泄气的消息时，你心中的感受真是五味陈杂、难以言喻。当我、乔布斯和约翰准备向大家宣布将于2006年把皮克斯出售给迪士尼的消息时，心中正是这种感受。我们明白，一家像我们这么小规模的工作室被一家如此大规模的企业并购，必定会令许多员工惶恐不安。虽然我们已经尽力为保持皮克斯的独立性做了防备措施，但员工们对合并会给企业文化带来负面影响的担忧也是无可厚非的。我会在后面一章里具体谈到我们对皮克斯采取的防护措施，在这里，我想先和大家分享一个插曲：当时，我满心急切，想要安抚大家心中的忐忑，于是便向大家保证皮克斯是不会因此而改变的。

可谁知这却成了我说过的最愚蠢的话。

在接下来的大约一年时间里，每当我们想要做些新的尝试，或是想采取一种新的工作方式时，都会有人忧心忡忡、心烦意乱地来到我的办公室，对我说：“你承诺过的，合并是不会影响到我们的工作方式的。你说过皮克斯是绝不会改变的。”

这种事经常出现，我只得又召集公司上下，在会上向大家解释：“我当时的意思是说，被大公司并购不会成为我们改变的原因，但这不代表我们连必要的改变也不需要了。我们公司变革的脚步从未停止，因为改变是件好事。”

做出了澄清，我觉得很欣慰。但我的这次澄清并没有得到预期的效果，到最后，我一共做了三次“皮克斯会一直改变下去”的演讲，才得到了大家的理解。

然而，令大家芒刺在背的公司变革实际上与并购一事毫无关系，这一点让我觉得很有趣。这些改变全都是企业扩张和成长过程中必须做出的正常调整，无论你对改变有多么抵制，想要规避改变都无异于痴心妄想。在我看来，这样的想法是不应该出现的。没有了改变，成长或成功又从何谈起呢？

举例来说，在并购期间，我们大家一起商榷该如何在原创影片和续集影片之间找到平衡点。我们知道，热爱皮克斯影片的观众们都很渴望看到这些影片衍生出更多的故事（当然，负责市场营销和周边产品销售的人员也希望影片能够轻松赚钱，续集电影都很有卖点）。但是，如果我们一心想着制作续集，那么皮克斯便会渐渐消亡没落。我觉得，续集影片相当于创意上的破产。虽然原创影片要承担更大的风险，但我们仍需要跟上不断奔腾的创意大潮。我们也发现，制作续集影片的确比较容易赚取利润，让我们有财力承担新片的风险。因此我们商定，每年推出一部原创影片，隔年推出一部续集影片，也就是每两年出三部影片，这种混合招式是比较合理的，既能保证公司的利润，又有助于创意的可持续发展。

当时，皮克斯只制作过《玩具总动员 2》这一部续集影片，而我们制定这个决策的时机又与并购一事相隔不久，因此，不少人都认为是迪士尼在背后逼迫皮克斯制作更多的续集。事实并非如此，迪士尼给我们留出了很大的空间。虽然我们试图把实情传递给员工，但仍招致大家的质疑。

类似的质疑，我们在处理办公场所问题时也遇见过。随着皮克斯制作任务的加重，我们对员工数量进行了扩充，很快，原来的主办公楼便显得空间不够了。为了扩大办公空间，我们在离主楼几条街远的地方租了一座副楼，不仅为正在制作下一部作品《勇敢传说》的工作人员提供了办公场所，也安置了正在研发新一代动画软件的软件工程师。谁知随即就有人来到我的办公室控诉了。他们想知道为什么我们把软件工程师及《勇敢传说》制作团队和所有其他制作人员分隔开来，为什么要让早已习惯于打成一片的故事团队和艺术团队分隔两地。

总而言之，在那个阶段，皮克斯大大小小的问题都被归咎于两家公司的合并。我必须说明，在合并之后，我们所采取的保护措施不仅维护了皮克斯的文化，还为被并购企业提供了一个保护企业文化独立健全的范例。即便如此，抗议声仍此起彼伏："你说过的，皮克斯是不会改变的！你这是在出尔反尔！我们不想让以前的皮克斯就这么消失啊！"在这种情势下，大家缺乏安全感，质疑便是由此产生的。我渐渐发觉，在不少员工的眼中，任何形式的改变都是对皮克斯企业根基的摧毁。

人们习惯抓住行之有效的事物不放：引人共鸣的故事，约定俗成的方法，成效显著的策略，都是如此。你的构思有了实效，你便一直沿袭这种想法，任何懂得借鉴经验的企业都会这样做。随着企业发展壮大，这些方法不断得到巩固，我们对改变就会更加抵触。

而改变毕竟是不可避免的，正是因为如此，人们才会更加死守着自己的经验不放。在区分什么东西是卓有成效的，什么东西是值得坚守的，什么东西是应当摒弃的诸如此类的事情上，我们的洞察力往往还存在着很大的欠缺。如果你选择任何一家创意公司的员工做一次调查，那么我猜测绝大多数的人都会表示他们支持改变。然而，合并之后的经验却让我看到了事情的另一面：对改变的恐惧——根深蒂固、冥顽不化、不容置辩的恐惧，其力量真是不容小觑。从许多方面来讲，这与"抢座位游戏"有着共通之处：我们尽可能长时间地霸占着那些自认为"安全"的位置，只有看到其他"安全"的位置被腾出来时，才肯离开之前的座位。

在一家像皮克斯这样的企业中，每位成员的工作都与其他人紧密地联系在一起，想要让每个人以同样的方式和步调同时做出改变，几乎是不可能的。而且，强迫大家同步做出改变的效果往往并不理想。那么，身为管理者的我们怎样才能判断何时应该沿用那些屡试不爽的方法，何时又该尝试那些效果未知的新方法呢？

虽然大家可能不大愿意承认，但每个人心中都知道，无论我们愿不愿意，改变必定会发生。一些人为突如其来且摸不着规律的事情而惶恐不安，我却不会如此。在我看来，无常不仅是不可避免的，更是生命的神奇之处。承认无常、拥抱无常，能让我们在面对突发事件时积极应对。恐惧感促使人寻求确定与安稳，而实际上，后两者都不能像其字面意义那样给我们带来真正的安全感。对此，我自有一套方法。我不会因无常而心生恐惧，因为我相信我们可以主动出击，洞悉无常的真面目，让无常为我们所用。无常的不可预测，正是创意诞生的土壤。

《飞屋环游记》是皮克斯的第10部力作，堪称我们公司情感最丰富、创意最奇特的一部电影，除此之外，我们亦可以拿这部片子来研究无常与随机的意义。这部片子的构思和导演工作都由彼特·道格特一肩承担，在影评人看来，这部有关冒险的影片不仅机智风趣、意义深刻，且制作精良、感人肺腑。可是，你们知道这部片子在创意和制作过程中是怎样一步步取得成功的吗？

在影片的初版小样中出现的是一座悬浮在空中的城堡。城堡里住着一位国王和他的两个儿子，兄弟俩为了王位的继承权你争我夺，水火不容，视对方为眼中钉。一天，两位王子跌落到了地面上，两人都试图寻找回去的道路，历经险阻之后，在一只大鸟的帮助下，两人冰释前嫌。

这个版本的故事构思的确有趣，但最终却未被采用。因为，这两个被宠坏的王子无法引起观众的共鸣，这座奇幻的天空之城所遵循的法则也令人困惑。彼特回忆说，当时他为了把想表达的东西呈现出来，可谓煞费苦心："我想表达的感觉是一种对人生的体验。对我而言，这世界有时会让我不知所措，在我指导一个三百人的团队时尤其如此。因而，我常常想要逃避，或身在一座热带孤岛上，或独自一人徒步横跨美国。我觉得，大家都能对这个遁世的梦想产生共鸣。明了我想表达的意思后，我们重新修改了剧情，以求更好地彰显电影的中心思想。”

从影片第一版中幸免下来的东西只有两样：一是那只大鸟，二是影片的名称——《飞屋环游记》。

在新的一版中，彼特和他的团队将主人公设定为一位名叫卡尔·弗德里克森的老人。影片用精彩的序幕向大家呈现了老人与青梅竹马的老伴艾丽相知相伴一生的缩影，也为这部感人肺腑的影片设下了情感基调。艾丽过世之后，悲痛欲绝的卡尔把他的房子绑在一大堆气球上，让房子徐徐升上了天。他很快发现，自己还带上了一位名叫罗素的8岁“偷渡者”（一名热心肠的童子军）。最后，房子降落在一艘苏联的间谍飞船上，这艘已经废弃的飞船被人伪装成一大片云彩的模样。在这个版本的影片中，大部分剧情都是在飞船上展开的。虽然这一版的剧本没有什么问题，但有人指出，这个构思与皮克斯选定的另一个有关云彩的影片故事构思有重复。虽然彼特的创意完全没有参照后者，但二者的确太过相似。因此，大家只得从头再来。

在第三个版本里，彼特和团队放弃了云彩的构思，但78岁的卡尔、他的小帮手罗素、那只大鸟以及用气球带着房屋升空的构思都保留了下来。卡尔和罗素一起飞到了委内瑞拉一座名叫特普伊的平顶山上，在那里遇到了一位名叫查尔斯·穆兹的著名探险家。在弗德里克森还是个孩子的时候，就读过查尔斯的事迹，且深受鼓舞。查尔斯·穆兹之所以还没有终老，是因为上文中介绍的大鸟产下的蛋有一种长生不老的奇效。然而，这个有关鸟蛋的传奇既太过复杂又有些离题，干扰了核心剧情的发展，于是，彼特又一次进行了修改。

在第四版中，彼特把永葆青春的鸟蛋从剧情中剔除，但这却给我们造成了一个时间上的问题：虽然整部影片的剧情发展流畅，但按照穆兹与卡尔之间的年龄差异（卡尔打小就仰慕穆兹）估算，穆兹应该快满百岁了。我们最后决定，不提年龄。多年的经验告诉我们，如果观众能在你创造的世界里开怀徜徉，那么即便是有一些小的纰漏，他们也不会太在意的。在这部影片中，这个瑕疵并没有引起观众的注意，就算观众注意到了，他们也不会放在心上。

这些改变对于《飞屋环游记》而言是必要的，这些长达数年而非数月的修改赋予了这部影片灵魂。也就是说，《飞屋环游记》的制作人员必须一面适应影片的变化，一面做到不恐慌、不泄气、不掉链子。彼特对员工心情的理解，也起到了很大作用。

彼特告诉我："直到做完《怪兽电力公司》之后我才意识到，失败是制作过程中有益的一环。在制作这部电影的时候，我一直把电影的失败归咎于自己。我觉得这些漏洞都出在我身上，如果我能够变成一名更称职的导演，这些失误就可以避免了。"直到今天，彼特仍然说："如果压力过大，我要么会变得不能控制自己的情绪，要么整个人僵在那儿。我学到的一个应对技巧，就是把真正出了问题的地方一一记下来。一般来说，只要把事项列出来，我就会发现这些问题大部分都可以归结为两到三类比较概括的问题。这么一来，问题就显得不那么可怕了。列一张问题清单，要比毫无逻辑地瞎想"什么都不对"好得多。

彼特想要通过《飞屋环游记》来挖掘出自己内心深处的情感，并围绕这一情感来展开故事，这是彼特制作这部影片的目的，他从未在这一点上有过动摇，这对影片的制作起到了很大作用。彼特团队的成员们告诉我，只要能和彼特一起工作，他们对倒垃圾这样的差事也会甘之如饴。彼特是大家敬重的对象，但他在《飞屋环游记》中所选择的道路却是艰险而难以预测的，没有人能在影片制作之初推测出它的成败。制作这部电影并不是在一点点地揭开一则隐藏的故事，故事在一开始根本就不存在。

彼特说过这样的话："如果我一开始制作一部片子就能猜出大概的框架，比如影片的脉络和剧情，那么我是不会对这样的片子产生信心的。我觉得，这些巧妙的构思、独特的角色以及跌宕的剧情，正是通过我们的探索得来的。'探索'一词意在指出，我们一开始并不能看出最终的答案。之所以有这样的理念，可能是因为我是在斯堪的纳维亚半岛的路德教派家庭长大的，我认为，生活不该是顺风顺水的。我们应该相互鼓舞，尝试新的东西，诚然，这样的做法必定会为我们带来不适感，但经历过几次大风大浪之后我们就会习惯了。在我们的团队完成了《虫虫危机》和《玩具总动员 2》的制作工作后，大家发现这些压力竟成为不少奇思妙想的源泉。"

彼特有几个妙招，可以克服混乱的前期制作工作给人们带来的恐惧感。他表示：“有时候在开会时，我能感觉到与会人员之中萌生出一股紧张的气氛，大家甚至连有关改变的话题都不愿提起。这时候，我会试着引导大家：‘如果真要把改变付诸实践，工程的确很大。但是，我们可以先在大脑里预想一下效果如何，权当练习……’或者说：‘我并不是在建议大家这样做，但麻烦大家先跟着我的思路走一趟……’”如果大家预感到制作工作将会带来重压，他们就不会敞开心胸接纳新的想法了。因此，你必须装作一切只是演练的样子，我们只是聊聊天，只是在做尝试。在此过程中，如果恰巧有了看上去有可能立竿见影的新点子，那么大家都会干劲十足、心甘情愿地为它出力。”

还有一个诀窍，就是鼓励大家去嬉戏玩乐。彼特是这么说的：“一些最绝妙的构思就是在玩乐的过程中诞生的，只有你（或企业的老板）给予大家玩乐的自由，才能达到这种效果。上网看视频或是闲聊上周末的经历，这些活动看似是在浪费时间，但从长远来看却收效很好。我曾听有人把创意形容为‘看似毫无干系的概念和构思之间产生的出人意料的联系’。如果这种说法有道理的话，那么我们必须调整思考模式，才能捕捉到这些联系。因此，只要我觉得自己钻进了死胡同，我就会停下手中的工作，让大家去做些别的事情。等大家调整好思路后，我才会再次尝试解决问题。”

只有经历挣扎，方能辨清方向，因此，我们应该将变化视为自己的朋友。这样的理念会让很多人感到难以接受，其中的原因我可以理解。无论你构思的是时装、广告还是汽车设计，创意的过程都需要大量的金钱投入，而不可避免又无法预知的弯路和陷阱则会进一步增加你的经济负担。风险如此之高，突如其来的危机也令人措手不及，这些都会让我们想要把局势紧紧控制在手中。许多人觉得，束手束脚的管理方式远没有失败造成的潜在损失可怕。如果我们因为害怕失败而管控过度，就会连必要的投资也想要规避，成为阻碍创意的死脑筋和冥顽不化的管理者。

当人们声称不喜欢改变时，他们真正惧怕的是什么呢？改变会给人造成困惑，也会增加工作量和压力，这些都会让人们产生不适感。对于不少人而言，改变是软弱的一个象征，就相当于承认你不知道自己在做什么。这个想法在我看来很难理解，思想不知变通的人是很危险的。众所周知，史蒂夫·乔布斯的想法总是随着新信息的出现不断改变，但是，我不认为有人会觉得他是个软弱的人。

管理者们多把改变视为对既有商业模式的威胁和冲击，事实的确如此。在我的人生道路上，计算机行业的产品从大型机、小型机、工作站、台式机，一直发展到今天的平板电脑。每种机型都有围绕其建立的一套零售、营销以及工程体系，因此，每一代机型的转变都意味着这些体系要经受脱胎换骨的剧变。在硅谷，我目睹了许多计算机生产商的销售部门拼尽全力想要维持原来的经营模式，即使他们对改变的抗拒使得自家产品的市场份额被竞争企业瓜分蚕食也在所不惜。这种因目光短浅而造成企业倒闭的案例不胜枚举，硅谷图形公司算一个很好的例子，这家公司的销售团队习惯于销售昂贵的大型机器，因此他们宁愿拼死挣扎，也不愿向经济机型转变。硅谷图形公司至今虽然还存在，但在我看来它已经销声匿迹了。

“宁愿与熟悉的魔鬼打交道，也不愿和未知的魔鬼一起冒险”，这句话反映了许多人对生活的态度。为了当选，政客们会全力以赴地为体制改革出力，而当选后却没有什么动力去改善既有体系了。各行各业的企业都会雇用说客，游说政府不要做出任何会对商业模式造成冲击的改变。好莱坞大批的经纪公司、律师以及自诩的天才（演员和其他表演者）都明白，他们身处的体系存在着不容忽视的漏洞，但即便如此，他们也不愿意做出改变，因为打破常规可能会对他们的收入造成负面影响，至少从短期来看会让他们吃亏。改变体制甚至可能会威胁体制中人的饭碗，这样的差事有谁愿意去做呢？

个人利益会让人对改变产生抵触心态，而如果对自己认识不清，这种抵触情绪会更强烈。一旦掌控了某个体系，人们往往会对体系中的漏洞视而不见。即便我们明察秋毫，也会因为这些瑕疵太过复杂、牵扯太多而睁一眼闭一眼。但是，如果我们拒绝改变，就会重蹈唱片业的覆辙。唱片业是一个个人利益（比如全力保护短期利润）凌驾于个人意识（很少有人能意识到老旧体制应该被推翻）之上的行业，业界高层紧攥住早已过时的经营模式不肯放手，一门心思地售卖专辑，直到文件下载和苹果 iTunes[①]的风靡将整个唱片行业颠覆得底朝天，他们才后知后觉。

我并不是要求大家为了改变而改变。保留原有的精髓确实有很多好处，如果改变的方法不当，我们的项目的确会蒙受损失。反对变化的人说他们只是想保护自己效力的公司，这很可能是肺腑之言。当权者在改变面前畏首畏尾，这往往是由于他们在坚守自己的理念。人们眼中烦琐冗杂、官僚气严重的许多条条框框之所以存在，是因为它们有防止滥用权力，解决实际出现的难题，保持工作前后连贯、或应对复杂环境的作用。然而，虽然每条规则都有其存在的正当理由，但随着时间的推移而逐渐堆叠起来的规章制度，从整体来看却并不一定合理。你的企业有可能会被这些本应起到积极作用的规矩羁绊得难以动弹，到头来落得个创意之泉枯竭的下场。

我们已经讨论了有关“世事无常”的话题，那么，“抓住机遇”这个主题该如何切入呢？一次在马林休假时，我听到了一个有趣的——有可能是杜撰出来的——故事。故事讲述的是 19 世纪 20 年代英国人将高尔夫运动介绍到印度的逸事。在修建印度的第一座高尔夫球场“皇家加尔各答”时，英国人遇到了一个难题：他们发现，这小小的白球勾起了当地猴子们的兴趣，这些猴子会从树上跳下来，蹿到球道上，把高尔夫球捡走。这造成了不小的困扰。为了解决这个问题，官员们尝试架起藩篱，把猴子阻隔在外，却徒劳无功。官员们又试着把猴子抓起来安置到其他地方，但猴子们仍能逃回来。他们还尝试用噪声恐吓猴子，但都无济于事。最后，大家商定了一个办法，为高尔夫游戏立下了一个新规矩：猴子把球扔在哪儿，就从哪儿开始打。

在历史典故和民间传说中，随机事件随处可见。数学家、科学家以及统计学家都对随机事件做出了广泛的研究，我们的生活中也随处可见随机事件的身影。

① iTunes，苹果公司推出的在线音乐商店。——编者注

我们都对随机事件有抽象的认识，我们使用“天赐良机”“走运或倒霉的一天”“不可思议的巧合”“命运之神的微笑”“天时地利”等表达方式指代随机事件，也都熟悉“天有不测风云”这句话。即便如此，随机事件仍然让许多人深感难以捉摸。

我们大脑的回路天生就不适合捕捉随机事件，而习惯于从视觉、听觉、互动交流以及周围发生的事件中寻找规律。这种机制根深蒂固，甚至能让我们从毫无规律可循的地方硬是挖掘出规律来。这背后的原因有些微妙：我们虽然能在大脑中储存规律和定论，却无法把随机偶然的东西装进去。随机事件是一个不能分门别类的概念，从定义上看，这是一种来去无踪且不可预知的东西。虽然我们能从理性上承认随机事件的存在，但我们的大脑却并不能够将其剖析透彻。因此，随机事件对我们的意识的影响并没有那些可见、可量、可归类的事物的影响大。

我可以给大家举个简单的例子：虽然你出家门的时间有些晚，但还是准时赶上了早晨9点的会议。你暗自庆幸，却丝毫没有察觉到，在高速公路上你身后两分钟车程的地方，有人因汽车爆胎而造成了半个小时的交通堵塞。或许你会认定，第二天再起晚点也无妨。但是，如果你不幸赶上了这次交通堵塞，你的结论可能会全然相反。你会告诉自己，绝对不能再犯晚起的错误。我们天性偏向自己总结出的规律，对看不见的事情置之不顾， 在做推断和预测时也只会依据我们所知的事物。

这就是我们在试图理解随机事件时所产生的迷思：实际存在的规律往往会与偶发事件糅合在一起，因此，想要区分机遇运气和真实本领，可谓困难重重。你之所以能够准时上班，是因为你准时离家、提前计划、专心驾驶吗？或者，你只是占了天时地利之机呢？绝大多数人会毫不犹豫地把原因归为前者，第二个选项他们甚至完全没有考虑过。前事不忘，后事之师，我们的思考模式也是从以前的经验中总结形成的。但我们并没有意识到，业已发生的事情在我们心中所占的比重要远远大于那些没有发生的事。换言之，如果不是某些机遇使然，我们可能早就走上了人生的另一条岔路，但我们对这些未踏上的岔路却一无所知。在遭遇厄运时，人们会推断自己要么是被别人暗算，要么是遇到了阻力。相反，在好事来临的时候，人们又会沾沾自喜，觉得这是自己应得的。然而，这样的错误理解最终会遮住我们的双眼，对我们的企业和管理方式产生负面影响。

当企业蒸蒸日上时，人们会自然而然地认为这是领导者管理有方的结果，领导者也自认为找到了将企业带向康庄大道的诀窍。但实际上，机遇和运气在成功中扮演的角色是不容小觑的。

如果你的企业要面对任何形式的媒体曝光，那么你恐怕还要应对另一个挑战。媒体记者喜欢挖掘那些可以用寥寥数语归纳总结的规律，如果你没有下功夫把随机事件与你计划要做的事情区分开，那么，你或许会被外界那些往往过于简单的分析牵着走。通常，在管理像皮克斯这样经常要在各大媒体上抛头露面的企业时，我们必须谨防被溢美之词冲昏头脑。话虽如此，我也深知想要抵制诱惑谈何容易，特别是在我们全情振奋、以为工作已经做得尽善尽美的时候。实际上，我无法将所有有助于成功的因素一一细数出来，随着经验的积累，我之前既得的观点也在一次次被改写。这并非软弱，亦非缺陷，而是现实。

物理学家们致力于寻找这个世界背后的运行原理。物理学中有一个影响深远的原理，名叫“奥卡姆剃刀定律”，提出者是14世纪的英国逻辑学家奥卡姆的威廉。这条定律指出，如果同一现象有几种不同的解释，我们应选择其中假设条件最少，也就是最为简单的一条。比如说，文艺复兴时期的天文学家在试图寻找行星运动的规律时，总结出了许多复杂的理论。当时盛行的假说是，行星都是沿着完美的圆形轨道——又叫作本轮——运行的。而随着观星技术的进步，这种以本轮为基础的假说不得不堆叠上极其复杂的信息，才得以自圆其说。后来，约翰尼斯·开普勒提出了一条较为简单的原理，指出所有行星的都是沿椭圆形轨道运行的，太阳处于椭圆形的一个焦点上。这一原理的简单性似乎已经是其正确性的明证，而且简单的背后温藏着强大的力量。

与其他理论不同，奥卡姆剃刀理论很符合人的天性。一般人都会认为，越简单的事物越真实。因此，在人生的旅途中，我们大多会去寻找那些看似简单的解释。然而在面对随机事件时，我们对简单的渴望却会对我们造成误导。并非事事都能让人一目了然，一味强求简单就是在扭曲现实。

我认为，将简单的规律和模式强加于复杂的机制上，对于项目本身甚至企业整体都无异于削足适履。简单的理论对人的诱惑力很大，因此，有些人宁愿生搬硬套也要强求简单。

那么，如果我们非要通过过分简化来让日子好过些，会发生什么呢？如果偏要抓住那些曾经为我们解决了问题的老方法不放，又会造成什么后果呢？在我看来，后果很严重。在创意行业，我们必须学会面对未知事物。如果我们为了追求简单而对现实充耳不闻、视而不见，无异于蒙上了自己的双眼，那么成功又从何谈起呢？早在我们的祖先执棍打跑剑齿虎之前，我们的大脑就已经懂得让我们远离未知的威胁自保了。然而在创意领域，未知的事物并不是我们的敌人。如果我们能够对未知抱持接纳而非排斥的态度，未知就会为我们带来灵感和创意。然而，我们又该如何与随机和未知的事物共处呢？如何才能在无法控制的环境中表现得更加从容呢？如果我们能认识到随机事件无处不在，就更能泰然处之。

数学中的线性，是个人人都理解（但有的人可能不知道名称）的概念。这个概念是指，事物沿着同一轨道向前发展，或是按照某一规律不断重复。日期和月份的节奏是稳定不变的，因此二者是按一定周期循环往复的。日出日落，周一之后是周二，二月寒冷，八月炎热。所有这一切在我们看来都算不上变化，或者至少有规律可循。线性给人们带来安全感。

钟形曲线的概念虽然不像线性概念这么令人一目了然，但绝大多数人凭借直觉也能捕捉其背后的意义。学校有时会用钟形曲线表示成绩情况：成绩很差和优异的人各占一小部分，大部分人都落在中间地带。如果把考试成绩制成图表，用横轴表示考试分数，用纵轴表示每个分数所对应的人数，你就会得出一个近似钟状的图形。人类的身高亦是如此，绝大部分成年人的身高都在 1.5~1.8 米，过高或过矮的人都占少数。医生或水管工等职业的能力分布也呈现钟形，少数人能力过人，有些人则连最简单的任务也完不成，而绝大多数人都处于中间地带。

我们善于处理重复性事件，也很容易理解钟形曲线的概念。然而，我们并不擅长为随机事件建模，因此便选择用我们熟悉的思考方式理解世界，而有时，这样的做法非常不可取，比如在涉及不依照线性发展的随机事件时。首先，随机事件并不仅仅沿着一条轨道演进；其次，从定义上来看，随机事件是不确定的。那么，我们该用什么样的方式去理解随机事件呢？或者，当我们遇到潜伏着的，超出我们思考模式之外的不可预测的事件时，我们该如何保持头脑清醒呢？

还有另一个数学概念或许可以帮到大家，即“随机自相似性”。随机一词，意指偶然或机遇；自相似性则描述了一种从股市震荡到地震下雨等各种活动中无所不在的现象，即某种模式从不同的空间尺度来看都是相似的。[①]如果你折断一根树枝，竖直握在手中，那么这根树枝看上去就像一棵小树。无论是从滑翔机还是外太空俯瞰一段海岸线，你都会看到同样蜿蜒曲折的形状。在显微镜下看一片雪花的一小部分，这一部分就像是整片雪花的缩小版。这种现象在大自然中比比皆是，云彩的形状、人体循环系统、山脊的排列，以及蕨类植物的形状，都具有自相似性。

然而，这种随机自相似性与我们的实际生活又有什么关系呢？

我们生命中的每一天都要面对挑战。其中绝大多数小得连挑战都算不上，比如我们的一只鞋找不到了，牙膏没了，或是冰箱里的灯不亮了。有一小部分问题虽然要严重很多，但仍不算是大灾难，比如你在跑步时扭伤了脚踝，或是闹钟没有响导致你上班迟到了。而一些发生机率很小的问题，却能引起更大的波澜，比如你与本以为十拿九稳的升职机会失之交臂，或是与爱人大吵了一架。还有比这些更少见的问题，比如你遭遇了一场交通事故，水管爆裂，或是你的孩子胳膊骨折了。最后，还有像战争、疾病、恐怖袭击等更为罕见的重大灾难。值得我们注意的是，事情到底能发展得多严重是不可预测的。从总体来说，事情的冲击力越大，发生的概率也就越小，这不得不说是万幸。但是，就像树枝看上去好像一棵缩小的树一样，这些挑战虽然难易程度各不相同，但共通点却比我们想象的多。

虽然我们在事后很容易归纳出事情的规律和原因，但在事情发生之前，我们都是一无所知的。换句话说，我们虽然可以在事情发生后归纳出规律，但随机事

① 简单来说，一个物体具有自相似性，就是说这个物体与它本身的一部分相同或相似。——译者注

件并非按时或按计划发生的。不同的人也各自面对着不同性质和数量的问题，我的问题看似和你的问题相同，实则不同。另外，随机事件并非凭空发生，而是由我们循环往复的日常生活叠加而成，并且通常都是深藏不露的。

有的时候，石破天惊的大事会为我们带来天翻地覆的剧变。在这种情况下，人们就更容易将大事件与小事情完全区别对待。在企业中，这样的理念会引发一些问题。如果我们把挫折分装在两种桶里，一种是装“经营中的平常事”的桶，一种是装“弥天大祸”的桶，并采取不同的处理方式，这样是会埋下祸根的。我们一门心思地解决大问题，却忽视了小漏洞。我们没有意识到，这些小漏洞也会遗留下影响长远的后果，因此，也可以说小漏洞是大问题的雏形。在我看来，我们应该对大小问题“一视同仁”，因为二者其实是具有自相似性的。也就是说，即便在“大难当头”时——也就是我前面所指的“弥天大祸”发生时，我们也不要惊慌失措或者埋怨别人。我们需要放平心态，因为无法预料的事情突如其来，并不是任何人的错。

在制作《玩具总动员2》的时候发生了一件事，用来举例正合适。在前文中描述这部片子的演变过程时，我曾告诉大家，将影片推翻重来的决定下得太晚，把我们的工作人员搞得精疲力竭。这是一件我们意料之外的大事，我们对此事的解决方法也成了皮克斯“传奇”的一部分。1998年冬季，也就是制作工作重新启动前大约10个月，公司经历了3件较小的突发事件的一连串袭击，其中的第一件事甚至威胁到皮克斯的未来发展。

想要理解第一件突发事件，大家需要明白，皮克斯使用Unix和Linux系统机来储存包含每部电影中所有镜头的成千上万的电脑文件。在使用这些机器时，我们可以用“/bin/rm-r-f”这道指令以最快速度清除档案系统中的所有文件。这么一说，大家估计就能猜到接下来会发生什么了：有人不小心对存有《玩具总动员2》文件的驱动器使用了这一指令。此人删除的并不是一部分文件，而是影片的所有数据，从人物到背景，从照明到阴影。最先消失的是胡迪的帽子，紧接着是他的靴子，很快，他从头到脚都消失得无影无踪。其他的角色也一个接一个地消失：巴斯光年、薯头先生、小猪存钱罐、抱抱龙……嗖的一声，所有的镜头都荡然无存。

此片的技术总指导奥伦 · 雅各布斯犹记得他亲眼所见的情景。刚开始的时候，他完全不能相信自己的双眼，不一会儿，他便开始发了疯似的拨电话通知系统部人员，大喊："把《玩具总动员2》主机的电源拔掉，"接电话的人自然要询问原因，奥伦叫嚷的声音又提升了一档："天哪，求求你赶快把电源拔掉！"虽然系统维护人员行动火速，但整整两年的汗水，也就是整部片子90%的内容在几秒钟内被抹得干干净净。

一小时之后，奥伦和他的上司加林 · 萨斯曼来到我的办公室，跟我一起商讨接下来该采取的行动。"别担心，"我们互相安慰，"我们今晚可以从备份系统里恢复文件，这样，我们只用损失半天的工作时间就行了。"谁知，我们又遭遇了第二件突发事件：我们发现，皮克斯的备份系统出了问题。为了应对数据故障，我们专门设置了一套解决机制，但眼下这套机制自己却出了问题。《玩具总动员2》没有了，事情发展至此，我们真的被逼到了崩溃边缘，想要把电影重新拼凑起来，我们需要30名员工投入整整一年的精力。

记得，当大家得知这个残酷的事实后，皮克斯的高层聚集在会议室里共同商榷解决方案——实际上，看起来根本就没有任何方案！商谈进行了大约一个小时，此片的技术总监加林 · 萨斯曼忽然记起了些什么："等等，我家的电脑里好像有备份。"大约6个月前，加林生下了她的第二个孩子，因此她必须延长在家工作的时间。为了方便起见，她设立了一个程序，每周定期把整部片子的数据拷贝到家中的电脑里。这就是我们遇到的第三个随机事件，它成了我们的救命稻草。

说完，加林就带着奥伦坐上了她的沃尔沃汽车，朝着她位于圣安塞尔莫的家飞驰而去。两人把电脑用毯子包起来，小心地放在车子的后座上，然后一路顺着慢车道开了回来。借用奥伦的话说，两人就像"抬着木乃伊似的把电脑'请'进了皮克斯"，放到了公司储存数据的机器所在的办公室里。多亏了加林保存的文件，胡迪和影片中的其他角色终于起死回生。

两次打击和一次幸运以电光火石之速连续降临在我们身上，每一次都是事发突然，每一次都毫无预兆。这次经历让我们最受益匪浅的，就是教会了我们如何处理灾难过后的余波。简言之，我们并没有在推诿责任和相互指摘上浪费时间。在文件丢失之后，我们的优先事项清单依次为：第一，恢复电影文件；第二，修理备份系统；第三，设置预防措施，增加直接施行删除指令的难度。

需要指出的是，我们的清单上并没有“找出那个发出错误指令的人并予以惩戒”这一项。

有的人或许会对这样的决定有所质疑，因为虽然建立相互信任的企业环境不容忽视，但是不谈“承担”而只谈“责任”有可能会阻碍我们对卓越的追求。我对合理追究责任完全赞同，但在这件事上，我坚信：我们的员工都没抱坏心。想想看，你怎么能拿一个缺乏经验、一时失手的人开刀，以求控制和防范毫无征兆的偶然呢？另外，如果你希望与你共事的人能在遇到问题时自行处理，那么你就要用行动来贯彻这一理念。诚然，你需要就此事进行探讨，让大家切实认识到，今后一定要尽力杜绝此类过失。但同时也别忘了，你一定要言行一致。

那么，上述内容和随机自相似性有什么关联呢？简单来说，我们一旦理解了大小问题具有相似结构的道理，就更能保持处变不惊的心态。另外，这样的理念也能帮你以开放的心态接纳一个不容忽视的现实：如果无论多么周密的计划都无法避免问题的出现，那么我们最好的解决方法，就是让企业各级人员都对问题承担起责任，同时具备解决问题的自信。我们希望让员工们感觉，他们不必得到别人的批准，就可以主动采取行动去解决问题。在上述事例中，加林因为需要照顾新生儿而在家办公，所以临时采取了每周更新一次影片文件的方法。要不是她，皮克斯就赶不上《玩具总动员 2》的进度，这对于一家小规模的上市企业而言无异于灭顶之灾。我们不应为没有事先得到批准就采取行动的人扣上“胡闹”的罪名。如果你的企业文化赋予所有成员暂停流水线的权力，那么无论从字面意义上还是实际意义上，所有愿意为企业做出贡献的人，其创意积极性都将被最大限度地激发出来。换句话说，面对突如其来的挑战，我们得出奇制胜才行。

我们从中汲取的第二条经验，涉及我们对大与小、好与坏、重与轻的理解。很多人认为，意料之中的小漏洞与不可预测的大灾难之间有一条清晰的界线。这样的理念导致我们错误地认为，我们应该采取不同的方式——也就是我在前文中所说的两只桶的概念——去分别对待这两种问题。但是，这所谓的界线是子虚乌有的。在本质上，大小问题是没有区别的。

这是一个至关重要却难以消化的概念。绝大多数人喜欢给事情排序，把大的问题排在前面，把较小的漏洞放在后面。然而，小的问题太多，无法一一考虑，因此，人们会在大小问题之间划出一条分明的“三八线”，把全部精力放在大的问题上。但我认为，这并不是唯一的做法：如果我们给更多人自行解决问题的自由，如果我们能容忍他人的错误（而非拿这贬低别人），我们就能把精力用来解决更大的问题。在这种情况下，即便遭到突发事件的袭击，我们也不会惊慌失措，因为我们已经摆脱了恐惧失败的阴影。这样一来，企业和个人都能用最清醒的头脑去应对问题。这样的方法虽然不能彻底根除错误，但凭我的经验，会让错误的数量越来越少，出现的时间间隔越来越长，且能让我们及早地发现问题和处理问题。

在刚遇到问题时，我们往往并不知道问题的严重性。有的问题看似不起眼，实则是企业成败之间的那道界线。你可能习惯对问题进行分类，但对于如何分类的判断或许是错误的。难点在于，我们总喜欢给各种问题分出孰大孰小、孰轻孰重，并且因为小问题的数量太多而懒得理睬。但是，如果你能将处理问题的权力下放到企业各个层级，那么无论眼前的问题是大是小，人人都会敢于（且乐意）尝试着自己动手解决。我无法预测员工的一举一动，也不知道他们将采取怎样的解决方式，但这未尝不是好事。设立与问题性质相匹配的解决机制，这才是关键。

重大挫折背后隐藏着一线光明，能给管理者们提供一次向企业成员明确传达企业价值观的机会，让员工们明白自己应当扮演的角色。面对影片开发过程中的缺憾，皮克斯选择从头再来，这让员工们看到，影片的质量是我们企业的珍宝。

除此之外，人类的潜能也有其随机性。我认识几位极具天赋的人才，却因实在无法与人共处而不得不让其离开皮克斯另谋高就。但是，另一些人在之前的雇主那里只是一般员工，被解雇后来到皮克斯却成为人缘最好、效率最高的人才。如果真有什么妙招能把性格乖张之人变得人见人爱该有多好，但现实并不遂人愿。人的身上有太多不可预知也难以衡量的特质，我们无法自欺欺人地装作可以随心所欲地改变他人。人人都说想要雇用卓越之才，但实际上，我们无法从一开始就判断出到底谁才会脱颖而出。我们应当设置一套挖掘潜能的机制，培育有天赋与才能的人。虽然并非人人都能展翅高飞，但我们应该抱有美好的期望。

华特·迪士尼在世时，他的旷世奇才让任何人都无法想象迪士尼离了他会变成什么样。果不其然，在他谢世之后，谁也没有能力代替他。多年以来，迪士尼的员工为了让华特的精神长存，经常问自己："华特会怎么做？"也许他们觉得这样的提问能引出新颖的奇思，让他们坚持华特的开拓精神。而实际上，这样的思维方式只会适得其反，因为这是在怂恿大家向后看，而非向前看。这样的方法让整个公司都囿于成见，使得一股恐惧变化的风潮渐渐在公司中生根发芽。史蒂夫·乔布斯对这种作风非常警惕，他几次三番地叮嘱和提醒苹果的员工，他绝不希望大家提出"乔布斯会怎么做"的问题。华特和乔布斯也好，皮克斯也罢，没有谁能单凭沿袭过去的老套路而获得创意上的突破。

回望皮克斯的历史，我不得不承认，我们辉煌历史的许多篇章都可以被轻易地改写。乔布斯或许会把皮克斯卖掉，因为他毕竟做过多次尝试；《玩具总动员2》说不定就那样被永久删除了，皮克斯也随之倒闭；多年以来，迪士尼一直在争取把约翰挖角回去，他们说不定真能达成所愿呢。我非常清楚地认识到，多亏了迪士尼动画在20世纪90年代的成功，皮克斯才有制作《玩具总动员》这个良机，也正是因为之后迪士尼遭遇的困境，才让两家公司得以合作，并最终合并。

我明白，皮克斯的成功，很大程度上要归功于我们的才能和用心，以及我们做出的许多正确选择。但我同时也认为，如果我们把皮克斯的成功完全归因于自己的才思，而不去正确认识随机事件在其中扮演的角色，那么我们就是在拆自己的台。我们必须要对那些曾助过我们一臂之力的随机事件有所觉察，不要妄自认为所有的成功都是靠自己的聪明才智取得的，只有承认幸运之神的眷顾，才能让我们做出更加符合实际的评估和决策。随机事件的存在同时也提醒我们，老方法并不是屡试不爽的。既然改变不可避免，那么我们应该试图回避改变，还是接受和拥抱改变，让改变为我们所用呢？在我看来，与改变和谐共存才是打开创意之门的金钥匙。

第 9 章　认清“暗藏势力”

惊喜有时会从天而降，但在这些惊喜之中也潜伏着暗藏势力，任何重大事件的发生，都离不开这些暗藏势力的推动。并非所有的重大事件都能被我们捕捉到，因此我们不能意识到这些事件所起到的作用是多么至关重要。

希腊神话中，诗歌与预言之神阿波罗爱上了特洛伊国王和王后的美貌女儿卡珊德拉。卡珊德拉以其白玉般的肌肤和如火的红发闻名四方，为博美人芳心，阿波罗将预知未来这种珍贵而独特的天赋赐予了她。作为回报，卡珊德拉允诺嫁给阿波罗。之后，卡珊德拉与阿波罗发生了纠葛，没有兑现诺言，恼羞成怒的阿波罗以吻诅咒卡珊德拉，让她的占卜无法赢得别人的信任。从那天起，卡珊德拉沦为无人相信的预言者，大家都觉得她疯了。卡珊德拉虽然预见到希腊军队会藏在一匹巨型木马中潜入城内并将特洛伊王国毁灭，却无人相信。

在历史上，卡珊德拉的悲剧常被用来指代人们对必要的提醒置若罔闻。但我却对这个悲剧有着不同的见解，我心中纳闷，人们为什么要把卡珊德拉视为阿波罗诅咒的受害者呢？在我看来，所有那些不相信卡珊德拉预言的人，才是诅咒的受害者。

我常常会想到洞察力的局限性问题，尤其在管理方面，我们更应常常自省：我们真正能够洞察到的事情有多少？又有多少东西挡住了我们的双眼？我们的生活中是否也有一个不被人理解的卡珊德拉呢？或者说，尽管我们都希望洞察一切，但是否仍然无法摆脱诅咒呢？

这些问题让我们触及本书的核心，因为这些问题的答案正是创意型企业文化时刻保持活力所不可或缺的东西。在本书的序言部分我写到，我困惑于为何那么多正在发展壮大之中的硅谷企业的领导者会做出如此糟糕的决策，那些决策即便在当时来看也是漏洞百出的。这些领导者具有足够的管理和实际操作能力，也有雄心壮志，但他们并没有意识到自己决策上的失误，对自己目空一切的态度也不自知。受了妄想的蛊惑，这些头脑精明的领导者错失了将成功维持下去必需的利器。我从这件事中得出的经验是，如果我们认识不到自己洞察力方面的缺陷，我们有朝一日也会因同样的错觉而跌倒。这被我称为“暗藏势力”的因素，是我们必须予以重视的。

1995 年，乔布斯想说服我们让公司上市，他提出的一个关键论点就是，我们终究难逃票房失利这一劫，因此应当在资金上未雨绸缪。公司上市会为我们带来独立制作项目所需的资金，让我们对公司拥有更多的主导权，同时也能对企业的损失起到缓冲作用。乔布斯认为，皮克斯的生存与否绝不能只靠每部电影的票房来决定。

乔布斯的理论背后蕴含的逻辑让我深受震动：他认为我们的失利在所难免，但这个灾难何时降临、如何降临，我们却无从知晓。面对不可预知的暗藏势力，我们所能做的只有防范。从那天开始，我决心尽全力将藏在暗处的问题找出来，因此，我必须坚持以异于常人的严谨态度对皮克斯进行评估。乔布斯的看法是正确的，资金方面的保护伞的确能帮我们在遭受损失后恢复元气。但对我而言，比搭建保护伞更为重要的任务是保持警惕，时刻洞见关于漏洞的蛛丝马迹。当然，没有人知道我们何时会跌跟头，也没人知道这些漏洞会以怎样的方式“现形”。

在听我提及硅谷图形公司或丰田等企业的失误案例时，有人会把原因归结为傲慢：“他们觉得自己才是王道，自命不凡让他们失败了。”而有人则认为，这些企业是因为对发展速度和利润有着不切实际的预期，才导致他们在决策过程中变得目光短浅。但我认为，更根本的问题在于，这些企业的领导者并没有意识到他们的洞察力是有限的。由于意识不到自己的盲点，他们便以为问题并不存在。

这引出了我的一条重要的管理理念：如果你不去挖掘那些看不到的问题，不去试图弄懂这些问题，你就没有做好当一位优秀领导者的准备。

对自己缺乏认识的人，大家可能都遇到过。我们之所以这样判定某些人，是因为这些人对自身一些明显的特征视而不见，而且对自己缺乏“自知之明”这一点全然不知。那么，我们是否对自己有清楚的认识呢？如果我们能够承认自己的所见和所知不可避免地存在瑕疵，我们就会努力寻找认清自己的方法，或者说努力“扫除盲点”。我不敢自称“明察秋毫”，但我已在脑中为那些盲点腾出了空间。我相信，未雨绸缪让我成为一名更称职的管理者。

绝大多数人都愿意承认自己对某些专业领域并不精通。比如说，我就不知道该如何安装管道。如果谁让我帮病人做个肾脏移植手术，给汽车换个变速器，或是在最高法院进行辩护，我当然只有拒绝的份了。除非经过专业训练，一般人对物理、数学、医药和法律等许多领域都知之甚少。但是，即便我们学会了所有学科知识，掌握了所有职业技能，盲点仍然会存在。因为人类在交流互动等方面都具有局限性，而这种局限性干扰着我们对周围世界的感知。

请想象一扇门，当你把门打开，会看到未知也无法理解的茫茫宇宙。这片时空的广袤，是我们连想都没想过的。俗话说“无知是福”，其实并不尽然。这个未知的宇宙会对我们的生活造成干扰，因此我们必须予以应对。其中一个应对方法，就是试着去理解造成有些东西难以或无法被我们捕捉到的原因。想要悟出其中真谛，我们需要对这些暗藏势力的各个层面加以认识。

暗藏势力的第一个层面，让我想起刚刚在纽约理工学院担任管理者一职的情形。那是 1974 年，我刚从研究生院毕业几个月，从来没把管理团队视为自己的目标。坦诚来说，当时我一心只想默默做研究。我的团队规模不大，大家精诚团结，都在朝着共同的目标而奋斗。

但随着时间的推移，我先是到了卢卡斯影业，之后又任职于皮克斯，我管理的员工数量也随之增长。我渐渐发现，员工们在我身边时的表现有了异样。这些员工把我视为“牛公司”中的“牛上司”，但在和我一同白手起家的纽约理工学院的同事眼中，我还是从前的那个艾德。随着我的升迁，大家在我面前的谈吐和举动越发变得束手束脚了。我认为，造成大家放不开手脚的原因并不是我的行为，而是我的头衔。这也意味着，那些我一度能够轻松掌握的信息，现在离我越来越远了。渐渐地，唇枪舌剑、牢骚抱怨以及粗俗无礼不见了踪迹，或者说从我的视线里消失了。不良行为很少会在我面前出现，我不再与大家融为一体，而这个现象是我绝对不能忽视的。如果我在保持警惕和自我审视上掉以轻心，就很容易做出错误的判断。

这种现象其实并不罕见，因为这是根植于人类自我保护的本能中的。大家都希望在与上司交流的过程中展示出自己最好的一面，而用比较放松的一面来面对同事、配偶或治疗师等人。但是，许多管理者并没有意识到这一点（或许是因为他们喜欢受人敬重的感觉吧）。他们完全没有想到，在升任管理者时，不会有人专门站出来提醒他们说：“你现在当官了，我也就不能再跟你推心置腹了。”许多新上任的管理者错误地以为，他们获取信息的渠道并没有发生任何变化。其实，提到暗藏势力对管理者领导力的影响，以上的例子只能算冰山一角。

让我们看看暗藏势力的下一个层面吧。

层级划分和组织结构，原本是为了促进团队成员协作共事而设置的。但是，人们对信息的隐瞒又在多大程度上是层级和组织导致的呢？大家对层级常常是谈虎色变，好像层级是什么本质恶劣的东西似的。“层级”被当作一个贬义词，用来指代过于注重级别高低的职场环境。这样的理念未免有些偏激。我本人就曾在一些组织结构分明、层级划分严格的职场中工作，层级不仅催生了出色的绩效，也在同事之间建起了沟通的桥梁。

但同时，也有一些层级划分严格的职场环境，只能用“梦魇”二字来形容。

当太多的员工把自己和他人的价值与所处的级别画上等号却不自知时，原本有助于企业成功的层级制度便成了发展的绊脚石。也就是说，这些人只肯花精力讨上司开心，对层级位于自己之下的人却态度恶劣。我见过的这一类人，都是在按自己的动物本能行事，对自己的行为缺乏认识。这个问题并不是层级制度带来的，而是个人或集体对层级制度的误解，特别是那种按层级判定个人价值的理念造成的。如果不去思考我们为何重视人才，应该如何重视人才，那么我们几乎注定要跌入层级观念的陷阱。

让我们暂且换一种方法，从一位作为讨好对象的管理者的视角来看待这个问题。在受人奉承时，管理者会作何感想呢？他们看到的，是一位既想把工作做好又想讨领导欢心的员工。这是无伤大雅的。那么，面对一位真正具有团队意识的员工和一位只会阿谀逢迎的员工，管理者该如何做呢？这时，管理者可能需要他人的提醒来揭穿某位谄媚的员工，但人们大都不愿在别人背后嚼舌根儿，也不愿让别人误解自己是在妒贤嫉能。因此，管理者就会受到那些专说漂亮话的人的蒙蔽。站在管理者的角度，团队的全貌就好似笼罩在云雾之中。我们对此并不陌生，因为我们都有所目睹。但是，绝大多数人并不知道，正是因为我们高估了自己的洞察力，才导致我们对外界的认识受到了扭曲。

在我们视线之外的东西还不只这些，暗藏势力还有第三个层面。工作在第一线、为电影制作而辛苦付出的员工们需要遵循一套极其复杂的工作流程，每一道工序都有其附带的挑战和特质。除此之外，大家还需要翻越管理的障碍，解决日程安排的难题，消除个人和团队的顾虑。如果有人把这些问题一一报告给我，并为我一一解释，我想我是有能力领会的。但直接的当事人因为置身其中，能掌握到我接触不到的信息，因此对问题本质的把握是最准确的。在危机蠢蠢欲动之时，他们能比我更早察觉，如果一有风吹草动就有员工报告，那么你就不必为潜伏的危机而担心了。然而，这并不现实。即便是那些最忠心耿耿的员工，也有可能在察觉到问题时不敢直言。他们或许觉得还不到高层出面的时机，或许觉得管理者们早已对问题有所察觉。我们从字面定义就能看出，复杂环境本就复杂，任何人都不可能凭一己之力把控大局。但许多管理者想时时表现出掌控大局的一面，因此认定自己应该对事事都了如指掌，或者至少要装出一副对万事知根知底的样子。

所以，对于任何一个部门在任何一个时间点的情况，我的同事们都比我更有发言权。但从另一方面来讲，在日期限制、资源冲突、营销问题，或是那些不方便也不适合公之于众的人事问题等方面，我的了解要比那些负责影片制作的员工更加全面深刻。所以，我们每一个人都是以不完整的信息为依据来做判断的。我们每个人的洞察力都是有局限性的，因此，我们不应觉得自己能比别人看得更清楚。

想对任何一家公司在任何一个时间点的情况有全面的了解都是困难重重，甚至根本不可能。这个事实不容易被接受，尤其对于成功企业来说。因为成功让我们相信自己的做事方式是正确的，而这种自信最容易把人引上固执己见的歧途。

面对纷繁复杂的环境，告诉自己，只要肯下功夫，我们就能揭开并理解每个问题的每一面，这的确能鼓舞自己。但它其实只是谬见。我认为我们应该接受现实，承认自己没有能力把复杂环境的每一面都剖析清楚，然后集中精力去寻找方法，把各方的不同观点统筹在一起。如果我们一开始就将不同观点看作互补而非对立的，那么，我们的构思或决断就会经过这种理念的打磨，我们的工作就会更有效率。在一个充满活力和创意的企业环境中，第一线的工作人员不但可以毫无顾虑地提出自己的观点，而且可以畅所欲言地表达反对意见，让大家从更全面的角度去看问题。

我们可以看看这个例子：在《飞屋环游记》制作期间，为了对预算和截止日期问题进行表决，我们召开了一次“执行官审核会”。会上，有一位名叫丹妮丝 · 里姆的视觉特效制作人，提出了一个较为激进的建议：想要减少制作成本和缩短工期（我们用周工作量来衡量），我们就得采取一项听起来与此目标完全背道而驰的措施，即把动画师开始工作的时间延后。在加入皮克斯之前，丹妮丝曾在工业光魔公司工作过几年，因此看问题也较为深远。为了给别人留下高效的印象，人们往往急于投入工作。然而事与愿违，动画师们虽然心急，但随着改动的出现，他们经常要把之前的工作推翻重来。因此，动画师们往往只能无所事事地干坐着，等待别人把任务布置下来，成本也就随之提高了。丹妮丝对这个现象的认识比我们所有人都要透彻，在她看来，如果我们能在制作过程开始一段时间后，再为动画师们布置更大块、更确定的工作任务，那么工作时间自然就会缩短。

丹妮丝说：“如果动画师们手边的材料从一开始就很充足，那么他们的工作效率应该比我们期望的还要高。”真是一语中的。虽然《飞屋环游记》的制作过程经历了没完没了的剧本修改，也在最后关头为主要角色重新做了骨骼设定，该出现的干扰都出现了，但影片的制作时间仍然比我们预期的要短。

回忆起自己在会议上直抒己见的情景，丹妮丝对我说：“我觉得，他们给我们规定的交片日期简直早得让人抓狂，因此我发言说：‘我真不理解交片的时间为什么规定得这么紧，大家都知道，我们总是要碰上一些死胡同的。还没有谁在规定日期之前完成过制作呢，反正现在离截止日期还有两年时间，趁现在把话说明白。’我明白你希望留出充足的时间来打磨出好的剧本，而我的目标就是尽量把截止日期往后推。事实证明，这种做法的确是行之有效的。”

如果影片的制片人以及皮克斯的管理层不能接受这种有违于老方法的新观点，那么丹妮丝的提议只能化作泡影。只有在一个接受自身盲点的企业文化中，只有在管理者明白别人可能会挖掘到自己没有察觉的问题和处理方式时，员工才能有如此开放的心态。

我们都知道，惊喜有时会从天而降，但在这些惊喜之中也潜伏着暗藏势力，任何重大事件的发生，都离不开这些暗藏势力的推动。并非所有的重大事件都能被我们捕捉到，因此我们不能意识到这些事件的作用有多么至关重要。想想皮克斯日托部里的那些孩子吧，其中许多孩子的父母都是在皮克斯相知相爱的。（约翰和我经常会不无骄傲地点数因皮克斯而结成的婚姻以及这些婚姻的结晶。）如果皮克斯从未出现，这些孩子可能就无缘降生了。

如果约翰当初没有加入《安德烈和威利的冒险》，如果华特·迪士尼这个人不存在，如果我无福在犹他大学跟随伊万·萨瑟兰学习，那么这些夫妻可能就不会相遇。或者，让我们回到我与家人在黄石公园度完假后一起回家的那天。那是 1957 年，我 12 岁，父亲驾驶着我们家的黄色福特 57 年款旅行车，母亲坐在副驾驶位上，我们几个孩子则挤在车后面。我们在一条沿着峡谷的蜿蜒公路上往高处行驶，右边是陡峭的悬崖，并无任何围挡。突然，前方拐弯处出现一辆汽车，驶入了我们所在的车道。我记得当时母亲失声大叫，右边离我们一米的地方就是悬崖，因此父亲不能拐弯，只得狠狠踩下油门。记忆中，时间仿佛慢了下来，一时间四周一片沉寂，只听“砰”的一声，对面的车撞上了我家的车。刹车后，车里的成年人从车上下来，相互对嚷起来。而我只是呆站在那儿，怔怔地盯着我家车子损坏的部位。如果对方的车往我们的车道再多切两英寸，就会碰撞到我家车的保险杠，把我们撞下山崖。这个死里逃生的危难时刻深深地铭刻在了我的记忆中：再多两英寸，皮克斯就不会存在了。

诚然，许多人在漫漫人生中都经历过这样关乎生死存亡的时刻，但我的重点是想要告诉大家：在我写作本书的过程中，所有那些让我引以为傲的皮克斯夫妻们还全然不知，就是那区区两英寸的距离有可能会让他们无缘相见，让他们的孩子无缘降生。

有人说，皮克斯的成功是必然的，这是由皮克斯创立者的特质所决定的。人的特质固然重要，但我同时也很肯定，除了我自己身上发生的事情外，还有不计其数的“两英寸”事件才造就了今天的皮克斯。这些事件发生在其他皮克斯重要人物的生命中，因此我无从知晓。任何时间点、任何事件的所有可能性加在一起，其规模是人类根本想象不出来的。因此，我们的大脑会将事实简化，好让我们能够正常地生活。我并没有特意去想如果约翰没空来参与《安德烈和威利的冒险》的制作，或是乔布斯如愿以偿地把皮克斯卖给了微软，将会是什么样子。但实际上，如果二者之中有一件事成了现实，那么皮克斯的历史将被改写得面目全非。任何组织以及组织中的个人都是相互联系且相互依靠的，我的这个说法听起来像是老生常谈，实际并非如此。另外，无论你多么努力地钻研，无论你投入多少时间，想要把构成我们生活的所有关系尽收眼底，都是痴心妄想。

如果我们不认清暗藏势力的强大，那么从长远来看，吃亏的还是我们。在我们的视线之外，无数“两英寸”事件正在发生，并以不同的方式对我们的生活施加着或好或坏的影响。如果我们能接受这个事实，接受我们洞察力的局限性，我们就会变得更加灵活，更善于变通。大家可能认为我是在提倡管理者拥抱谦逊的美德，但想要真正做到不矜不伐，这些管理者们必须首先认识到，那些为他们构建起人生和事业的诸多因素，有许多是他们一辈子都无法捕捉到的。

在思考本章内容以及洞察力的局限性时，我的头脑中总会浮现一句大家耳熟能详的俗语：“后见之明最通透。”听到这句话，我们大多会点头认同。事后看发生过的事，我们大都能够把事情看得透彻，并从中汲取教训，得出正确的结论。

但问题是，这句话并不正确，事后之明离真知灼见还差得远呢。我们对往事的回顾，并不比我们对未来的预测清晰。虽然我们对往事的了解要多过未来，但我们对往事构成因素的理解却极为有限。除此之外，由于我们自认为对往事洞若观火，因此往往不愿接受别的见解。马克 · 吐温曾经说过：“我们要注意从经验中汲取智慧，但仅此而已。要不我们就会像坐上热炉罩的猫，它以后不仅不会坐在热炉罩上了，连冷炉罩上也绝不会再坐了。”换言之，这只猫的后见之明扭曲了她的观点。往事应成为我们的老师，而不是我们的主宰。

瞻前与顾后其实是对称的，但我们却很少这样看。我们知道，在规划下一步时，我们其实是在选择通往未来的路。我们尽可能全面地搜集信息并加以分析，从而选择正确的路。然而多数人却没有意识到，在回顾过往的同时，我们喜爱寻找规律的倾向会让我们只选择为某些回忆赋予意义，而我们的选择却并非次次正确。我们会极力美化我们过往的经历，或许会从他人的回忆以及自己有限的信息库中寻找资源，来优化我们为往事搭建起来的模型。即便如此，模型也仅仅是模型，与现实是有出入的。

我在第 5 章中带领大家体验了一次智囊团会议，会议上探讨的影片名叫“皮克斯未命名：带你进入大脑内部的电影”。这部影片是彼特 · 道格特的一部富有挑战性的作品，也是《大脑内外》的前身。在为影片收集资料的过程中，彼特从一位神经学家那里听到，我们自认为“看见”的东西只有 40% 左右是真正通过视觉进入大脑的。他不无惊异地告诉我：“其他 60% 都来自回忆或我们从往事中总结出来的规律。”

动画师们需要通过训练来磨炼自己的观察力。他们知道，即便是最微妙的动作，也会给观众的潜意识留下印象，而这印象会进一步触发观众的认知。如果动画师想让角色伸手去够左边的东西，他们会让这个角色在动作发起前的一刹那向右边微微移动。虽然绝大多数人意识不到这一点，但我们的大脑却会预见这样的画面。我们可以说，这个动作是一个信号，预示着接下来要发生的事情。我们可以利用这个信号，把观众的目光引导到任何一个我们希望他们看的东西上。或者我们也可以反其道而行之，在想要给观众制造惊喜的时候，我们可以故意忽略预示信号，让动作更加出其不意。举例来说，在《玩具总动员 2》中，牛仔娃娃翠丝在谈到自己的忧虑时，用一根手指卷弄着自己的一条发辫。看到这个动作，即使不清楚其中的缘由，大家也都能体会到角色当时的心情。这个简单动作背后的意义，由于观众自身的体验和情商而变得丰富了。在绝大多数人的眼中，动画的内容只是动画角色一边以幽默的方式四处活动一边念台词罢了。但是，优秀的动画大师们会对角色的动作进行精心设置，以此引发观众情感上的共鸣，让观众们觉得这些动画角色个个都是有血有肉、有感情的。

动画人物的动作是以人类的动作为原型制作出来的，而我们的实际运动方式与大脑的预测是有出入的。我们的大脑有一项很艰难的任务：我们眼前实际存在的视觉信息是海量的，而我们的双眼只能通过眼球后的一个小孔，即视网膜中央凹，吸收其中很片面的一丁点儿信息。总的来说，我们要么看不到，要么必须放弃绝大多数的周边信息。无论如何，我们需要正常地进行活动，因此，在看到周围环境的同时，我们的大脑会自动填补我们漏掉的信息。我们通过填补或编造而获得的信息要比我们以为的多出许多，这实际上就是我们的思维模式，它对我们感知世界起着至关重要的作用。

我们的思维模式以惊人的速度运转，让我们得以在现实环境中生存。身处任何环境，我们都能区分出对我们有利和造成威胁的因素。这一过程转瞬即逝，并且不受意识的控制，因此我们无法用意识捕捉其存在。一声短促的声响或是匆匆一瞥，都足以激活我们的思维模式。面部的一个表情，就能让我们看到朋友在为什么事情苦恼；光线的微妙变化，就能让我们知道暴风雨将要来临。我们只需要微量的信息，就能借助思维模式做出推断，这就是我在上文中所说的“填补空缺”。我们是一群会为事物附加意义的生物，彼此解读着对方发出的微妙信号。

想要理解我们思维模式的运作方式到底有什么特点，我们可以来看看魔术师的戏法。举例来说，在欣赏魔术师让硬币或卡牌等物件消失的时候，我们虽然知道被骗了，但依然觉得乐趣无穷。我们的双眼四处寻找线索，想要把谜底揭穿。魔术师的双手四处移动，嘴里念念有词， 动作只是“旁敲侧击”，想要以此来转移大家的注意力。魔术想要成功，必须具备两个条件：第一，魔术师必须把观众的视线从暗中变戏法的地方转移开来；第二，我们的大脑必须把空缺的信息填补上，把我们储备的知识与看到的动作结合在一起。这就很好地证实了彼特援引的“40%法则”：我们并不知道，在我们自认为看到的东西中，一大部分都是大脑填补空缺得来的产物。我们误认为自己看到了事物的全貌，且这个错觉极其令人信服。可是，制造出错觉的人并非魔术师，而是我们自己。我们笃信自己透彻地看到了事实，而没有意识到我们所见的只是事实的一小部分罢了。也就是说，我们虽能意识到经大脑处理后得出的结果，却无法意识到大脑的处理过程。

人们一般认为意识是在大脑内部生成的，但加州伯克利大学感知理论专业的阿尔瓦 · 诺埃教授却对意识有着不一样的见解。他认为，意识是我们通过行动或参与与周围环境产生的互动。也就是说，意识是在一定背景下出现的。他这样写道：“我们的一生，都需要通过他人来体现，都离不开环境的映衬。我们不仅会受到外界施加的影响，并且天生就会受到自身发起的影响的左右。我们与世界是一种互动、联结的关系，而非相互分离的。”他用金钱举例，说明金钱只有在处于一个相互联系的庞大体制中时才有价值和意义。在日常生活中接触到金钱时，我们往往只会看到金属片或高韧性的长方形纸张上印着的数字，但实际上，我们对金钱的思考要复杂得多。对金钱的看法塑造了我们对生活方式的解读，对应得利益的思量，对身份地位的解读，以及对自己和他人的评价。

我们对职场关系、朋友关系、家庭关系以及社会关系的思考，要比我们看到的更复杂。这些概念——我们可以称之为自我模式——塑造了我们的感知。然而，这些概念都是我们每个人独有的，没有人对各种关系的看法是与你一模一样的。要是大家都能记住这一点，那该有多好！绝大多数人游走于世间，总认为自己的观点才是绝对真理，其实或许只是因为这是我们唯一了解的观点罢了。我们时不时会对别人产生误解，因为对彼此的话和话中的寓意理解偏差而大动干戈。这么多的经验，应该足以让我们顺藤摸瓜地发现我们对现实的感知有多么片面了吧？但答案并非如此。我们必须要经历一次又一次的历练，才能懂得他人的感知和体验与我们自己的相去甚远。在富有创意的环境中，人与人之间的不同能够成为可利用的资本。但如果我们不能认识和珍惜这些不同，那么这些分歧不但不能丰富我们的创意，反而会侵蚀创意。

尊重他人的观点，这听起来非常简单，但想要在你的企业中普及这个理念，却是异常艰难的。这是因为在我们的思维模式受到挑战时，我们不仅会竖起心理防线，还会选择视而不见。这一点在科学上亦有论证。所谓"确认偏见"，是指人们偏向于接受那些对自己的既成理念有着确定作用的信息，而不看这些信息的真假。这个概念最早是由英国的心理学家彼得·沃森于20世纪60年代提出的，沃森做了一系列实验，证实了人们对与自己所持理念相悖的信息会采取不予重视的态度，并引起了不小的反响。（暗藏势力会导致我们做出错误的判断，这么明显的道理还需要更多的证据来证实吗？）

如果说我们的思维模式只是对现实的粗略模拟，那么我们得出的结论自然也就很容易出现错误。我们会将某个亲近的人所说的寥寥数语放在心头，而从一位陌生人嘴里说出的同样的话却无法引起我们的共鸣。在职场上，如果没有被邀请参加某次会议，我们或许会认为自己的饭碗难保或是所做的项目不受待见，而实际上我们可能只是在杞人忧天。但是，我们往往察觉不到自己推断中存在的漏洞——或者说我们的偏见——所以就很容易产生错觉，认为"举世浑浊我独清"。

我给大家讲一讲皮克斯成立初期所犯的一个错误，说明错觉有多么容易在职场生根发芽。我们曾经从企业外招聘过编剧，协助影片的制作，但效果不尽人意。因此，我们决定启用另一位编剧，并取得了满意的效果。然而，我们却因疏忽把之前几位编剧的名字保留到了下一版的剧本中。如此一来，影片面世后，按照行规，那些之前没能把工作做好的编剧却享受到了赞誉。如此张冠李戴的情况，让皮克斯的许多人心里不是滋味。于是，我们痛下决心要让每一份荣誉都实至名归。

没想到，这段插曲竟让皮克斯的导演们决定，电影剧本初稿应由导演本人来写，作者署名亦为导演本人。这个理念为皮克斯带来了一种新的工作模式，进而影响到一些导演对自身职责的定位。但问题是，这些结论全都是错误的，其架构的基础是一次惨痛的经历，并连带出更多的问题。举例来说，我们突然发现这种近乎消极抵抗的方法，的确可以在制作过程的初期用来抵制外聘编剧，虽然我们曾经宣布，不让从未写过电影剧本的导演来执笔剧本的初稿。这种做法，在一部分片子的制作工作上造成了时间的大量浪费。写剧本是一件非常耗时的工程，编剧可以在电影的开发阶段对影片的架构出谋献策，这正是绝大多数导演所急需的。但是，我们的不少导演因尝试自己写剧本而伏案，没有时间尽导演的职责，造成了影片制作工作的延期。

我们现在已经从这个错误的模式中醒悟了，但着实花了些时间。这一切都源于一个错误的思维模式，是为解决一次偶发的问题而造成的。一旦某种工作模式被固化，再想改变可就难上加难了。

经历了相同事件的人，对事件的回忆却有所不同，这样的经历我们都有过。（我们往往都会认定自己的观点才是正确的。）回忆之所以不同，是因为不同的人思维模式也不尽相同，从而造成了视角上的分歧。我要再次重申：我们的思维模式并不是现实，思维模式只是工具，就像天气预报员用来预测阴晴冷暖的模型一样。但是大家都知道，天气预报有时预报的是雨天，实际却太阳当头照。因此，模式并不等同于现实。

我们开始制作一部电影时，这部电影实际是不存在的。我们并不是在挖掘或发现一部影片，而是通过一个接一个的决定创作出影片。从根本上来说，这部电影是隐藏在暗处的。（我把它称为“未经创造的未来”，我会在接下来用一整章的篇幅阐述其在创造力中起到的关键作用。）我明白，人们通常难以接受这个事实。

难怪作家们会对空稿纸产生恐惧，也难怪画家会对空无一物的画布感到不安。想要凭空创作谈何容易，何况你想要展现的大部分元素在初始阶段甚至之后的阶段都在和你“捉迷藏”。但是，希望并不渺茫。我们可以通过一些方法，帮助自己打开心扉、擦亮双眼。

我在前文中提到，平衡是一个动态的过程，这个状态是没有尽头的。我不会因为天平的某一端让人感觉更加安稳就选择偏向于此，其中的原因我在前文中也说到了。那么，在面对已知和未知世界时，我建议读者们也像我一样找到二者之间的一个平衡点。虽然许多人追求平衡的目的都是为了得到安全感和确定性，但在真正平衡的环境中，我们的付出所能带来的成果和回报可能并不是显而易见的。而最富有创造力的人，是乐于在不确定的环境中展开工作的人。

让我们稍作停顿，回忆一下我在本章开头所提出的有关“门”的比喻。门的一侧是所有我们可见和已知的东西，也就是我们所能理解的世界。而门的另一侧则是一切我们看不到或不知道的东西，包括悬而未决的问题、没有展现出来的情绪以及数量庞大到我们无法想象的未知的可能性。后一种世界并非我们现实的另一个版本，而是一种比现实更加难以捕捉的东西，也就是还未被创造出来的世界。

我们要做的就是一脚放在门内，一脚跨出门外。脚踏实地于我们既有的知识、我们的信念，我们的专业领域以及值得信赖的人员与工作方法；一只脚则要迈入至混沌、隐秘或未经开创的未知世界之中。

许多人都对未知的世界感到心生恐惧。我们渴求安稳和确定，想要双脚稳稳地站在已知世界中。我们认为，只要对自己的经验或已被证实有效的方法加以重复，我们就能够安然无恙。这种观点看起来的确在理。我们都知道法律的管制有助于社会健康高效的发展，也知道熟能生巧和行星围绕恒星运转的定律。每个人都需要找到稳定的依靠，然而，不管我们如何渴求确定性，都要认识到一个问题：无论是由于我们的能力有限，还是由于随机事件的存在，抑或由于未来事件不可预知的因缘际会，一定会有什么东西从门的另一侧不请自来。其中的一些事件会让我们欢呼雀跃，另一些则会让我们黯然神伤。

大家都认识那些积极应对未知的人，他们为那些看似无法驾驭的科学、工程学以及社会难题而倾尽全力，他们张开双手去拥抱视觉或文字表达的错综复杂，他们因为事物的不确定性而神振奋。这是因为，在他们看来，通过不停地提问，他们的所得要比仅仅隔门观望未知世界要丰盛得多。他们敢于踏过门槛，走到未知的世界里去。

另外还有一些人也摸索到了未知世界并且获得了巨大的成功，但这些人对自己的成功却并没有真正的理解。他们深信自己拥有过人的智慧，享受着才华为他们带来的光环，还向他人宣扬冒险的重要性。但是，误打误撞地尝到了成功的甜头后，他们却失去了继续探索未知的动力。这是因为，成功让他们更加害怕失败，因此他们固步自封，满足于重复自己的老路。如此，他们便牢牢守在了已知这一侧。

不知读者们是否注意到，在谈到构成健康的创意环境的因素时，我并没有尝试为“创意”一词下定义，我之所以这样做，是因为下定义并没有什么用处。我们都拥有创造性地解决问题和表达自我的潜力，而妨碍我们支撑这一潜力的是一些隐形的障碍，也就是那些在无意间阻滞我们道路的误解和推断。因此，对于暗藏势力的讨论也就不应仅仅停留在思辨层面，而应该让大家作为一种思维模式来加以尝试。对既存模式紧抓不放，面对改变手足无措，错误估计自己在成功中所扮演的角色……想要剔除这些我们前进路上的障碍物，我们就绝对不能忽视暗藏势力，还应加强对暗藏势力的认识。想要迎战未知事物，想要尽量减少对未知的惶恐不安，我们就应该将坦诚原则、保险措施、科研调查、自我评价以及保护新生创意等方法利用起来。这些理念或许不是万能的解药，却能够帮助我们去探索那些隐藏着的问题，并在我们解决这些问题的过程中助一臂之力。

Creativity, Inc.

第三部分　创新之路永不停止

第 10 章　保持开放的心态

我们都应像孩童一样，敞开心扉去面对未知的事物。同样，人不应被自己所知的东西束缚住，这个理念叫作“初心”。如果你压制了初学者的心态，那就很容易重复自己的老路，而不是去开拓新的疆土。

20世纪70年代末，我和妻子与另外一对夫妇进行了一次自驾游，以纽约市为起点，华盛顿特区为目的地。我们租了一辆巨型房车，车的两侧各配有两个大型后轮，如果其中一只轮胎爆裂，另一只轮胎仍能够承担车身的重量。原本驾驭这样庞然大物也足以算是一个挑战，偏偏和我们同行的另一位男士迪克一点儿驾驶房车的经验也没有。或许新泽西付费高速公路才是比较明智的选择，但我们却为了省钱而选择了另一条没有收费站的公路。而这条路每隔几公里就会出现一个环岛。所谓环岛，就是那种代替交叉路口的环形枢纽，入环岛的车辆需要融汇成一道车流，沿着环形绕圈，然后从所选道路对应的出口开出去。这对于普通汽车而言是小菜一碟，但对于房车来说就完全不同了。

我们正朝着一座环岛开着，迪克一不小心把轮胎擦上了路缘石，随之后胎爆裂了。

“迪克，你把轮胎弄爆了！”迪克的妻子安妮说道。

迪克回应她：“我才没有！”

车子继续顺着公路前行，迪克和安妮却为迪克的驾驶技术和轮胎的情况吵得不可开交。安妮责备道：“你得小心一些！”而迪克也一边不依不饶（“我没把轮胎弄爆！”），一边为自己找借口（“要怪就怪这房车太难开！”）。我和妻子很快看出，两人把之前未化解的怨气也掺杂到了这次争执中。但是无论这些“陈年恩怨”是什么，迪克和安妮都没有意识到，现在最明智且刻不容缓的事情，就是把车停靠在路边，换轮胎。这些经年积累下来的矛盾以及无关紧要的琐事，让两人完全无视摆在面前的现实：我们在高速公路上颠簸而行，支撑车身的轮胎数比房车出厂时少了一个。我们需要赶紧停车，查看损伤情况。

几分钟后，两人还在争吵，我觉得我必须站出来告诉他们，轮胎的确爆了。迪克和安妮都觉得自己的话题没有离开轮胎，实际却早已跑了题，而旁观者一眼就能看出，大家的安全问题并不是两人考虑的重点。他们多年来在彼此影响下形成的思维模式让他们完全没注意到一个显而易见的情况：我们与路缘发生了剐蹭，一只轮胎爆了，如果我们不立马停车处理问题，大家的安全将会受到巨大的威胁。

一辆巨型房车、一对对危险毫无察觉的夫妻、爆裂的轮胎以及随之而来的蜜月夫妇式的唇枪舌剑，这个故事的确有那么一点儿黑色幽默的意味。而我之所以把这个故事放在这里，是因为这个故事代表了贯穿我的管理理念的四个想法。第一个想法我在第 9 章中提到过：我们的思维模式严重地扭曲了我们看社会的视角，有时让我们看不到摆在面前的现实。（“思维模式”一词在这里的词义比较宽泛，是指历经时光沉淀而成的，被我们用来思考问题、预测未来以及评价各种观点的思考方式。）第二，我们往往无法区分由外界而来的新信息以及我们老旧的既成观念，而是把二者结合在一起。第三，如果我们在无意之间沉溺于自己对事物的解读，就很容易钻进固执己见的死胡同，对摆在面前的问题的处理能力也会随之降低。第四，由于距离的拉近以及共同经历的增加，像迪克和安妮这样在一起工作或生活的人，他们的思维模式也会彼此紧密（或无可救药地）交织在一起。如果与我和妻子二人共同出游的只是迪克和安妮之间的一方，那么他或她一定会采取恰当的方式来处理眼前的问题。但由于两人在一起，他们“合体”的思维模式便要比其中一人的思维模式更加复杂，也更有局限性。

让我们来考虑这样一个问题：这次的爆胎事件仅仅牵扯了两个人彼此融合的思维模式，而在职场中，往往会有几十甚至几百个人聚集在一起并肩工作，彼此之间的影响是以指数级增长的。转瞬之间，这些相互冲突甚至彼此对抗的思维模式会形成一股惯性，让企业变得难以变通，削弱企业应对挑战的能力。在任何一个集体中，思维模式的碰撞都是无可避免的。如果不加注意，这些矛盾会让各个团队甘愿禁锢于自己狭隘的框框之中，而实际上，组成团队的个人往往是愿意接纳更好的想法的。

随着团队成员的增加，团队也不可避免地变得越来越难变通。从原则上来说，一个集体的确需要具备灵活应对问题的能力，然而，将这条原则付诸实践却并不容易。有些“固执己见”的人——我指的是一意认定只有自己的观点才正确的人——并不是一眼就能辨识的。人们看世界的方式具有扭曲作用，因此每个人都有自己的偏见，也会出现盲目做判断的情况。同理，一个组织或集体也会透过既有的成见，来对这个世界做出评判。

在皮克斯，为了避免不同观点的摩擦阻碍合作，我们特地采取了相应的预防措施。在本书的第三部分，我会为大家展开论述。每一个事例，都是我们为打破个人和集体的既有成见所做的努力。在本章内容中，我会为大家介绍皮克斯的一些方法，告诉大家我们是如何做到求同存异的。

1. 利用审片会共同解决问题

2. 考察旅行

3. 设限的力量

4. 科技与艺术的融合

5. 短期实验
6. 学会观察
7. 事后检讨会
8. 学无止境

1. 利用审片会共同解决问题

2011 年秋天，《勇敢传说》公映 8 个月前的一天，十几名动画师缓步进入位于皮克斯大楼中庭尽头的放映室，重重地瘫在超大号的沙发上，参加我们的审片会。此时正是上午 9 点出头，只见不少与会人员都在大口喝着咖啡，让自己不至于昏昏欲睡。但是，这部影片的导演马克 · 安德鲁斯可不一点儿也不睡眼惺忪。马克是一位狂热的击剑爱好者，一个小时之前，他已经精神焕发地步入放映室，然后便在屋外的草坪上手握一米长的长剑练习起来。

《勇敢传说》的制作工作进行到一半的时候，马克应我和约翰的要求接手了导演任务，他是公认的最会鼓舞人心的领导者。马克是苏格兰人，而《勇敢传说》一片的剧情也正是以苏格兰为背景设定的，马克便建议他的团队和他一样，每个星期五都穿着苏格兰短裙来上班（用他的话来说，穿着裙子的男人才是真汉子）。在大家的眼中，他有种不可抗拒的魅力。一位动画师这样形容马克："马克说话的时候，就好像要盖过身后的F5 级龙卷风一样，而且他的气势还真能占上风。我真怀疑他是不是嗑了什么放射性元素做成的药了。"马克在这次审片会上的表现，简直是在证实这位动画师的想法。

"各位早上好！精神点儿！"马克一声大喊，为长达一个小时的会议拉开了序幕。会上，动画师们一起观看了大家携手创作出的影片片段。马克看得非常仔细，他就如何为每一个场景锦上添花给出了详细的建议，并鼓励在座的动画角色骨骼设定负责人、电影制片人、剧本负责人以及其他几位动画师同心协力提高电影的质量。和所有的审片会一样，此次审片会的目的是让大家一起对影片镜头做出客观的评价。

审片会是皮克斯企业文化的一个重要组成部分，这不仅仅是由于审片会能让大家在制作过程中给予反馈评价，更主要的是因为审片会上收集大家反馈评价的方式。与会者要将自己尚未完成的作品在导演和同事面前展示，因此他们需要在入场之前把自负之心收起来。各级人员都要以谦虚的一面示人，因此，我们的导演需要营造出一个让大家能安心卸下“自我”的环境。在《勇敢传说》例会上，马克·安德鲁斯用旺盛的精力成功做到了这一点：他唱着20世纪80年代的老歌，用绰号活跃气氛（比如吴老兄、K博士），还一边把大家提议改动的地方用简笔画画出来，一边嘲笑自己的绘画能力。他逗一位昏昏欲睡的同事说：“你今天能不能再给我拿出点儿精神头？”对另一位把工作完成得无懈可击的同事，他喊出了每位动画师梦寐以求的几个字：“嘿！就这么定了！”虽然可能并非每位动画师都能得到这样的认可，但有一点是肯定的：只要完成自己的演示和发言，就一定能博得全屋人如雷的掌声。

然而，这并不是什么动员大会。会议上，大家所提出的批评意见一针见血，一点儿也不糊弄。每个场景都会引来激烈的讨论，每位动画师看上去也都能欣然接受这些建议。电影的一个镜头中，出现了一根看上去很不结实的树枝，马克指着这根本应把一扇厚重的大门撑开的树枝问：“大家觉得这根树枝够粗吗？”一些人表示树枝看起来不够粗，于是，马克用一支手写笔在面前的平板电脑上匆匆画了几笔，放映室前方的大屏幕上随即出现了一根比较粗壮的木头。画完后，马克再一次征求大家的意见：“好点儿了吗？”随着放映的一幕幕推进，影片的问题也一个个凸显出来。那个刚刚奔上楼梯台阶的老人家，不应该气喘吁吁才对吗？那个年轻间谍脸上的表情不是应该更加阴险才真实吗？“把电影声音关掉！”马克催促道，“大家积极发言啊！”

虽然大家时而大吵大嚷，时而插科打诨，却始终都保持着一种专注。所有与会者抱着对有效的意见虚心接受的态度，一丝不苟地审视着影片的细节，而这正是让一部动画片“从优秀到卓越”的关键。马克选出了10帧画面，镜头中，变成了熊的王后埃莉诺脚踏在石头上，正在穿过一条小溪。马克说：“看上去她走起来不像一头笨重的大熊，倒是像在走猫步呢。我对她的整体速度没什么可挑剔的，但是我感受不到她的重量。她的步子简直就像忍者。”大家纷纷点头表示赞同，并把这一问题记录下来，然后会议继续进行。

审片会就像是大师班，教大家学会如何用更宽广的视野去观察和思考。这些审片会带来的影响，皮克斯总部人人都有体会。马克告诉我说：“一些人是来展示自己的影片，收集各方意见的；一些人想要看看大家会给出怎样的意见，他们想从同事和我这里学到些经验，看看我的风格是什么样的，顺便摸清我的好恶。这些审片会让大家保持最佳状态。这样的会议会对与会者造成压力，因为大家是以创造出最棒的影片为目标而开会的。我们手拿一把细齿梳，不厌其烦地反复梳理每一帧画面。大家有时甚至会争得不可开交，因为并不是事事都有答案的，大家得齐心协力，一起寻找答案。”

审片会把团队尚未制作完成的作品拿出来与大家分享、供大家分析，这个我们每天早上例行的“功课”自然要算一项团队活动。其实，这个活动的形成并不简单。加入皮克斯的各位，每人都有一套自己的价值观。大家都想要大展身手，彰显自己的价值，而不愿意厚着脸皮把未完成的作品或拙劣的构思暴露在大家面前，也不愿在导演面前冒傻话。我们所要做的第一步，就是让这些人明白，在皮克斯，人人都要把未完成的作品公之于众，并且人人都有自由评论的权利。意识到这一点，大家的尴尬就消除了，也更勇于发挥创造性思维了。一旦我们把解决问题时遇到的挣扎搬到台面上，听大家畅所欲言，互相学习、互相激励的大门就打开了。为了让每天早上的审片会达到最佳效果，与会者要做到善解人意、表述清晰、胸襟大度，还要学会聆听。开审片会的目的，就是培养大家对彼此敞开心扉的能力，让大家认识到个人的创造力可以通过周围的人得到升华。

2. 考察旅行

一次，我在迪士尼的会议室听取两位导演关于他们正在制作的电影的最新构思。会议室的墙上挂满了大软木板，板子上画满了每一幕戏中的场景以及角色的素描，还贴上了作为灵感素材的拼贴图。两位导演为了把电影的整体感觉传达给大家，从几部著名电影中选出了几十幅视觉效果和情节脉络与自己的作品相似的图像，其中有两人想要模仿的全景镜头，有让两人为之惊叹的风景，还附有他们想要在片中使用的服装的研究报告。这两位导演本来希望通过从其他影片上搜集例子来传达自己的构思，但每一张展示板上的内容都是在引用标志性的图像，因此弄巧成拙，让人感觉每幅图像都是抄袭。从一定意义上来说，这的确无可厚非，因为每位导演都是因为对电影情有独钟才会入行的，因此在电影的制作过程中，大家免不了经常引用其他的影片作为参考。（在皮克斯，我们喜欢开玩笑说，每次开会只限提《星球大战》一次。）无论是对优秀作品还是烂片的引用，都是谈论电影时必然用到的。但是，如果你太过注重旁征博引而忽视了你的电影作品本身，那么你的作品就会变成缺乏创意的“仿作”。

在加州艺术学院就读时，布拉德 · 伯德也目睹过类似的现象。他记得当时有那么一群学生，一味拼命地模仿动画大师们的作品，他把这些人的行为戏称为“制造弗兰肯斯坦”①。他告诉我：“这些人会专门设计出一个动画角色，一味模仿米尔特 · 卡尔在《救难小英雄》里为美杜莎夫人设计的走路姿势，还让角色像弗兰克 · 托马斯在《睡美人》中设计的翡翠仙子那样挥手。这种例子还真不少……”

如果电影制作人员、产品设计师、软件编程员等创意行业的从业人员仅仅把既有的东西拼凑重组，这虽然能造成原创的假象，但其实只是毫无艺术造诣可言的仿制品，只是常规制造的工艺品。

单纯地模仿前人必定会让作品流于俗套，但从表面看，模仿的确是一张安全的牌。人人都渴望安全，都希望冒最小的风险就能获得成功，而这种渴望，不仅会让个人误入歧途，还会搞垮整个企业。如果意识到组织的结构刻板僵化或是官僚气严重，我们就必须一边保护自己一边打破结构的条条框框。客观条件与人员本身都在不断的变化之中，打破桎梏的方式没有固定的答案，所以我们应该时常对这个问题进行讨论。

---

① 弗兰肯斯坦，小说中的角色，由碎尸块拼接而成的怪物。——编者注

如果电影制作人员向约翰展示的东西带有严重的模仿痕迹，约翰就会让发言者暂停，告诉他们不要急着完成工作，抛弃自己熟知的东西，去探索未知的领域。他会告诉发言者："请你务必走出去，多做一些调查。"

约翰对研究调查极为重视。在策划那部讲述一只怀揣主厨之梦的巴黎老鼠的影片时，正是在他的鼓励下，制作团队的几位工作人员特地奔赴法国，花了两周时间在各家超一流的米其林星级餐厅里就餐，参观后厨，与主厨们攀谈（他们还去过巴黎的下水管道，切身体验了许多老鼠的栖身之处）。当我们确定在《飞屋环游记》中让卡尔绑着气球的屋子飞到南美时，约翰派了一组制作人员到委内瑞拉的平顶山区进行实地考察。不仅如此，他们竟然还把一只鸵鸟运到了皮克斯的总部，作为动画师们设计大鸟的参考素材。在《海底总动员》中，认为所有下水道都通往大海的尼莫，为了逃出牙医的办公室而跳进了水槽中。敲定了这段剧情之后，我们专门安排制作人员到旧金山的污水处理厂进行了一次参观（制作人员发现，鱼儿是可以活着从下水道游到大海中的）。另外，《海底总动员》的不少制作人员都考取了水肺潜水证书。

这可不仅仅是单纯的实地考察或娱乐消遣。这些研究活动通常安排在电影制作的初期开展，可以为影片的发展补充灵感素材。拿《怪兽大学》这部片子来说，2009 年 12 月，也就是影片公映的三年前，导演、制片人、编剧以及艺术与故事部门的几位工作人员飞赴美国东部的麻省理工、哈佛以及普林斯顿大学。影片艺术部负责人尼克 · 贝里说："怪兽大学是吓人行业最有威望的学校，因此，我们应该参观一下那些赫赫有名、历史悠久的名牌大学。"这次考察旅行，还有赴加州大学伯克利分校和斯坦福大学的一日游，都是尼克帮忙安排的。大家参观了学校的宿舍、教室、实验室及兄弟会会所，他们在校园的草坪上徜徉，在学生们频繁出入的廉价酒吧里吃比萨，还拍了许多照片，记了不少笔记。尼克说："我们把所见所闻全都记录下来，连校园里的各条小道和木桌上的信手涂鸦这样的细节也不错过。这些细节在完成的影片中随处可见：印有学校名称的大学生夹克、学生们在学校公告板上张贴的印有"求室友"字样的海报（上边还带有可以撕下来的信息标签），都给予观众身临其境的真实感。

被约翰指派去进行研究考察时，电影制作人员觉得心里没底，因为他们并不知道自己要寻找的是什么，因此也就不确定会有怎样的收获。但是，请大家想一想：如果你只走老路，就永远不会有意想不到的惊喜。以我的经验来看，参加考察旅行的人总是会有收获的。

任何一个行业的工作人员都应该把准备工作做好，而我在这里所说的准备工作，不仅指要把事实弄清楚。考察旅行会撼动我们既有的观念，消除陈腐之见，为我们输送灵感，让我们不致落入模仿的俗套之中。

考察旅行有一个有趣的特点：即便观众对影片所营造的现实一无所知，但考察研究赋予电影的真实感却总能让人感同身受。比如说，在观看《美食总动员》的观众里，很少有人去过法国高档餐厅的后厨，因此你可能会觉得，黑白瓷砖地板上主厨的木底皮鞋走路的噼啪声，大厨们切菜时抬举胳膊的姿势以及他们摆放厨具的方式，这些细节考究的后厨场景或许不会引起观众太大的反应。但是我们却发现，如果我们制作的影片场景能够精确地还原现实，观众便会产生一种“就是这样”的感觉。

这些细枝末节真的重要吗？答案是肯定的。如果你对电影主题有所了解，对作品的背景设置有全面的把握，这种自信便会渗透到影片的每一帧画面中。它就像一台隐形的发动机，又像你与观众立下的无言契约：我们会做到极致，为你讲述一个震撼而真实的故事。如果你想要兑现这个承诺，那么，再怎么精细都不为过。

3. 设限的力量

皮克斯有一个现象，被我们的制片人叫作“看不见的完美硬币”，这个词指代的是皮克斯制作人员对细节的精益求精。有时候，被我们的制片人凯瑟琳·萨拉菲安称为“床头柜上一枚没人会注意到的硬币”这样的细节，也会引得我们的工作人员花上几天甚至数周的时间悉心打磨。凯瑟琳是《怪兽电力公司》一片的制作人员，影片中有一幕戏可以形象地向我们阐释到底什么是“看不见的完美硬币”。在这幕戏中，好奇的小布第一次来到麦克和萨里的公寓，还在蹒跚学步的小婴儿四处探索起来。两个怪物想要制止她，而她还是一步步走到了两摞高高堆起的CD旁，“别乱动！”麦克大喊起来，可是小女孩还是从90多张CD盒摞成的“高塔”底部抽出一张，CD全部倒塌散落在了地板上。麦克抱怨道：“哎，那些CD都是按字母顺序排列好的！”小女孩摇摇摆摆地走开了。这幕场景前后不到3秒钟，观众们只能够看到几个CD盒而已，但皮克斯的制作人员不仅为每一个CD盒制作了封面，还使用了可计算物体在运动时渲染效果变化的着色器。

“你能看到所有CD盒吗？看不到。”萨拉菲安接着说，“把所有CD盒全部设计一遍，这工作有意思吗？其实挺有意思的。我们还真有几位工作人员觉得观众能在近镜头里把每张CD都看得一清二楚，所以就任劳任怨地把每张CD都雕琢了一番。也许，这其中的乐趣只有当事人才能体会吧。”

对细节的执着给我们增加了多少工作量，真是无法想象。

很明显，我们的制作方式出了问题，我们对高质量的渴求已经冲昏了我们的头脑。由于制作工作是一层层展开的，我们的工作人员需要在没有充分掌握背景信息的情况下着手制作场景。因此，为了保险起见，他们只好“过度建设”。而更麻烦的是，皮克斯设定的优秀标准非常高，这就让工作人员产生了越多就一定意味着越好的理念。那么，我们如何能够解决“看不见的完美硬币”的问题，同时又不降低大家对质量的要求、不打击大家的热情呢？我知道，没有一位《怪兽电力公司》的制作人员会认为细枝末节重要到值得他们为之浪费时间的程度。当然，人人都知道需要有一个限度，却往往不知道具体该在何处设限。这个问题的出现是管理层的失败，实际上，我们也常常为如何设立合理的界限，以及如何为大家明确划出这个“度”而苦恼。

许多界限的存在并不是我们内部的工作方式导致的，而是因为受制于有限的资源、截止日期以及经济或商业格局的变动等外部现实因素，这些因素都在我们的掌握之外。但是，如果我们能从内部正确地部署，就可以通过在公司内部设定的界限来推动人们改进自己的工作方式，以及设计出新的工作方式。界限理念告诉大家，你不可能将你想做的所有事都完成，因此，我们必须设计出更巧妙的工作方式。我们不得不承认，许多人非要等到迫不得已的时候才会意识到调整的必要性。设定界限会迫使我们重新考虑我们的工作方式，推动我们在创意方面更上一层楼。

除此之外，设限还可以有效帮助我们“控制胃口”。以皮克斯为例，有时，我们制作的电影对投入的要求就像个无底洞，这时如果你不设定界限，工作人员便会抱着“我们只是在努力做出一部更好的电影”这样的心态，无止境地投入时间和经费。出现这样的情况，是因为他们对影片的某个细节非常在意，又无法在影片的整体背景之下对这个细节进行客观定位。在他们看来，想要成功，只能投入更多资源。

在完成任何一项与创意有关的任务时，要想让作品更加接近完美，你就会有一个长长的清单写满你想要加入影片中的特效和元素。你终究会发现，想要把清单上的东西都添加进去是不可能的。因此，你会定下一个截止日期，然后不得不把清单上的事项依重要性重新排序。你要经过艰难的取舍来决定清单上的哪些事项才是真正必要的，或许还要通过集体讨论来判定你的制作计划到底有没有可行性。这些取舍工作最好不要做得太早，因为制作工作刚开始的时候，大家都还没有摸清自己究竟该干些什么。但是，如果你做出取舍的时机太晚，你的时间和资源就可能被耗尽。

更让人头疼的是，电影制作团队的管理者和成员往往都不知道这张清单上的事项到底要花费多少资金。对于修改某一处剧情需要额外产生多少工作量这类问题，导演也只有模糊的估算。同样，美工师或技术指导或许认为自己正在做的工作是作品必不可少的一部分，便把全部精力都投入进去，可是，这些工作最终会有多少实际价值，这一点他们并不知道。在上文中那个房车爆胎的故事里，迪克没能把实实在在发生的现实与自己心里的愿望区分开。而对于电影制作这种复杂的工程，更是很难把自己的实际能力所及与心中的愿景区分开来。因此，找到让我们看问题更为透彻的方法，也就显得越发重要了。

有关这个难题，布拉德 · 伯德常爱讲一个故事。在《超人总动员》的制作过程中，他曾经因为所谓的“海市蜃楼”而浪费了不少精力。布拉德口中的“海市蜃楼”，指的是那些让他情有独钟,却对影片没什么意义的场景或想法。比如说，很长一段时间里，布拉德都一直很想制作一幕由一座装有鱼儿的玻璃鱼池当背景的戏。他想要这些鱼儿自由徜徉，壁炉里的火焰也随之摇曳。为了把脑中的这一画面搬上银幕，他简直到了痴迷的状态。但是，想要以满意的效果把这画面呈现出来，可真是难倒了诸位动画师。5 个月过去了，在投入了数千个小时的工作后，布拉德才豁然意识到，这个场景并不能给影片质量带来什么实质性的飞跃。

幸运的是，布拉德的团队里有一位名叫约翰 · 沃克的制片人（与部门经理劳拉 · 雷诺兹一起）设计了一套体系，帮助制作团队利用有限的资源设立下可行的目标。约翰用魔术贴将冰糕棍粘在墙壁上，每根冰糕棍代表一周的工作量，就像我在上文中说过的，一个周工作量代表一位动画师在一周中能够完成的工作量。为了方便查询，我们以动画角色为单位，在下方粘贴数量不等的冰糕棍。只需往墙上扫一眼，你就能看出：如果你为弹力女超人分配了比较多的冰糕棍，你能分配给小杰克的冰糕棍就要有所减少，依此类推。约翰回忆道：“布拉德会来找我，告诉我说：‘我们今天必须把这项任务完成。’听后，我便会指着墙告诉他：‘好吧，那你就得再多找一根冰糕棍了。问题是，你该从哪儿找呢？我们的冰糕棍只有这么多而已。’”我觉得，这个例子很好地说明了设立界限对于创意工作的积极意义。

但有时强行设立界限却会适得其反。2006 年我和约翰来到迪士尼动画时，恰巧亲身经历了公司的一场冲突，正好可以引作例证。动画的制作既复杂又费钱，因此，前任领导者认为，想要让大家在工作中不逾越按照共识所定下的界限，最好的方法就是设立一个“监督小组”。简单来说，这个小组就是管理层的耳目，小组唯一的职责就是确保制作工作在预算内和截止日期之前完成。所有影片的制作报告，都要受到监督小组的审核，确保制作工作没有偏离预定的轨道。之后，小组成员会将他们查到的信息通报给工作室的领导层。这样一来，这些领导者便觉得自己已在避免财务浪费上尽到了最大努力。

然而，在所有受到监管的电影制作人员看来，这个监督小组与其说是好帮手，还不如说是绊脚石。在遇到问题时，制作人员觉得自己备受束缚，因为即使是最微不足道的决策，监督小组也会极尽吹毛求疵之能事。对此，制作人员深感无奈。在这件事上，强制施加的界限反而阻碍了工作的推进，不仅如此，此举还引起了人事上的波澜：监督小组与制作团队之间的矛盾日渐升温，从而导致士气低落。

在我和约翰看来，解决方法很简单：只要解散监督小组，一切就迎刃而解了。我们相信，制片经理都是认真负责的管理人员，他们都会努力保证按时间按预算完成作品的。在我看来，这监督小组对制作工作毫无益处，反而使得大家紧张不已。总预算和交片日这些限制本来就是制片经理用来部署制作工作每一步进程的依据，在这些条条框框的限制之下，大家都需要最大限度地争取自由的空间，因此，对过程过度控制是毫无价值的。监督小组一撤销，“战火”立即熄灭，制作工作的推进也变得顺利多了。

这个问题的解决方法或许比较明显，但大家可能没有注意到这个问题：这个解决方法虽然简单易见，但绝对不可能由监督小组的成员自己提出来，因为做这样的决定就等于承认他们自己所在的团队完全没有存在的意义。也就是说，这个小组的成员没有能力去撼动小组得以存在的理念根基。这个解决方案也绝对不可能从那些后来被我和约翰替换下来的领导者嘴里说出，因为在他们看来，这个监督小组不仅增加了公司的透明度，还定立了规范。但是讽刺的是，为了巩固界限而设立监督小组的举措，实际上却让界限变得模糊不清，也削弱了界限的规范作用。

我们该如何协助工作人员解决问题呢？这个最为根本的问题，在监督小组设立之初竟然没有任何人提出来。大家只是在一门心思地考虑该如何避免我们的人出岔子，这怎么能够催生出有创意的解决方案呢？我的经验之谈是，在设立界限或规定工序的时候，我们应该考虑的是这些限制是否能够帮助我们的工作人员创造性地解决问题。如果答案是否定的，那么关于这些限制的提案就不是你所要找的答案。

4.科技与艺术的融合

20世纪80年代，加州艺术学院最受人爱戴的导师，要数传奇动画大师鲍勃·麦克雷了。在迪士尼与华特本人并肩共事40年后，麦克雷先生扛起了教书育人的重担。他虽然广受敬爱，却是个脾气古怪的人，《机器人总动员》中的麦克雷船长一角就是安德鲁 · 斯坦顿为了纪念麦克雷先生而创作的。此外，许多对皮克斯的建设发展有重大贡献的人物在创意上的才华，也都受了他的启发。安德鲁记得，他和许多其他加州艺术学院的同学都把自己看作“动画纯粹主义者”，誓要将鲍勃等迪士尼初期动画大师的风格延续下去。因此，他们对于是否应该使用录像带等新兴技术非常犹豫，因为这些科技在迪士尼的全盛时期还未被研发出来。安德鲁记得，有一次他对鲍勃 · 麦克雷说，如果迪士尼的九大元老没有使用录像带，那么或许他也不该用。

鲍勃回答说：“别犯傻啦，如果当时有这样的技术，我们肯定会用的。”

我在第 2 章里提到过，为了把最新技术运用在动画中，也为了对现下可用的技术有个全面的了解，华特 · 迪士尼可谓倾尽了全力。把声音与色彩引入动画片的是他，研发电影制作抠图技术、多平面摄影机和设立施乐赛璐珞动画室的也是他。刚进入皮克斯，我便感受到了我们的一个优势：皮克斯将科技、艺术以及经营融合在领导者的职责之中，这样一来，我、约翰和乔布斯这三位在以上领域都不算是专家的领导者，就能各自在每块领域中分摊职责了。进公司以来，我们为保持这把三腿椅的平衡而呕心沥血。我们的经营模式、制作方式以及科学技术都在不断地更新换代，通过三者的融合，我们实现了三者之间的互相推动。换言之，创新的推动力发自于内，而非来源于外。

约翰常常说：“艺术挑战科技，科技激发艺术。”这句话并不是什么说说而已的口号，而是我们将二者相融合的理念。在一切按照正常轨道发展的情况下，艺术与科技是相得益彰、相互促进的。二者的思维模式相去甚远，因此，想要让二者齐头并进、相互渗透，难度可想而知。但在我看来，为之花费的心血都是值得的。通过与形形色色的人交流互动，我们的专业技术和思维模式都会受到一定的撼动。在追求艺术的道路上，如果我们能够用科技做武器来不断地改变和改进我们的既有模式，那么我们就能保持思维的不断创新。纵观皮克斯的历史，不正是这种发展模式的缩影吗？

我这里有几个实例，可以说明这一点。布拉德 · 伯德在制作《超人总动员》

时发现，口头向动画师传达反馈信息会造成意思上的偏差，从而影响效率，因此他很是苦恼。打个比方说，如果你想要告诉大家该如何把某个场景画得更好，那么直接把想法画出来是不是更直观些，也更高效些呢？布拉德想，不知道有没有什么有效的办法能把正在制作中的场景投射出来，好让他在投射的画面上把想做的修改画出来给动画师看。于是，我们的软件部门便动工了。结果，我们研发了一款“审查素描工具”，这是一款数字记录笔，导演能够直接用它在图像上作画，然后将草图保存下来，放到网上供有需要的人做参考。这款软件在诞生后的几年中，逐渐成为我们必不可少的一项工具，所有导演都离不了它。（上文中马

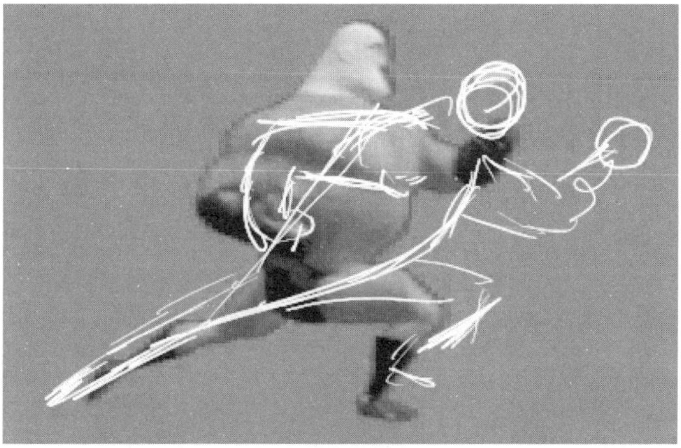

克·安德鲁斯在审片会上使用的，就是这款工具。）

2002年的一天，彼特·道格特满脸沮丧地来到我的办公室，而皮克斯的一项重要改革也由此应运而生。彼特说，他迫切需要找到一种方法，让他能够把一个场景的分镜头粗样剪辑在一起，精确安排好各镜头的时间，然后在智囊团会议上边放映边在一旁做解说。这样一来，他不仅可以像在宣传影片构思的现场演说中那样把激情和爆发力表现出来，还能推动电影制作的进度。我找到皮克斯一位名叫迈克尔·约翰逊的软件部门负责人，想看看他能否想出什么办法来帮助彼特。两周之后，迈克尔带着一款软件模型来见我，不久之后，这款模型就演化成了大家口中的“道格特金点子”，我们以这个名字向彼特致敬。

“道格特金点子”所解决的主要问题，我在上文中也提到过。一位导演在最初宣传一部电影的构思时，实际上就像是在进行艺术表演。这是一个互动的过程，导演可以与观众进行目光的交流，可以感受到环境因素的变动，即时地做出调整。然而，这场表演并不能与电影本身画等号，当剧本展现于胶片之上、直接面对观众时，却往往显得平淡无奇。可以说，传统的演讲的确有很好的戏剧效果，但无法作为影片本身的代表。而“道格特金点子”却能帮助导演达到这个效果。

这款软件能让创意人员即时收到大家的批评意见，这自然是件好事。软件可以将演讲内容模拟成影片效果，让那些负责给出反馈意见的人通过观看影像来做出评价。刚开始的时候，我们并不确定艺术家们能否接受这种工作方式，他们在职业生涯中所使用的一直是纸和笔，要想让他们接受这项新科技，必须等他们自发地去发现和适应。谁知没过多久，大家便纷纷看出了这款工具的优势。因为分镜头故事板经常需要做改动，因此，把故事板放在电脑中便减轻了大家的工作量；传送新版的分镜头给制作团队，也变得就像按一下按钮那样轻松。接受这款工具的制作人员越来越多，他们对更多功能的需求也让软件日益成熟。软件的研发者以及电影制作人员共同推动着软件的进步。通过升级，软件更好地满足了制作人员的需求，制作人员的工作方式也随着软件的升级发生了改变。

这个推进的过程一方面要归功于制作人员的需求，一方面则归功于程序员的创意，可以说，这个互动过程的诞生正是得益于科技和艺术的融合。与此同时，迈克尔的团队“移动影像小组”也成为践行勇于改变观念的范例。软件开发人员与制作人员之间互动与碰撞的工作理念，也被我们在整个工作室推行。这样的工作方式让我们能更加灵活地应对问题，也推动了我们自身的进步。

5.短期实验

在绝大多数企业里，做许多事情之前都要找好理由：如果企业已经上市，你就需要准备季度收益报表作为决策依据；如果企业尚未上市，你就得在制定决策时寻求大家的支持。然而我觉得，我们大可不必事事都去找理由，我们需要留出一扇门，迎接意料之外的“机会”。科学研究就是按这种方式运作的：在开始实验时，大家并不确定是否能够有突破性的发现。你的努力很可能就白费了，但你也有可能在途中偶然拾到一块拼图的碎片，或者说，能有幸窥见那未知的世界。

制作短片就是皮克斯的一种实验方式，我们希望通过制作短片来一瞥未知世界。多年以来，皮克斯在正片前播放短片的做法已经为大家所熟知。这些投资成本有时竟高达两百万美元的 3 至 6 分钟的短片，并不能为公司带来分毫收益。因此表面上看，我们很难为制作这些短片找到理由。之所以坚持做下去，是因为直觉告诉我们制作短片是件好事。

我们制作短片的传统始于 20 世纪 80 年代初期，也就是约翰 · 拉塞特加盟卢卡斯影业、参与《安德烈和威利的冒险》一片的制作之时。皮克斯的第一波短片包括《顽皮跳跳灯》、《红色的梦》以及斩获奥斯卡奖的《锡铁小兵》。通过这些短片，我们与科学领域的同仁们分享了科技上的创新。此后，从 1989 年起，我们暂停了短片的制作。接下来的 7 年中，我们转移注意力，一边靠制作广告赚钱，一边制作我们的第一部动画长片。1996 年，也就是《玩具总动员》公映一年后，我和约翰达成共识，是时候重启我们的短片计划了。我们希望能够通过制作短片来多做些尝试，更重要的是，我们希望将短片制作变成有望执导动画长片的新导演的“练兵场”。短片制作的经费被我们归入研发经费中。我们认为，如果我们能用短片作为科技创新的磨刀石，那么单凭这一点，短片制作项目的经费投入就是值得的。最终，这个计划为我们带来了许多收益，其中不少都是我们意料之外的。

1998 年《虫虫危机》公映时，影片开始前有一部名叫《棋逢敌手》的短片。这部短片，是被我们称作第二代短片中的第一部作品。片中，一位老人坐在秋日的公园中，与自己下了一盘战况激烈的国际象棋。这部约 5 分钟长的短片，由简 · 皮克瓦担任编剧与导演，斩获了奥斯卡的殊荣。整部片子没有一句台词，只有老人在重重甩下一枚棋子时，间或发出一声“哈！”的惊呼。片子最有意思的地方，是这位八旬老人在棋盘两侧转换方位时，性格也会随之转变。当老人温驯谦和的一面打败了幸灾乐祸的一面时，你一定会忍不住笑起来。

然而，我想说，《棋逢敌手》不仅是一部有趣的短片，也帮助我们在技术上获得了进步。在简开始执导之前，我们为他布置的唯一任务，就是让他在片子里安排人类角色。为什么会有这样的要求呢？因为皮克斯需要磨炼制作人类角色的技巧。我们不仅要处理脸部和手部光滑而不规则的表面，还要处理人们所穿的衣服。请不要忘记，在那个时期，我们还无法在皮肤、头发以及一些曲面的处理上达到满意的效果，因此人类角色只能在我们的影片中占辅助性位置。是时候做出改变了，《棋逢敌手》恰好为我们提供了一次解决问题的机会。

刚开始，我们本打算将研发当作这次短片计划的目的，但我们很快发现，真正推动科技进步的是我们的动画长片，而非短片。实际上，自《棋逢敌手》一片问世后，对科技创新起到推动作用的短片只有2013年的《蓝雨伞之恋》一部。我们本以为执导短片是一种积攒功力的途径，是为执导长片做准备的最佳方法；然而我们渐渐发现，事实并非如此。执导短片的确是一次绝佳的成长机会，如果你有朝一日真能有机会执导长片，那么你之前的经验肯定是能派上用场的。但是，一部5分钟的短片与一部85分钟的长片的执导工作相去甚远。前者只能算是通往后者路上的第一步，而非我们之前认为的关键一步。

虽然我们做出了不少错误的判断，但这些短片依然为皮克斯带来了意料之外的收益。举例来说，动画长片规模庞大、复杂度高，因此对参与制作的工作人员的分工也更加精细。而在制作短片时，工作人员便可以积攒更加广泛的经验。短片的人手会少得多，因此每位员工要负责的方面也就相对增多，这样一来，他们的许多技能都能得到锻炼，这些技能会为他们今后的工作提供方便。此外，在规模较小的团队中，人们更容易建立深厚的情谊，这些关系可能会让皮克斯今后的项目进展得更加顺利。

另外，我们的短片还在另外两个关键领域创造了不可忽视的价值。从外部看，这些短片为我们与观众之间提供了一条连接的纽带。观众将短片看作一种福利，觉得这些短片是为了给他们带来额外的欢乐而制作的。从内部看，因为员工们都知道短片并不具备商业价值，因此，我们对短片的坚持让大家看到，皮克斯是一家重视艺术的企业，这进一步肯定并巩固了我们企业的价值观。这种做法在企业之中营造出一种积极的氛围，成为大家不断汲取活力的源泉。

我们最终意识到，相比之下，如果在短片上出了问题，造成的损失并不会太大。（我认为，错误是不可避免的，并且都有着自身的价值，因此我们应该对错误持接受的态度。）举例来说，很多年以前，我们遇到了一位儿童书作家，他想要为我们执导一部动画长片。我们对他的作品和他的敏感度都非常欣赏，但还是觉得应该先给交给他一部短片，一来看看他具不具备制作电影的能力，二来看看他的团队合作能力。谁知，他交给我们的短片居然达到了 12 分钟，这样的长度应该算是“中片”而不是短片了。但长度是可以改变的，真正的问题在于，虽然他才华横溢，却没能为故事找到一个主题，导致剧情零散，缺少重心，冲击力不强。这种情况已不是第一次发生了，我们见过一些人，虽然有许多奇思妙想，但缺乏处理剧情的能力，而这能力正是创作工作中最核心、最重要的挑战。因此，我们终止了这次合作。

我们在这次实验上花了两百万美金，这或许会让有些人寝食难安，我们却觉得这笔钱花在了刀刃上。借用乔 · 兰夫特当时的一句话：“火车模型失事要比真的火车失事好多了。”

6. 学会观察

《玩具总动员》上映的那一年，我们引入了一项为期 10 周的培训，向新入职的员工传授皮克斯专属软件的使用方法。我们把这个课程命名为“皮克斯大学”，我还专门请了一位一流的技术培训师来负责。当时，“大学”这个名号其实并不准确，因为我们的培训只能算是一种课程，与高等教育的组织机构完全不沾边。设置一门培训课程的理由自然很充分，但我的心里其实另有打算，在达成这个目标的过程中，我们还收获了意想不到的珍宝。

皮克斯的一些工作人员已经掌握了精湛的绘画技艺，但大多数的员工并非艺术家出身。学习绘画的过程中贯穿着一条基本的法则，我们希望能将这个法则介绍给大家。因此，我特地请伊丽丝 · 克莱德曼来到皮克斯，教我们如何提高观察力。伊丽丝受到贝蒂 · 爱德华兹 1979 年的《用右脑绘画》一书启发，利用书中的理论开设了一门绘画课程。当时，用左脑或用右脑思考的概念很是流行，之后演变为大家口中的“左脑模式”和“右脑模式”。左脑模式偏重于语言和分析，而右脑模式则偏重于视觉和感观。伊丽丝告诉我们，虽然许多活动需要将左右脑模式同时调动起来，但绘画却需要将左脑模式暂时关闭掉。因此，我们就必须学会将大脑爱贸然下结论的部分压制住，将眼前的图像单纯看作图像，而非物体。

让我们来思考一下我们在尝试描画一张面孔时的情形。绝大多数的人会将鼻子、眼睛、额头、耳朵以及嘴巴逐一画出，但是，如果我们并没有接受过正规的相关训练，这些器官往往会出现严重的比例失衡，一点儿也看不出是谁的面孔。这是因为对于大脑而言，面部的器官并不是同等重要的。具体来说，眼镜和嘴巴这些交流的主要器官对我们而言要比额头重要，因此大脑会着重辨识这些器官。在作画时，我们也会倾向于将这些器官画得过大，而将额头画得过小。我们所画的并不是真实的脸庞，而是我们的思维模式对脸产生的印象。

我们的大脑对三维物体的认识必须有整体性，要将物体的各种不同形式都包括在内。举例子来说，我们对鞋子的印象，必须将细高跟鞋到铁头长靴统统包含在内，而不能太过狭隘，将一些比较不常见的例子排除在外。我们大脑的综合能力是一项不可或缺的技能，而有些人却能通过在综合与具体之间切换获得更加清晰的视角。我们还以绘画来举例，一些人的绘画技巧要高过其他人，那么，这些人与常人相比有何秘籍呢？如果说他们的秘籍就是将偏见压制住，那么我们是否也能够效仿呢？

在大多数情况下，答案是肯定的。

艺术老师在培训新学生时有一些特别的技巧。比如说，他们会将物体倒置过来，好让学生单纯地去观察物体的形状，而不是将其看成一个熟悉而易于辨识的物件（比如一只鞋）。大脑无法扭曲这个倒置的物体，因为大脑没办法自动将对“鞋子”的既成观念套用在这物体上。另一个诀窍就是让学生们将注意力放在负空间上，所谓负空间，即物体周边除物体本身之外的所有空间。我们具体来看，在画一把椅子的时候，一位没有经验的绘画者可能会画走形，因为她对椅子的样貌很熟悉（作画者脑中对椅子的印象会造成干扰，让她无法将眼前的物体写实地记录下来）。然而，如果你要求作画者将除椅子之外的空间画出来（比如说椅腿之间的空间），这时，空间比例就会掌握得更好一些，椅子本身看上去也更真实一些。原因在于，虽然大脑会将椅子当作椅子来看，但对椅腿之间的空间却没有赋予任何意义（因此，也就不会将这空间按照作画者的思维模式予以“纠正”了）。

这样的教学意在帮助学生们真实地捕捉物体的形状，让他们将想要给看到的物体下概括定义的大脑活动抑制住，也就是不让学生们将既有的印象强加在椅子上。一位经过训练的艺术家在看到一把椅子时，可以在受到大脑的“识别”功能引导之前，将视觉采集的信息（形状和颜色等）真实地捕捉下来。

我们对颜色的观感也一样。当我们看到大片水体时，大脑会想到蓝色，从而让我们“看到”蓝色。如果有人让我们画一幅湖景，我们便会选择用蓝色诠释，然后我们就会发现画在画布上的效果却有些别扭。如果我们透过一个小针孔来观察同一汪湖水中不同的点（这样，就不受所谓“湖水整体概念”的影响了），我们就能看到湖水的真面目其实是绿中带黄、黑中泛白的。这样一来，我们的大脑就不能为我们填补信息，我们就可以真实地捕捉眼前的颜色了。

在这里，我想给大家补充一个重点：画家们虽然掌握了上文中的观察法，但这并不表示他们看不到我们眼中的东西。他们看到的东西和我们是一样的，但他们可以将过早下结论的模式关闭，因此要比我们看得更真切。也就是说，他们在

自己的“视觉工具箱”中添置了一些观察上的技巧。（正因如此，学校用于美术课程的资金被大幅削减才令人如此痛心疾首。缩减这方面的资金投入，根源在于人们误认为美术课程就是教人如何画画的。而实际上，美术课程要教学生的应该是如何观察。）

无论你有没有碰过素描本，也不管你有没有当动画师的梦想，通过训练，我们都可以教会大脑在不强加既有观念的前提下清楚地观察事物。将目光聚焦在某个物体上时会更加难以看清这个物体，这听起来稀奇，实际上却是人生的常理。我们的目标就是让大家学会暂停造成视觉盲点的习惯和倾向，即便只有短暂的一瞬，也能收到效果。

我为大家介绍这个话题，并不是想说服大家学会绘画，而是想告诉大家，人人都可以避免受到偏见的干扰。这并不是说我们不会产生偏见，只是说在考虑问题的时候，我们可以通过一些方式来屏蔽掉偏见的干扰。比如说，通过画“椅子的负空间”，我们就可以提高自己的观察力。只要把目光聚集在椅子之外的空间上，就能使椅子显得更加突出；不要死盯着问题本身不放（而是把注意力转向问题之外的大环境），就可以帮我们收获更好的解决方法。具体来说，在皮克斯，我们会把有问题的某一个场景隔离出来单独评价，但我们渐渐发现，想要修改这幕戏，我们通常还需要在影片的其他部分做些改动。因此，我们就必须把注意力放在出问题的场景之外。经过积累，我们的制作人员已经学会不在问题本身上纠结，而是从片子的其他部分寻找解决办法。依此类推，在面对迪士尼制作团队与监督小组之间的矛盾时，我们可以通过规范双方行为加以缓解，但实际上，想要根除矛盾，我们就要质疑监督小组存在的根基。事前的规划，也就是导致问题出现的错误理念，才是真正需要消除的。

7. 事后检讨会

从构思到保护构思，从计划到实际制作，一部电影的诞生，需要经历数年的时间。当公映的日子终于到来，制作人员一般已经准备着手新的项目了。但对于皮克斯的员工而言，工作尚未完成，因为我们还有一个不可或缺的环节：事后检讨会。每部电影完成后我们都会召开一次会议，在会上，我们会探讨电影有哪些地方比较出彩，又有哪些地方出了岔子，并且尽量让大家从中汲取经验教训。与个人一样，一家企业想要崛起，不能仅靠良好的自我感觉，而要在自己有所欠缺的方面下功夫。想要达成这种效果，事后检讨会不失为一条有效途径。

我们的第一次事后检讨会是在加州的帝伯龙镇上召开的，那是 1998 年，《虫虫危机》的制作工作刚刚结束时。当时的皮克斯仅仅制作过两部电影，因此我们十分清楚，还有许多知识和技术需要学习。为了防止大家的发言过长（我们给每人限时 15 分钟），有人专门带来了一只公鸡造型的厨房计时器。就这样，我们一边讨论着使用了最新技术的动画，一边却在用这种老掉牙的工具来管理时间。

这次事后检讨会持续了一整天，内容涉及制作工作的方方面面。会议期间，并没有“原来如此！”的顿悟，也没有扭转整个会议进程的灵光一现，让我最记忆犹新的竟是整个会议的氛围。每个人都聚精会神地反思着我们的工作方式，即便是坚信的观念受到抨击也能虚心接受，还不忘从失败中总结教训。没有人心存芥蒂。每个人都带着自豪，不仅是为影片本身感到自豪，更是为给影片成长提供沃土的企业文化而自豪。会后，我们决定把这种在影片完成后进行深度剖析的做法用于今后的每一部电影上。

但事实证明，想要大家在每次时候检讨会上都剖析得如此深刻，是不切实际的。这么多年来，有的会议收效颇丰，有的纯属是在浪费时间。有时候，大家虽然如期到会，却不愿在会上畅所欲言。我明白，这属于人之常情，如果你能搬到另一个营地去搭帐篷，就犯不着去招惹眼前熟睡的大熊了吧。说实话，在绝大多数人看来，参与这些事后检讨会感觉就像被迫吞苦药一样。他们知道会议的必要性，却一点儿也不愿意参与。这给我们提出了一个难题：为什么有些事后检讨会毫无效果，而有些就卓有成效呢？

总体上来说，大家还是认为这些事后检讨会对公司有益，因此，我总是在思索有多少人不愿意参与会议。绝大多数人都觉得，他们能学到的东西已经在影片制作的执行过程中学到了，因此制作一完成，他们就希望马上开始新的项目。制作中出现的问题往往都是直指个人的，因此大家几乎都不愿再去面对。有谁会想参与一个大家相互质疑的研讨会呢？一般而言，比起讨论失误，大家更愿意讨论成就，也更希望利用这个机会对表现突出的团队成员进行褒奖。我们对不愉快的事情会尽量避免，这是人的本性。

除了这些检讨会，人们对自我评判也大多有所抗拒，企业亦然。归结起来，许多企业的自我评判往往只有两种结果，要么是“我们成功了，因此我们的做法一定是正确的”，要么是“我们失败了，因此我们的做法一定是错误的”。这样的结论未免太肤浅，不要因为失败的阴影而让总结经验的大好机会白白流失。我认为，召开事后检讨会有五重意义，前两重比较浅显，后三重就有些深奥了。

总结学到的经验

我们的绝大部分经验都是在制作过程中获得的，这一点毫无疑问，但这些经验却并不一定是前后连贯的。大家可能都汲取了宝贵经验，却没有时间把这些经验传授给他人。制作中的某个工序可能出了些问题，但大家身上都有任务，没有人有时间去处理。工作完成之后，大家聚在一起，不失为一种巩固经验的方式。检讨会为我们提供了分析思考的宝贵机会，这种机会在工作进行过程中是不可能有的。

把经验传授给没有参与制作的人员

即便所有制作人员都收获了经验，检讨会仍是一个很好的机会，让那些没有参与项目制作的人也能从中学到经验和教训。我们所做的许多决策都是依照经年积累的经验得出的，因此旁人看来或许会无法理解。所以，这些检讨会为他人提供了一个讨论的机会，让他们可以学习或是反驳某些决策背后的理念。

避免不满情绪愈演愈烈

许多失误是由误解或是情况不明导致的。这种情况带来的不满情绪如果不及时处理，便可能一直持续数年之久。如果我们能够给大家提供一个讨论的平台，让他们在相互尊重的前提下表达自己因受到误解而产生的委屈，那么大家也就不会再抓住这些不快不放了。心中郁积的不满在项目制作结束之后仍久久不能消解，这样的情况我见得多了。如果我们让大家在事后检讨会上一吐心中的不满，这些消极情绪就能很快消解。

利用会议规划来促使大家反思

我喜欢利用原则和规矩来引导大家反思。事后检讨会、智囊团会议以及日常审片会等，都可以促使大家进行自省和剖析。我们为事后检讨会所做的准备工作与会议本身同样重要，也就是说，为会议制订议事日程的过程就会促使我们进行自我反省。如果说事后检讨会为大家提供了一个公开解决问题的机会，那么会前的准备工作就好比是在为成功解决问题铺设道路。我甚至可以推断说，会议上90%的收获都要归功于会议之前的准备工作。

高瞻远瞩

在事后检讨会上，大家可以就下一个制作项目进行思考。一次成功的会议可以启发大家提出一些对未来的项目有益的问题，虽然不能保证一定会找到正确答案，但如果我们能鼓励大家拟定出有前瞻性的问题，我们就抢占了先机。

虽然我认为事后检讨会的召开很有必要，但绝大多数人仍然对此有所抗拒。因此，我想和大家分享一些技巧，帮助管理者们最大限度地发挥会议的作用。首先，请注意确保会议形式的多种多样。从定义上来看，事后检讨会是围绕大家学到的经验而展开的，因此，如果会议形式一成不变，那么大家所讨论的经验教训就不会有太大变动，收效也非常有限。即使某一种形式的会议效果可圈可点，但如果大家对下一次会议有所防备，也就知道如何回避核心问题了。我发现了一条规律，暂且称作“成功方法颠覆法则”，这条法则的意思是，如果你碰巧遇到了好用的方法，不要期望这个方法下次还能行之有效，因为参与者已经知道下一次该如何钻空子了。所以说，你可以把事后检讨会改为“事中检讨会”，或是将事后检讨会的讨论范围缩小到特定的议题上。在皮克斯，我们会让团队把自己的工作方法传授给其他人，有时还会把几部电影制作中出现的问题归纳在一起，将处理问题作为任务布置给大家。第一次布置下去的任务完全转变了我们对日程规划的看法，第二次布置的任务引来了一片混乱，而第三次的任务则为皮克斯带来了一次大变革，关于这次变革，我会在最后一章具体说明。

另外，无论你如何费力督促，员工们还是会害怕这种公开进行的批评。我有一个技巧可以缓解大家对批评的恐惧，就是让与会的每一个人列出两份清单，第一份写上5件他们最愿意继续做的事，另一份写上5件他们最不愿意再做的事。当人们在积极和消极两方面找到平衡时，会更容易敞开心扉，而一个好的管理者能从旁帮助大家找到这种平衡。

最后一点，不要忘了把数据资料利用起来。我们是一家创意企业，因此人们可能会觉得我们的工作是无法衡量或加以分析的，但事实并非如此，我们的许多活动和作品都是可以量化的。工作进展的速度，返工的概率，项目实际所需的时间与我们估测的时间之比，一个部门在将作品转交到另一个部门时是否已将分内的工作全部完成，诸如此类的问题，我们都会认真记录。与道听途说的问题相比，大家在处理那些从数据记录中总结出的问题时会更加客观一些。

林赛·柯林斯是我们的一位制片人，她觉得数据很能给人安心的感觉。她是这样说的："在开始工作的时候，如果能看看之前的数据资料，从中挖掘到一定的规律，对我而言真是莫大的慰藉。数据能帮我从模糊不清的工作中顺出条理，让我能够构建起一个大概的框架。"

在介绍完有关数据的话题之后，我想向大家说明数据的利用既有益处，也有局限性。从益处来说，数据可以帮我们分析工作的过程。具体来说，建立模型、搭建布景、制作动画以及照明效果等制作工作所需的时间都可以用数据来表示。当然，这些数据只能让我们对模型和布景的搭建与照明工作有片面的了解，但我们也可以利用这些数据来总结潜在的规律，并把这些规律介绍给大家。

但是，数据也有局限性，过于依赖数据也有问题。首先，正确分析数据并非易事，觉得掌握了数据就是掌握了全局这种想法很危险。我们很容易从数据中归纳出错误的规律，因此，我喜欢将数据当作看问题的一种方法，也就是我们洞察事物的诸多途径中的一条。如果认为单凭数据就能找到答案，就是在滥用这个工具。我们必须把这种错误观念扭转过来，一些人要么认为数据毫无用处，要么认为管理工作只靠丈量测算就能向前推进。这两种极端的观念都会导致我们做出错误的判断。

在商界和教育界流传着这样一句格言："不能测量的东西也就无从管理。"实际上，这种说法纯属无稽之谈，相信这句话的人并不知道它的表面之下暗藏着多少不可见的因素。我们所管理的东西中有很大一部分都是不可测量的，如果没有意识到这一点，可能会造成意想不到的后果。当人们认为数据可以说明一切时，就不会去注意那些看不见的因素，问题便随之而来。我倡导的做法是：测量你所能测量的，并对测量结果加以评判分析，但同时也要意识到，工作中大部分的因素都是无法量化的。我们至少应该偶尔抽点儿时间，退一步审视自己正在做的事情。

8. 学无止境

最后，我想和大家聊一聊皮克斯大学的创建以及伊丽丝 · 克莱德曼让人大开眼界的绘画课程。第一期的绘画课获得了巨大的成功，当时皮克斯只有 120 名员工，有 100 人报了名，以此为契机，我们的皮克斯大学的课程逐渐丰富起来。经过这些年的发展，我们的免费课程已经囊括了雕塑课、绘画课、表演课、冥想课、肚皮舞课、真人电影制作课、计算机编程课、设计与色彩理论课、芭蕾课等。为此，我们不仅要花费时间从外面请来最棒的老师，还要承担让员工在工作日去接受课程培训的损失。

那么，皮克斯又能从中获得什么呢？

其实，我们并不要求课程的内容对员工的工作起到直接的积极作用。一位正在培训中的照明技师能与一位经验丰富的动画师一起学习，而这位动画师又能与法律、会计或安保部门的人员有交流的机会，这种效果才是我们最看重的。在课堂环境中，人们交流互动的方式与在职场环境中不同，大家都能放下身段，放松身心，打成一片。这里没有层级划分，沟通也变得更为畅通无阻。这里为大家提供了一个共同进步的平台，大家可以给自己画像、试着编写程序或是努力“驯服”手中的黏土，并在尝试这些挑战的同时感受到自己的局限和不足。由此，皮克斯大学给我们的企业文化带来了积极的改变，也让大家明白，无论自己拥有怎样的头衔，都要去尊重同事们的工作成果。在这些课程中，我们又都变回了初学者。失误和瑕疵是创意中不可避免的组成部分，我希望大家都能接受这个理念，从企业到个人都应拿出敢于冒险的胆量。

我知道，许多企业的老板可能都会考虑，这样的课程到底有没有实际意义，值不值得投入成本。我必须承认，上文中提到的皮克斯大学为大家带来的互动机会，完全是个我们意料之外的惊喜。但是，皮克斯大学的目标绝不是想要把编程人员转变成艺术家，或是将艺术家转变为肚皮舞达人，皮克斯大学的用意是想让大家明白不断学习新东西的重要性，鼓励大家去尝试没有做过的事情，保持大脑的敏捷和灵活。

在人生初始的童年时期，我们非常容易接纳别人的理念，因为我们不得不如此。毕竟，绝大多数儿童接触到的东西都是他们从未见过的，他们会自然而然地愿意去拥抱新事物。然而，如果这种开放的心态果真益处多多，又为何会随着成长而渐渐淡漠了呢？到底是从何时开始，原本好奇心旺盛的我们变成了惧怕突发事件，自以为知晓一切，又一心想要拥有绝对控制权的大人了呢？

这让我回想起许多年前的一个夜晚，当时我的女儿正在加州马林的一所小学就读，我去参观她的学校举办的艺术展。我在走廊里踱来踱去，观赏着从幼儿园到小学五年级的学生创作的绘画作品。我发现，一年级和二年级学生的画要比五年级学生的画看上去更漂亮、更新颖。不知从何时起，这些五年级的学生突然觉得自己的画看上去不切实际，便开始怀疑自己，变得畏首畏尾。结果怎样呢？他们的画作变得呆板生硬，越来越缺乏创造力，或许他们是害怕别人会看穿他们的“缺点”吧。这种因担心别人的评价而生的恐惧，阻碍了创造力的发挥。

如果连小学生都会因恐惧而生出诸多忌惮，那么，成人需要通过训练——有的人甚至称之为修持——才能驱赶心中的自我怀疑，才能敞开心扉，也就情有可原了。韩国禅宗有一个理念，认为大家应该去尝试未知的领域，这个理念还有一个专门的名称，叫作“不知心”。拥有“不知心”，是创意人才们的一个目标，意即我们都应像孩童一样，敞开心扉去面对未知的事物。同样，在日本的禅学中也有一个理念，认为人不应被自己所知的东西束缚住，这个理念叫作“初心”。许多人需要修炼数年之久，才能保持住这份心态。

创建一家新企业时，企业的创建者需要持有一种初学者的心态，也就是所谓的“初心”。他们必须用开放的心态去面对一切，因为他们刚刚上路，有什么可怕的呢？（这一点，许多人一直到后来才有所察觉。）然而，随着企业的成长，许多领导者逐渐把这种初始心态抛之脑后，因为他们自认为已经掌握了成功的要诀，也就是说，他们不愿意再做初学者了。这或许是人性使然，但我认为，这部分人性是我们需要加以克服的。如果你压制了初学者的心态，就很容易重复自己的老路，而不是去开拓新的疆土。换言之，我们本意是要规避失败，到头来却更容易掉进失败的沼泽。

着眼当下，不要让关于过去和未来的思想理念干扰你，这一点至关重要。为什么呢？因为这种做法可以除掉眼前的障碍，让你看到别人的想法是什么样的。这样，我们不仅能够在信赖他人的路上迈出第一步，也能更好地倾听他人的心声。这种做法能点燃我们探索的兴趣，也让我们敢于去进行有失败风险的尝试。它鼓励我们着眼当下，让我们建立起一个良性内在循环：越是将注意力放在当下，我们也就越不容易受到干扰。同时，它也让我们懂得，想要让创意更上一个台阶，我们必须学会有所舍弃。正如作曲家菲利普·格拉斯所说的：“问题的关键不在如何去寻找自己的声音……而是如何把‘找声音’这件事忘记。”

第11章　未来等你创造

“预知未来最好的方法，就是去创造未来。”但是，我们该如何着手创造这未知的未来呢？我觉得，我们唯一能做的，就是营造出最优环境，为这未知的未来提供生长和开花的沃土。

我们大都对创意的迸发抱有不切实际的幻想，觉得创意就是能在眨眼间转化为一部电影或一款产品的构思。在这个构思的引导下，制作团队历尽千辛万苦，终于达成了使命。但实际上，我本人从没有过这样的经验。在皮克斯和迪士尼及其他环境中，我结识了许多称得上是创意天才的人，却没有任何一个人能够把项目最初的构思准确地表述出来。

在我看来，创意人员要经过时间的积淀和坚韧不拔的持久努力，才能发现和实现自己的愿景。如此说来，与其将创意比作冲刺，不如说是一场马拉松，而我们则必须为自己定好速度。经常有人让我对电脑动画的前景做出预测，我也尽力给出一个缜密全面的回答。但实际上，就像我们的导演说不出自己正在酝酿的电影成片会是什么样，我也无法预测科技的未来，因为未来毕竟尚未来到。虽然我们对未来有所想象，但在一步步前进的道路上，我们必须倚靠自己的指导原则和目标，而不应将注意力放在预见未来和抢占先机上。我在犹他大学的老朋友艾伦·凯，不仅是苹果公司的首席科学家，还是把我介绍给史蒂夫·乔布斯的中间人，他曾经说过："预知未来最好的方法，就是去创造未来。"这句话放在这里真是恰如其分。

这句话听起来就像汽车保险杠贴纸上的俏皮话，但实际上却含有很深的寓意。从本质上来说，"创造"是主动性的活动，源自我们所制定的决策。想要改变世界，我们就必须发明新的东西。但是，我们该如何着手创造这未知的未来呢？我觉得，我们唯一能做的，就是营造出最优环境，为这未知的未来提供生长和开花的沃土。这个时候，真正的信心就要派上用场了。这种信心可不是对一切行动十拿九稳的胸有成竹，而是坚信只要大家携手前进，就一定会找到出路。

不确定因素的确会让人不安。人类总是想要弄清楚前路的方向，但是创意却让我们不得不踏上未知的旅程。这就要求我们朝着已知和未知之间的界线靠近，我们虽然都有创造的潜力，但有些人畏缩不前，有些人勇往直前。那么，到底是什么样的力量带领这些人向着未知进发呢？那些天资超凡、知人善任的人通过切身体验意识到，在已知与未知之间有一个最佳切入点，创意就是由此处萌生的。关键是要学会摒弃焦虑不安，在创意之泉周围徜徉。在皮克斯和迪士尼动画的电影制作人员看来，这种做法可以帮助大家形成一种让灵感源源不断的思维模式。这样的想法听起来也许有些过于简单或华而不实，在我看来却至关重要。有时候，尤其是在一个令人抓狂的项目的初始阶段，除了思维模式的支撑，我们别无其他。

空口无凭，这里有个例子。我们的一位制片人约翰·沃克，在面对繁重的工作时，为了保持镇定，会想象自己正在用手掌擎起一座颠倒的金字塔。他说："我一直都在朝上看，试着保持金字塔的平衡，确保塔上左右两侧人数的均衡。我的工作包括两个部分：管理制作人员和管理经费。这两个方面，都要看我头脑里发生的成百上千个互动的情况如何，而这部分就好比金字塔厚重的底座。我对发生的事情有一半都不明就里，但我必须接受这个事实，也必须去领会其中的玄妙之处，我的诀窍就在于时刻保持金字塔的平衡。”

在这一部分，我已经与大家分享了一些皮克斯用来营造和维护创意文化的方法。我谈到了考察旅行、皮克斯大学以及智囊团会议等帮助我们拓宽视野的具体方法和传统惯例，还简单地谈及时刻保持开放的心态对于自我认知的重要意义。接下来，我想和大家分享一些实际的例子。在我看来，任何一个想要通过辛勤的工作有所发明创造的人，都离不开这些例子中所展现出的内心的鼓舞和支持。那么，我们就来看看我和我的同事是如何压制住心中的不安和疑惑，朝着创意和未知的未来进发的。

布拉德·伯德在执导《超人总动员》的时候，常因焦虑而重复做一个噩梦。在梦中，他坐在一辆摇摇晃晃的老式旅行车上，顺着一条蜿蜒而危险的高速公路行驶。车上除他以外空无一人，很显然，掌握方向盘的人理应是他。他告诉我：“可是我偏偏坐在车的后座上。不知道为什么，方向盘就在我的手中，但我坐的位置却让我的视线一片模糊。我唯一能做的，就是告诉自己：‘别撞车！别撞车！别撞车！’”用布拉德自己的话来说，这个梦的寓意就是：“作为一名导演，有的时候你是掌控方向盘的人，但有的时候你得让汽车自己选择方向。”

听到布拉德对这个梦境的描述，我注意到其中许多内容都是似曾相识的：视线模糊、对未知的恐惧、无助感、无力去掌控大局……在睡梦中，布拉德受到这些恐惧感的袭扰，而在清醒的时候，他选择利用另一种思维模式来消除“后座驾驶”的梦魇，以求克服这些恐惧。这种思维模式就是滑雪。

布拉德告诉我，他觉得导演和滑雪有许多共通之处。他说，无论是在执导影片还是在滑雪过程中，只要一紧张或想得太多，就会重重跌上一跤。身为导演，有时会遇到工作堆积如山但时间却异常紧迫的状况，在这种情况下，焦虑感便会袭上心头。但他明白，如果任由自己这样不安下去，就会乱了方寸。“所以，即使时间很紧迫，我也会安慰自己还有时间。我会告诉自己：‘我要放松下来，静心思考，不能让时钟把我搞得手忙脚乱。’只要做到放松冥想，我就能更有效地解决问题了。”布拉德讲了他在科罗拉多范尔滑雪场的经历：“我喜欢快速滑雪，在一周内，我竟然把我的护目镜的镜片弄坏了4次。也就是说，我往滑雪店跑了4次，每次都得重复‘我需要换一副新镜片’这句话，因为我在撞上障碍物的时候把镜片碰碎了。终于我意识到，之所以老是发生碰撞，是因为我一直在努力避免碰撞。因此我放松下来告诉自己：‘高速转弯自然是很吓人的，但我要学会享受这种驰骋于山脊的感觉。’当我选择了这种积极的心态，就再也没有撞到东西了。在某种程度上，这有点儿像奥林匹克运动员为了在比赛那一刻不出岔子而花几年时间训练，但如果太过于纠结那一刻，就会把原本会做的动作搞砸了。”

运动员和音乐节常常会用到“进入状态”这个词，这个“状态”是一个玄妙莫测的境界，在这里没有有意识的自我评判，有的只是与当下百分之百的融合。在这种状态下，我们的思想清澈无杂，动作精准无误。通常来说，我们可以借助思维模式来达到这种境界。乔治·卢卡斯就喜欢将他的企业想象成一辆向西进发的马车，乘客们团结一心，抱着远大的志向，坚定不移地朝着目的地前进。在皮克斯及迪士尼动画的导演、制片人和编剧面临问题时，这种视觉想象法很是受用。他们将自己的问题通过想象转化为熟悉的画面，这样一来，即便未知的事物让他们的自信心受到打击，他们也能保持清醒的头脑。

迪士尼的拜伦·霍华德导演告诉我，在他学习弹吉他的时候，一位老师曾告诉他这样一句话：“想得多，必搞砸。”这句话引起了他的共鸣，也渗透于他导演之路的方方面面。他告诉我：“与你的乐器或工作合二为一，直到你能在其中寻出禅定之味，不必思考就能让音乐自然流淌。我发现，在绘制分镜头的时候也是如此。如果我能在绘制镜头的时候一气呵成、心无旁骛，而不是纠结于每幅图是否画得完美无缺，那么我的状态就是最好的。我只是随着镜头而动，完全沉浸于画面中，有点儿‘跟着感觉走’的意思。”

拜伦说，他在处理分镜头和故事逻辑方面的难题时，简直可以用“风驰电掣”来形容。他对速度的强调，引起了我极大的兴趣，因为这让我想起了安德鲁·斯坦顿对导演工作的见解。我已经告诉过大家，安德鲁认为如果我们能赶紧行动起来，早点儿尝试失败的滋味，那么大家不仅能更快乐，也会变得更高效。在他看来，行动起来是件好事，因为这样一来，他就不会在原地徘徊，思考自己做的决策是否正确了。相比之下，他更喜欢当机立断，如果事实证明他的判断有误，也不会一味地自责。安德鲁用船长与导演一职做类比，船长带领着一众船员，漂洋过海，寻找陆地，而导演的职责则要指出“陆地在那边”。陆地或许与导演所指的方向一致，或许相反，安德鲁说，但如果没有人指方向，那么船只能在原地打转。就算领导者后来改口说“哎呀，陆地不在那边，而在这边，我判断失误了”，这也算不上什么灾难。只要你朝向一个目的地全力进发，即使改变了航道，人们还是会拥护你的。

安德鲁说：“人们想要干脆的决断，但他们也希望你在走错路的时候能够坦率地承认错误。这是非常重要的一课：不要等到解决问题的时候才把人召集起来，而要让大家参与到问题之中。”

这一点，与我之前在本书中为大家介绍的另一个理念的精髓不谋而合：导演或领导者绝对不可以失去团队的信赖。只要你做到坦诚待人，在制定每个决策（即便这些决策回头看来是欠妥的）时有充分的理由支撑，那么你的团队就会齐心帮你划桨。但如果你的船只是在原地打转，你却一口咬定这种毫无意义的原地徘徊其实是前进的表现，那么你的团队便会跟着踟蹰不前。他们付出了努力，却没有一点儿成绩，他们心中会充满苦楚。你的团队希望有一个自信果断的领导者。安德鲁并不赞同为了自信而自信，他认为领导者需要做出最准确的预测，然后赶紧行动起来。如果预测是错误的，亡羊补牢，未为晚也。

另外还有一个需要注意的地方。如果你决定进行一个与人密切合作才能完成的创意项目，那么你必须接受一个事实：合作必定会带来麻烦。他人的加入会为你带来诸多益处，他们会帮你拓宽视野，会在你松懈时为你鼓劲，还会为你贡献好点子。但是，他人的加入同时也意味着频繁的交流和互动。可以说，团队其他成员都是你的同盟，但是，这种同盟关系是需要你不断用努力来浇灌的，你必须接受这个事实，而不是因此觉得不耐烦。安德鲁继续用航海来打比方：“假设你正在横穿大西洋，却把躲避风浪作为目标，那你还航海做什么呢？你必须接受现实：航行意味着你无法掌控大局，有时天高云淡，有时则大雨倾盆。无论现实如何，你都得勇于面对，因为你的终极目标是要到彼岸去。而航行途中的情况，你无法一一掌握。这是你选择的游戏，如果你想玩简单的游戏，那就干脆别上船。”

安德鲁在谈论他的思维模式时，讲到了船只被大浪冲击或因风力不足而停航时船员们自然而然的恐惧感。如果我们把创意看成取之不尽、用之不竭的源泉，那么我们就是把不存在的东西错当成了实际的存在，恐惧与不安也由此而生。就像我们在前文中探讨的一样，人们往往会重复行之有效的老方法，想以此来消除恐惧感。这样的做法与其说是让你原地踏步，不如说是让你与创意渐行渐远。运用我们的能力和知识进行发明创造，远比抄袭模仿更有意义。

在与导演和编剧的交谈过程中，他们的思考方式常常会带给我诸多灵感，他们每个人在追求目标的路途中，都有一套独一无二的方法帮助他们走出逆境。在彼特 · 道格特看来，导演这个职业就像在一条漫长而黑暗的隧道中奔跑，我们不知道这条隧道有多长，却笃信我们终能安然无恙地从另一头出来。他说：“在隧道的中间有那么彻底陷入黑暗的一段，还真是挺骇人的。进口和出口都没有一点儿光亮，你只能硬着头皮跑下去。渐渐地，你会看见眼前一点点亮起来，然后倏的一下，你的眼前便豁然开朗了。”对于彼特来说，这个比喻正是他用来帮助自己在“伸手不见五指”时不那么恐慌的方法。在那一刻，四周漆黑一片，你连是否能找到出口都不确定。你的理性思维告诉你，隧道一定是有进口有出口的，因此在漆黑一片、叫天天不应叫地地不灵的隧道中段，你才能压抑住自己的感情，不致崩溃。有的导演心里对创意有准确的把握，且明白创意并非是呼之即来的，他们觉得，与其因焦虑而崩溃，还不如坚信光明终有一日会降临。勇往直前，永不停歇，这才是关键所在。

为迪士尼动画执导了《无敌破坏王》的里奇 · 穆尔导演所想象的画面稍有不同。在电影的制作过程中，他会想象自己身处一座迷宫之中。他不会像无头苍蝇一样到处乱撞，而是找到了自己的秘诀。他在前进时用手指在墙上划过，偶尔放慢脚步判断方向，并且用触感来帮助自己把走过的路记在脑中。但他始终不会停下脚步，好让自己不会惶恐不安。里奇是这样说的：“我小时候特别喜欢迷宫。在迷宫中，想要找到出口，你必须保持头脑清醒。每当我看到一部烂片的时候，就会暗想：‘看来，这些制作人员已经在迷宫里乱了阵脚。正是因为他们方寸大乱，才把电影弄得如此糟糕。’”

皮克斯每一部电影在创意上出现的问题，几乎都少不了鲍勃·彼得森的出手相救。他说，安德鲁教给他一种思维模式，在他的职业生涯中起到了不可估量的作用。鲍勃说，在制作《虫虫危机》的时候，安德鲁把电影制作比作考古挖掘。这个类比为我们提供了一个看问题的新视角：随着制作的推进，你的作品的样貌会变得清晰起来。鲍勃说：“你挥汗如雨地挖着，并不知道自己挖的到底是哪种恐龙化石。接着，化石便一点点显露了出来。此时，你或许正在两个不同的地点同时开挖，但心里知道自己正在挖的是同一副化石骨架。你漫无目的地挖掘下去，凿得越来越深，化石便渐渐显露出来。看到化石后你就知道接下来该如何更有效地进行下去了。”

我并不同意这个比喻，鲍勃和安德鲁也知道。我认为在电影的制作过程中，我们并不是在开采一件不幸被掩埋的古物，而是在进行新的创造。但是这两人却认为，就像大卫存在于米开朗琪罗的大理石堆中一样[①]，如果把电影的构思看作实际的存在，就能鼓舞他们怀抱希望，把工作进行下去。我在本章开头坚称，观众们在大屏幕上看到的东西并不是在电影构思者的脑中完全成形的。但面对两个人给出的解释，我也不得不接受这种说法的合理性。“坚信电影所需的所有元素一定存在于某处，只待有心人去挖掘”，这样的理念往往能够支撑我们将探索进行到底。

如果你觉得这种思维模式能够引起你的共鸣，就请小心其中暗藏的陷阱。就连安德鲁也提醒大家，在挖掘的过程中，并非挖到的每一块化石都是你想要的骨架的一部分（在你的发掘点或许有几种恐龙的化石，或者说有几段不同的故事）。你会产生强烈的冲动，想要把找到的所有东西一并利用起来，即便这些东西不合适，因为毕竟每块化石都是你辛苦挖出来的。然而，如果你对每块化石都进行缜密的甄别，把它与你已经收集到的化石做比较，看看是否搭配，那么你的电影或

① 米开朗琪罗雕刻的大卫像受到艺术界和公众一片赞扬之后，他低调回应说：“大卫像早已存在于大理石内，我只是把多余的部分清除掉，呈现其原貌而已。”——译者注

项目的全貌终会跃然纸上。安德鲁是这样说的："经过一段时间的沉淀，我的电影便开始向我露出庐山真面目了。这就是我们应该达到的境界，即让你的电影告诉你该往哪儿走。"

《玩具总动员3》的编剧迈克尔·阿恩特经常与我探讨他对工作的想象。他把剧本创作比作蒙着双眼爬山："第一步，是先找到那座山。"意思是说，你必须先凭感觉摸索出自己的方向，让山自然地展现在你的眼前。迈克尔强调说，爬山的过程并不一定指的是向上移动。有的时候，你很轻松地爬了一段，正在沾沾自喜，却发现自己走到了一条裂缝边，不得不吃力地重新出发。而且，这些裂缝到底在哪儿，也是个未知数。

我非常欣赏这个类比，只是用山这个实际的存在打比方，让我有些疑义。就像安德鲁的考古挖掘比喻一样，这个类比也暗示了艺术家必须"找到"艺术作品或创意构思，好像这些东西是隐藏在视线之外的。在我看来，这种类比与我的一个基本理念恰好相悖：未来是未知的，是由我们来创造的。如果说剧本创作就像蒙眼登山，那么我们的目标就是要用双眼去寻找一座已经存在的山，但我认为，创作者的目标应该是从零开始建造出自己的山峰。

但是，随着与负责不同工作的同事之间交流的增多，我发现一种思维模式最为关键的作用，就是让利用它的人顺利完成自己的工作。尚未创造的世界是一片虚无而广袤的空间，令人不寒而栗，因此，绝大多数人只会死死攥住自己已知的东西，在自己所理解的范围内做小的调整，而不愿涉足未知领域。想要走进这片恐怖地带，把它充实起来，我们就必须将所有的资源都调动起来。迈克尔是一位编剧，空白的稿纸就是他创作的起点。也就是说，他必须为这条从无到有的路绘制出一幅地图。他说把自己想象成一位蒙住双眼的登山者对他来说很有效，因为这可以帮他做好准备，接受工作中不可避免的起起落落。

到现在为止，我已经与大家分享了几种不同的思维模式。我认为，它们的共通点在于，每种思维模式都是在探索一个未知的目的地，比如大洋彼岸（安德鲁），隧道出口（彼特），迷宫出口（里奇），以及一座山峰（迈克尔）。创意产业的领导者需要带领庞大的团队，把握好剧本或制作工作的节奏，因此，这些类比在他们那里都能得到认同。在创作伊始，导演和作者的目的地并不明晰，但除了勇往直前，他们别无选择。

然而相比之下，制片人的工作逻辑性更强。如果说导演必须激发出自己的创意与奇思，编剧必须精心搭建故事结构、让剧本出彩的话，那么制片人的工作，就是确保万事都能实实在在地向前推进，保证项目按照计划、在预算之内进行。因此，他们的思维模式自然与创意工作者大相径庭。还记得约翰 · 沃克上下颠倒的金字塔吗？他的思考重点不在于爬上山顶或到达目的地，而在于从各方相互矛盾的需求中寻找一个平衡点。其他制片人各有一套看待自己工作的方式，但都有一个共通点：想要驾驭各方势力，想要管理各有想法的成百上千名员工，寻求平衡是不可或缺的。

林赛 · 柯林斯是我们的一位制片人，与安德鲁在数部电影上都有合作，她把自己想象成一条变色龙，随着所面对群体的不同而变换着颜色。这样做的目的不在于装腔作势、阿谀奉承，而是要依环境所需表现出最恰如其分的一面。她说："在我的工作里，我时而是领导，时而是随从。有的时候，我要出头掌控大局，而有的时候，我必须保持沉默，静观其变。"蜥蜴会变换颜色，融入自己身处的环境中，这种对环境的适应能力，正是林赛在工作中用来平衡各方势力、避免混乱冲突的方法。她说："我坚信，创意工作的本质是混乱无章的，因此就应该如此呈现。如果我们偏要搭建太多条条框框，就无异于扼杀创意。所以，我们一方面要在资金和情感上为创意提供一些规范和保障，另一方面也要纵容创意天马行空地发展。这其中的度非常难把握。想要掌握这个度，我们必须具体问题具体分析，看看当下的环境所需要的是什么，然后把自己化身为所需的东西，以求达到均衡。"

那么，如何才能做出正确的判断呢？林赛打趣说，她利用的是所谓的"可伦坡效应"。可伦坡是彼得 · 福克在电视上塑造的一名神探角色，可伦坡虽然在办案时显得笨手笨脚，但最终总能找出罪犯。如果双方在交流上出现了误解，那么林赛就会佯装疑惑状。"我会说：'可能是我的问题，但我真的没有听明白。不好意思，拿这些蠢问题耽搁大家的时间。但是能不能烦请你再给我解释一遍呢？只当我是个两岁小孩吧，麻烦你说慢一点儿。’”

优秀的制片人和制片经理不会居高临下地发号施令。他们会悉心聆听，也会连哄带劝，不惜和你唇枪舌剑。这些，都可以从他们工作时的思维模式中看出端倪。皮克斯的另一位制片人凯瑟琳·萨拉菲安曾经提到过临床心理学家塔伊比·卡勒，说她对自己在工作中所扮演角色的看法，全是受卡勒影响。凯瑟琳谈到了卡勒的“沟通处理模式”，这种模式将管理者的工作比喻成在一栋大楼中乘电梯一级级地移动：“卡勒提到的非常重要的一点，就是在沟通时把自己调整到对方的状态。我们可以把每一种人的性格看作一套公寓，住在不同楼层的人有着不同的视野。”那些住在高层的人或许会坐在露天阳台上，住在低层的人或许喜欢在院子里休憩。无论你打交道的对象是谁，想要与其进行有效的沟通，你就必须到对方所在的楼层去拜访。“无论是导演、制片人、制作班底还是艺术人员，只要是皮克斯团队中的佼佼者，都懂得搭乘电梯到不同的楼层，根据会面对象当下的需求和喜欢的沟通方式进行交流。有的人遇到了烦心事，可能需要先花20分钟一吐为快，然后才能进入谈话主题；有的人或许会强势地说：‘如果你不能给我提供这些我需要的条件，我就没法在截止日期前完成工作。’我一直都觉得我的工作就像日复一日地在不同的楼层之间上上下下。”

除了想象自己正置身于电梯中，凯瑟琳有时还会假装自己是一位赶着羊群的牧羊人。和林赛一样，她也会花时间审视当下的状况，思考如何才能最有效地牧羊。她是这样说的：“在爬山时，一些羊会走散，我需要把它们找回来。我有时走在羊群之前，有时走在羊群之后。在羊群中间的某一处发生的一些状况，我有时会不明了，而在我寻找走散的羊时，对其他一些事情就无暇顾及了。另外，我对我们前进的方向也不是很有把握，我们是准备翻过山岭，还是要回到羊圈呢？我知道我们终会到达目的地，但行进得非常缓慢。比如说，一辆车要穿过马路，但羊群却把马路堵得水泄不通。我盯着手表干着急：‘羊啊，求求你们快走吧！’但是，羊群仍自顾自不紧不慢地走着。我们虽然可以把精力用在管理羊群上，但我们真正想做的是把控羊群行进的大方向，并试着稍稍给它们一些引导。”

大家有没有注意到，这些思维模式中涵盖了许多我们之前提到过的内容：对恐惧感加以控制，寻找平衡点，果断决策（同时勇于承认错误），营造出前进的氛围等。我认为，在建立最适合自己的思维模式的时候，我们一定要仔细想清楚，自己想要借助这一思维模式解决什么问题。

比如，我注意到许多人都会用火车来比喻自己的公司。这功率超强的庞然大物，以锐不可当之势顺着铁轨翻山越岭，横跨广袤的平原，刺穿浓重的迷雾，划破黢黑的深夜。当问题出现时，我们会用“脱轨”或“失事”这样的词语来形容。我也曾听别人把皮克斯的制作团队比作各部件精准契合的火车头，大家都希望有机会试驾一把。然而，竟然有这么多人自信自己有能力驾驶火车，又有这么多人以为火车驾驶员是个掌大权的职位，觉得企业的未来是靠驾驶火车的人来决定的，这着实让我感到很有意思。其实，这样的理念与现实大相径庭，驾驶火车的人并不能决定前进的方向，铁轨才是。

关于如何应对不确定因素，如何应对变化，以及如何为人才提供条件和机会，我都有自己的思维模式，我也常常会对这些模式进行重温和反思。在卢卡斯影业的时候，我想象自己骑在一匹没有马鞍的马上，在一群野马之间飞驰，马儿的速度参差不齐，而我则试着让马儿齐头并进。有时候，我会想象自己双脚踩在一张平衡板上，板子下是一只圆柱形的滚轮。无论我脑子里浮现的画面如何改变，其中的问题是不变的：我们该如何做才能不过于偏向某一个方面呢？如何才能一边按照悉心制订的计划行事，一边以开放的心态对待他人的想法呢？随着时间的推移和经验的增加，我的思维模式也在不断地升级。就连在本书的撰写期间，我的观念也处于进化之中。

有一种思维模式对我帮助极大，说来奇怪，这个模式完全是我无心插柳的结果。我是在修持正念时接触到这种思维模式的。近些年来，正念修持在学术界和商业界均引起了很大的轰动，相关书籍、文章都喜欢侧重于正念对减轻压力和集中注意力的作用，但对我而言，在思考创意人才的统筹和管理问题时，正念能帮助我保持头脑清晰、条理分明。

几年前的夏天，我的妻子苏珊送了我一份礼物，我的这种思维模式就是因此而收获的。她觉得我需要休整一下身心，于是为我在科罗拉多红羽毛湖的香巴拉山脉中心预订了一次禁语体验营。这长达一周的封闭式静思是为初学者开设的，但在 70 名参与者中，我是唯一一个从未冥想过的人。对我来说，在几天时间内“闭口藏舌”，这不仅不可想象，甚至称得上荒诞不经。即便如此，我还是抱着好奇心，打算挨过一天算一天。静思第二日，我们进入了完全的静默状态，然而脑子里的声音却叽叽喳喳个不停，让我有些措手不及，不知道该如何应对。到了第三天，我满脑子聒噪不堪，嘴上却不能吱一声，这让我一度想要临阵脱逃。

估计大家都有耳闻，在东方文化中，懂得存在于当下非常重要，这个理念所蕴藏的哲学寓意即活在当下：万事皆无常，变化是永恒的，而我们无法阻挡变化的脚步。硬要阻挠变化，到头来只会害了自己。更甚的是，抗拒变化还会让你失去初心，无法敞开心胸接受新的事物。

那年夏天，我终究没有当逃兵。虽然课程中所用的专业术语在我听来很费解，但仍能让我联想到我在皮克斯苦苦思索的有关管控、变化、突发事件、信赖以及事情的前因后果等问题。搞创意的人都希望拥有清醒的头脑，但每个人到达这个目的地的途径却没有具体的规则。我一直是一个重视内观自省的人，这却是我第一次踏上这条路。从那之后，我每年都会去参加一次禁语体验营。这不仅对我个人很有好处，还让我思考了许多正念在管理方面的应用。

如果你持有正念，那么你就能不因计划或进程分心，而是将注意力放在当下的问题上。正念帮助我们认清思想的稍纵即逝及思想的主观性，让我们学会接受那些无法控制的事物。最重要的一点是，正念能让我们对新思想抱以开放的心态，直接而果决地处理问题。有的人错误地认为，只要丝毫不松懈地关注问题，就是抱持正念。但是，如果他们在紧盯问题的同时，在潜意识层面仍然受着焦虑和期望的羁绊，也没有意识到自己视线的局限性，不愿接受别人的观点，那么，他们的心态就称不上是开放的。

同理，企业中的团队常常会死守着计划或过去的经验，而不肯心无挂碍地去迎接眼前正在发生的变化。

一个偶然的机会，一条播客让我进一步加深对这一理念的理解。播客的内容是2011年“佛教极客年会”的一则演讲，发言人是在斯坦福大学任教的凯莉·麦戈尼格尔女士，题目为“科学对修行的启发”。麦戈尼格尔女士谈到，最近有关大脑内部运作的研究实验证明，冥想对缓解人的痛苦可以起到作用，这不仅包括人类因自身存在而产生的心理上的苦楚，还包括身体上实实在在感受到的疼痛。

首先，麦戈尼格尔女士谈到了2010年蒙特利尔大学组织的一项研究。研究对象分为两组，一组由一群经验丰富的静思禅修者构成，另一组则是一群没有静思经验的人。两组人员在一侧的腿肚子上绑上发热源，体验同样的灼痛感。研究人员在他们身上连接了监控器，记录了大脑受刺激部分的活动。研究人员在观察了脑部影像图后发现，虽然禅修者在实验过程中并没有刻意地冥想，但他们忍受痛感的临界值却比普通人高出许多。麦戈尼格尔解释说，禅修者的大脑虽然将注意力放在了痛感之上，但他们懂得如何把内心的杂音关闭，因此比那些没有冥想经验的人更能忍受疼痛。这种杂音就是我们脑内持续不断的独白，在未经训练的大脑或佛教所谓的“心猿意马之心”中，这杂音几乎一刻不停地响着。

接下来，麦戈尼格尔援引了维克森林大学组织的一项类似的研究，研究的重点是一组仅有4天冥想经验的禅修新人。这些初学者来到实验室，接受了同样的痛感测试，结果大家对痛感的忍受能力参差不齐。这是为什么呢？有人认为原因在于，有的实验对象对冥想技巧学得比较快，比其他人更有天赋。然而，从大脑影像来看，这些研究对象的大脑活动与经验丰富的禅修者的大脑活动是截然不同的。麦戈尼格尔解释说，这批实验对象的注意力并未放在当下，“而是在抑制感官所获的信息。差不多可以说，他们是在转移自己的注意力，不去理会当下正在发生的事情。他们选择了压制当下的感知，没有用心去体会，这样一来，他们的疼痛也就得到了缓解”。

这个发现让我产生了巨大的兴趣，也让我联想到我在管理过程中所观察到的一些行为举止。麦戈尼格尔谈到，这些人的大脑倾向于压制问题，而不是正视问题。但更令人头疼的是，在那些压制问题的人看来，自己的做法与那些正视问题的人相去无几。有的人本意是要追求正念，却一不小心踏上了完全相反的道路，这的确值得我们引以为戒。我们选择了闪躲、置若罔闻，有时候，这样的做法在短时间内的确可以让我们尝到甜头，但在麦戈尼格尔援引的例子中，那些长期修持正念的人并没忽略掉绑在腿肚子上的热源，也就是说，他们不会对手边的问题采取视若无睹的态度。他们认识到也感受到了问题，却没有让自己反应过激，他们克制住了大脑夸大问题严重性的倾向，因此能够更有效地加以应对。

这种将注意力集中在当下而非囿于过去或未来的思维模式，给了我不可估量的帮助。无论是在处理公司问题时，还是在劝告同事们不要在早已失去效力的计划或方法上纠缠不放时，这种思维模式都很有效。另外，正视问题（而非企图通过设置规矩来压制问题）的理念对我来说意义重大。

归根结底，你的思维模式是否与我的相同，这并不重要。无论你想象的是上下颠倒的金字塔、隐迹的山峰，还是驰骋的野马、悠闲的羊群，只要你努力构建一套模式来帮助你以开放的心态进行创新，那你就掌握了其中的精髓。我们脑中的思维模式不仅能为我们壮胆，还能让我们勇于踏上探索未知的道路，敢于迎接艰苦卓绝却又激动人心的工作。

Creativity, Inc.

第四部分　不断验证，不断提升

第 12 章　新的挑战

我们有关坦诚、无畏、自省等品质的理念，能否经得起新环境的考验呢？以皮克斯加入迪士尼为契机，我们希望向自己和其他人证明，我们在皮克斯所创造的东西，即便移植到皮克斯以外的地方仍能开花结果。

“我正在考虑把皮克斯卖给迪士尼。”乔布斯把这句话抛给我和约翰的时候，我们两人当时的吃惊，何止“瞠目结舌”四个字能够形容啊！

“你想干什么？”我们两人齐声发问。

那是2005年10月，我和约翰来到乔布斯位于帕罗奥图的家，当时，他与妻子及3个年幼的孩子住在一起。那天，我们本来是应邀来他家吃晚饭的，但眨眼之间，我和约翰就胃口全无。

仅仅18个月前，迪士尼和皮克斯在经历了数年硕果累累的合作后，公开闹翻了。乔布斯和迪士尼当时的总裁兼首席执行官迈克尔·艾斯纳断然中止了谈判，也由此关闭了双方探讨续签合作协议的通道，一时间人心惶惶。最让我们愤慨的是，艾斯纳竟然宣布要在迪士尼动画新开设一个叫作“圈七动画”的部门。他创设这个部门的目的，就是要排挤我们，企图把动画角色从亲手创造他们的人手里生生抢走。对于约翰而言，艾斯纳简直就是在绑架他的亲生骨肉，他对牛仔胡迪、巴斯光年、弹簧狗、抱抱龙等角色的爱，丝毫不亚于他对膝下的 5 个儿子的爱，一想到自己无力去保护这些角色，约翰就感到痛心疾首。

而现在，乔布斯居然想跟给约翰造成巨大创伤的公司合并！

当时我的第六感告诉我，这其中肯定有什么大事正在酝酿中。我知道，即便是在乔布斯和艾斯纳的关系决裂时，乔布斯仍旧对迪士尼这家公司抱有崇敬之情。比如说，他虽然不同意迪士尼市场部的某个策划项目，但私下里却告诉我们，他在市场运营方面的见识比不上迪士尼市场部的工作人员。同时乔布斯还认为，迪士尼有着卓尔不群的市场营销策略，对周边产品很是精通，加上主题公园运营有方，因此一直是合作的不二之选。

在乔布斯用出售皮克斯的建议来试探我和约翰的态度时，我知道，迪士尼的情况已经发生了巨变：首先，艾斯纳下了台，被鲍勃 · 伊格尔顶替。鲍勃一上任，就立即与乔布斯联系，希望捐弃前嫌。接着，两个人签署合同，将美国广播公司[①]最受欢迎的节目放在 iTunes 上。乔布斯之所以信赖鲍勃，很大程度上都是由于这个举动。对于乔布斯而言，这个合同的签署说明两个问题：第一，伊格尔是个实干家；第二，当时，整个行业对于将娱乐内容置于互联网上是一片反对之声，而伊格尔却愿意逆势而为。与 iTunes 签署合同花了 10 天时间，反对观念虽然根深蒂固，但还是被伊格尔抵制住了。当然，问题依然存在，圈七动画运作如常，正在绕开皮克斯，着手开展《玩具总动员 3》的制作工作。

约翰和我呆坐在那里，努力消化这个合并的消息。而乔布斯则在起居室里踱来踱去，为我们陈述做出决定的理由。毫无疑问，他早已考虑到了问题的方方面面。首先，皮克斯需要一位合伙人在市场营销和影片发行方面提供帮助，以确保影片能在全球院线上映。好吧，这一点我们当然也清楚。其次，乔布斯认为合并

① 鲍勃 · 伊格尔同时还是美国广播公司的总裁。——编者注

可以为皮克斯提供一个更大更坚实的平台，以拓展皮克斯的创意影响力。他说：“现在来看，皮克斯只是一艘游艇。但通过合并，我们就像登上了一艘巨大的远洋客轮，我们就能够经受住大风大浪和恶劣天气的冲击。”最后，乔布斯盯着我们俩的眼睛，向我们保证他绝不会在尚未征得我们同意前擅自把公司卖出去。但是，他希望我们俩在做出决定之前先为他做一件事。

“和鲍勃 · 伊格尔这个人接触一下吧，我只有这一个要求，他是个挺可靠的人。”

几个月过去了，2006 年 1 月，合同正式签署。华特 · 迪士尼公司用 74 亿美元对皮克斯动画工作室进行收购，但它不是一次普通的并购。这都是乔布斯的功劳：他提议让我和约翰担任皮克斯和迪士尼两家动画工作室的负责人，我担任总裁，约翰担任首席创意官。他认为，如果两家动画工作室的领导班底处于分离状态，会促使双方之间发生无谓的竞争，最终还可能两败俱伤。（他同时还认为，让我们俩担任负责人，能够确保皮克斯不在较为强势的迪士尼公司的荫翳下失去自己的传统。）这一点，约翰也表示了认同。

这为我和约翰提供了一个千载难逢的机会：我们在皮克斯花了十几年的时间磨炼出自己的一套理念，现在，这套理念终于有机会在新环境中践行了。我们有关坦诚、无畏、自省等品质的理念，能否经得起新环境的考验呢？抑或，这些理念仅仅适用于皮克斯这种较小的企业环境？为了寻找问题的答案，也为了找出一种能让这两家风格迥异的企业双双获益的管理模式，我和约翰扛起了重任。

在约翰看来，皮克斯工作室中满是艺术先锋，他们以创造新的艺术形式而自豪，同时也不断在剧本写作上攀登高峰。迪士尼动画则有所不同，这是一家有着璀璨历史的工作室，也是动画界的黄金标杆。迪士尼的员工们渴望制作出无愧于华特的电影，这些电影不仅要在质量上赶上华特的水准，还要富有时代感。皮克斯对创意人才的管理手法是否能在迪士尼站稳脚跟，坦诚来说，我和约翰并没有十拿九稳的把握。我们的目标是，一边保证皮克斯的茁壮成长，一边重振迪士尼动画的雄风。

在这一章中，我将着重讲述我和约翰是如何朝着这个目标努力的，这也是我当初决定写这本书的一个主要目的。《玩具总动员》制作完成后，我为自己定下的新目标就是思考如何创建一个可持续发展的创意大环境。以皮克斯加入迪士尼为契机，我们希望向自己和其他人证明，我们在皮克斯所创造的东西，即便移植到皮克斯以外的地方仍能开花结果。并购前的铺垫和并购的具体执行，都堪称极好的商业范例，能参与其中，我深感荣幸。首先，我会和大家分享这次并购的由来，我相信正是因为我们在初始阶段做的准备工作，为两家公司的合作打下了坚实的基础。

“和鲍勃·伊格尔这个人接触一下吧。”这是乔布斯对我们的要求。于是，几周之后，我们双方便见面了。

我和伊格尔相约在伯班克的迪士尼工作室见面，他一开始先给我讲了一个故事：一个月前，在香港迪士尼乐园的开幕仪式上，一个灵感突然在他的大脑中闪现，那时，他正看着一群动画角色列队从他的面前走过，其中有唐老鸭、米老鼠、白雪公主、小美人鱼以及巴斯光年和牛仔胡迪等。他告诉我：“我突然意识到，过去10年中的每个经典动画角色都出自皮克斯。”他说，迪士尼公司的确拥有许多优势，比如主题公园、豪华游艇、周边产品以及真人电影等。但是，动画片永远是迪士尼的灵魂，因此他决定让迪士尼动画片重现当年的辉煌。

鲍勃喜欢提问，而不喜欢自顾自地侃侃而谈，这一点给我留下了深刻的印象。他的问题一针见血、开门见山，他说皮克斯拥有自己的秘诀，他希望能一探究竟。迪士尼与皮克斯合作这么多年来，迪士尼的人提出想向皮克斯取经的事，我还是头一次遇到。

在总裁生涯中，鲍勃经历过两次大规模的并购案，一次是1985年大都会通信公司对美国广播公司的收购，一次是1996年迪士尼对大都会/美国广播公司的收购。他说，这两次收购中，一次很成功，另一次则以失败告终。因此，企业合并后其中一家恣意压制另一家所造成的毁灭性后果，他是亲眼见过的。他向我保证说，如果迪士尼真要收购皮克斯，他会努力避免历史的悲剧重演。他的方案非常明确：一面重振迪士尼动画，一面捍卫皮克斯的自治权。

几天后，约翰与鲍勃共进晚餐，随后我和约翰碰头交换意见。鲍勃与我们在核心价值观上是一致的，约翰对此表示同意。但是，皮克斯提倡坦诚与自由，鼓励大家以有益的自我批评实现员工及影片的最大价值，而约翰担心这次并购会对我们珍视的企业文化造成毁灭性的破坏。约翰将皮克斯的企业文化比作一个鲜活的有机体，他曾经告诉我："我们仿佛找到了一种方法，可以在一个从未生长过某种生命体的星球上孕育它们。"他不希望这种生命体的存活受到任何威胁。我们相信鲍勃是心存善意的，但是也担心势力较大的公司会压垮我们，即使是无意为之，其危害也不容小觑。但是，鲍勃还是请约翰放心，表示愿意和我们一起努力，防止这种情况发生。他告诉我们，这次的合约是个大数目，为了说服迪士尼董事会同意这一合作，他以自己的名誉做了担保。鲍勃说，他有什么理由去侵害迪士尼所购资产的价值呢？

我们的面前是一条分岔路，抉择的时刻近在眼前，有几个重要的因素让我们不得不细心去思考：两家工作室合并后的关系到底会怎样？皮克斯和迪士尼动画能否在各自独立的情况下蓬勃发展、保持平等呢？

2005 年 11 月中旬，约翰、乔布斯和我一起吃晚饭，地点是在乔布斯最钟爱的一家旧金山日本餐厅。在谈论并购带来的挑战时，乔布斯给我们讲了一个故事。大约 20 年前，也就是 20 世纪 80 年代初期，苹果公司正在研发两款个人电脑，一款是Mac，一款是Lisa，乔布斯当时负责的是Lisa的研发。他并不喜欢这份工作，也承认自己没有尽职尽责：他不但没有激发团队的灵感，反而打击他们说Mac研发团队早已占了上风。这等于是在告诉自己的团队他们的所有努力都将化为泡影。乔布斯告诉我们，这支团队被他打击得一蹶不振，而他后来也意识到自己当时的做法是错的。他接着说，如果这次并购成功，"我们要做的不是给迪士尼制造挫败感，而是要为他们鼓劲"。

我和约翰都对迪士尼怀有深厚的感情，所以做到这一点应该不难。我们两个人都拼尽全力，想要够到华特 · 迪士尼树立起的艺术标杆。因此，当想到我们能够走进迪士尼动画的大门，肩负起重振迪士尼员工士气和协助迪士尼再现昔日光彩的重任时，我们虽然有些发怵，但同时也有被重视的成就感。晚餐结束前，我们三人达成了协议。如果我们双方携手共进，皮克斯、迪士尼以及整个动画界的前景都将光明起来。

约翰和我觉得，这个消息也许会给皮克斯的成员带来巨大的打击。（约翰回忆道："我们猜想，把这个消息告诉大家时，大家的反应会跟我们刚听到乔布斯提议时的反应一模一样。"）因此，在正式公布这个消息之前，我们必须倾尽全力为大家提供安全感，让大家知道我们会采取一切措施来避免并购对皮克斯造成不良影响。在伊格尔的支持下，我们开始着手起草一份后来被命名为"公司文化五年契约"的文件。这份长达 7 页、以单倍行距列出的清单上，囊括了并购之后皮克斯所有不容有变的传统。

这份文件的 59 个条目涉及了大家关心的许多问题：补偿金、人力资源政策、休假规定以及福利，等等。（第 1 项规定，管理层要按照皮克斯一贯的做法，只要电影的票房收入达到一定标准，就要给员工发奖金。）有的条目与员工的私人权利紧密相关。（比如，第 11 项规定，皮克斯的员工有权在自己的名片上发挥创意，自由决定自己的名字和职位。第 33 项规定，皮克斯的员工有权继续按自己的喜好来装饰办公室、自己的办公工位及其他空间，从而彰显自己的个性。）有的条目是为维护皮克斯的企业传统而设的。（第 12 项规定，庆典派对是皮克斯的传统，其中包括各种节日派对、电影关机派对、年度车展、纸飞机竞赛、五月五日节以及夏日烧烤派对等。）有的条目是为了维护皮克斯人人平等的文化。（第 29 项规定，每个员工都没有指定停车位，总裁也不例外。所有停车位都要本着先到先停的使用原则。）

我们不敢断言，这些规定所维护的传统就是皮克斯获得成功的助推器。但是，这些传统都是我们非常珍视并发誓要尽力保护的。皮克斯是特立独行的，我们愿意在这条少有人走的道路上继续走下去。

促成这桩交易的，还有一个大家在签署合同时并未注意到的重要因素，这就是双方之间的信任。在并购进行到最终阶段时，迪士尼的董事会成员发现皮克斯的骨干人员并没有签署劳动合同，这引起了他们的不满。

迪士尼认为，并购皮克斯之后，如果我与约翰或者其他什么人离开了，公司便会面临灾难。因此，他们要求我们在交易完成之前先签署劳动合同。但这一要求遭到了我们的拒绝。在皮克斯的企业文化中有个原则，员工留在皮克斯应该是出于兴趣，而不是因为受到合同的约束。因此，皮克斯没有要求员工签劳动合同这一规定。我们从皮克斯的核心价值观出发，拒绝了迪士尼的要求。从迪士尼的角度来看，这一举动让并购合同显得不大可靠；对皮克斯而言，我们担心迪士尼的体制会在无意间将皮克斯苦心营造的文化毁于一旦。也就是说，双方都感觉自己在冒险。最终，双方本着相互信任的态度完成了这次并购，两家公司都觉得自己有义务履行合约的内容。在我看来，这种态度正是打开双方合作大门的钥匙。

并购当天，鲍勃飞抵皮克斯位于加州爱莫利维尔市的总部，参加发布仪式。签署过文件、通知了证交所之后，乔布斯、约翰和我走上台向我们的 800 名员工致意。这是值得我们企业铭记的一刻，我们希望员工们能够理解这次并购的意图，也希望他们明白并购的意义。

约翰、乔布斯和我依次为大家讲解了关于并购的思考：皮克斯需要一个强有力的合作伙伴，这次并购对我们的发展可以起到积极的推动作用。面对变化，我们一定会坚决捍卫皮克斯的文化。正如我们预料的那样，大家的脸上满是失望和沮丧的表情，我们同样难以平复自己的心情。我们热爱皮克斯的员工，热爱大家亲手创立的这家公司，而我们给大家带来了一场天摇地动般的巨变。

我们将鲍勃请上台，大家对鲍勃的热情让我引以为豪。鲍勃对皮克斯的员工所说的话与他之前告诉我们的完全一致：首先，他对皮克斯这家企业非常欣赏，由于他自己经历过一好一坏两次并购，所以他痛下决心要让这次并购成功。他说："迪士尼动画出问题了，而我有两个选择：第一，仍寄望于迪士尼现在的管理者；第二，去挖掘那些我信任的人，那些创造了广受喜爱的优秀剧本和角色的人。于是，我把目光转向了皮克斯。我向大家保证，我一定不会让皮克斯的企业文化受到伤害。"

这之后，在与分析师进行的一小时的通话会议上，鲍勃和乔布斯兑现了之前的承诺：他们宣布圈七动画将被取消。乔布斯说："我们坚定地认为，如果要制作电影续集，原作的制作人员也应该参与进来。"

忙了几乎一整天，约翰、乔布斯和我才找到喘息的工夫，我们上了楼，躲进了我的办公室。办公室的门一关，乔布斯就双手抱住我们，哭了起来。这是自豪之泪，是欣慰之泪，也是爱的眼泪。乔布斯将皮克斯由一家濒临破产的硬件供应商打造成为动画界巨擘，如今，他又成功为皮克斯争取到了两个成功路上必备的利器：迪士尼这家可敬可佩的合作伙伴，以及鲍勃这位真心实意的支持者。

翌日清晨，约翰和我一起飞到迪士尼位于伯班克的总部。我们要进行必要的寒暄，还要与高层会面，但我们当天最主要的目的是在迪士尼动画的 800 名员工面前做一次自我介绍。我们想让大家放宽心，因为我们是本着和平友好的目的来的。下午 3 点，我们走进迪士尼后广场的 7 号摄影棚。这些动画制作人员并肩站着，把偌大的空间挤得水泄不通。

鲍勃最先发言，他说，你们不应把并购皮克斯一事看成是对迪士尼的不恭，相反，这件事表现了他本人对动画事业的一片至诚之心，也证明了他将动画奉为迪士尼老本行的看法。轮到我的时候，我的发言很简短。我告诉迪士尼的新同事们，一家企业想要强盛，员工们必须愿意袒露心声。我说，从这一天开始，迪士尼动画的所有成员彼此间都应自由地交流，不要考虑对方的头衔，也不要有后顾之忧。在向大家传播了这一皮克斯文化的核心原则之后，我马上补充道，像这次这样不经过事先商量就把理念从爱莫利维尔带过来的做法，只是罕见的个例。“我希望大家明白，我绝不希望把迪士尼动画转变为皮克斯的克隆体。”

说完，我迫不及待地把话筒交给了约翰。约翰与迪士尼渊源深厚，在场的各位中不乏对他怀有景仰之情的同道中人。我感觉，约翰的出现一定会让大家在过渡期安心不少。事实证明，我的感觉是对的。约翰满怀激情地向大家介绍了如何让故事和角色更丰满，又谈到只有创意人员和制片人员相互尊重、团结一心，故事和角色才会更加出彩。作为一名由导演主导的动画公司的导演，制作着脍炙人口且能真正引发观众内心共鸣的作品，这个中滋味，约翰也与大家做了分享。

从迪士尼员工们的欢呼声中，我推测我和约翰完成了乔布斯布置的任务，因为我们并没有让大家产生打了败仗的失落感。在我们加入迪士尼动画之时，导演内森 · 格雷诺已经在此效力了 10 年之久。几年之后，我问内森，那天早晨宣布并购时他心里在想什么。他回答我说：“告诉你吧，我当时在想，我从小就想为之效力的那个迪士尼公司，这次或许真的回来了。”

在伯班克任职的第一天，我早上不到8点就走进了迪士尼动画的大门。我想要在别人还没到之前在走廊里徜徉一番，算是熟悉一下环境吧。我和迪士尼的后勤主管克里斯·希布勒约好，请他做我的向导。我们选择地下室作为起点，第一件让我感到奇怪的事是员工的办公桌上很少摆放个人物件。在皮克斯，大家的工作区域简直就是彰显个性的地方：大家又是装修又是改建，为的就是将个人的怪癖和嗜好表现出来。但在迪士尼，大家的办公桌上却一片贫瘠、千篇一律，毫无个性可言。我问克里斯这是为什么，他只是搪塞了我几句，并没有停下脚步。可这种景象如此让人不解，于是几分钟后，我又一次向克里斯问及这件事，而他又一次转移了话题。我们沿着楼梯向上爬，即将进入大楼的中心位置时，我回过头直截了当地向克里斯提问，为什么在如此充满创意的地方工作的人，竟然没有把自己的办公环境布置得个性化一点儿呢？是不是有什么相关规定不允许大家这样做？我说，这地方看起来真是一点儿生气也没有。听到这里，克里斯才停下脚步转向我。他终于坦白地告诉我，为了迎接我的到来，高层领导者指示大家把办公桌收拾干净，给我“留下一个良好的第一印象”。

这个现象让我感受到了我即将要展开的工作的艰辛。对我而言，桌上凌乱并不是什么大问题。而由个性不足所导致的疏离和恐惧感，竟然在迪士尼渗透得如此之深，这才是引起我警惕的地方。迪士尼如此谨小慎微地想要避免失误，即便是在布置办公空间如此微不足道的问题上，也没有人敢崭露头角，没有人敢出纰漏。

这种疏离感同时还表现在整栋大厦的设计上。大厦的总体布局看起来并不利于员工彼此间的合作和意见的交流，而在乔布斯、约翰以及我本人看来，合作和交流正是创意工作所不可或缺的条件。员工们被稀疏地安排在四层楼上，彼此间的交流沟通变得非常不便。底下两层楼让人感觉与地牢无异，令人压抑的吊顶，零星的窗户，罕有自然光透进来。这地方不但没有刺激和培养大家的创意，反倒给大家造成了沉闷感和疏离感。“管理层办公套间”设在顶层，正门威严肃穆，让人不敢迈进去。简单来说，我觉得眼前的工作环境非常糟糕。

因此，我们最迫切的待办事项之一，就是进行一些基本的改造工作。首先，我们将拒人于千里之外的顶层管理层办公室拆分为两间宽敞的“故事屋”，供电影制作团队聚在这里集思广益。约翰和我的办公室设在二楼，也就是中间楼层，把有碍交流的秘书们的办公隔间撤走（我们给大部分秘书另外安排了自己的办公室）。约翰和我特意将办公室的窗帘打开，这样不仅大家能看到我们，我们同时也能看到他们。我们用行动和话语向大家传达着一个目标，那就是对透明沟通的追求。我们把将“我们”和“他们”分隔开来的门换成了一张地毯，地毯上色泽鲜亮的竖条看起来就像道路，引领大家走向我们的办公室，而不是让大家远离我们。我们拆掉了几堵墙，将我们俩的办公室一出门的地方改造成一个聚集区，还设置了新的咖啡吧和小食吧。

这些举措听上去好像有做表面文章之嫌，但是这些举措所传达的信息却为企业的几次重大变革做了铺垫。这些变革的脚步，直至今日仍没有停下来。我在第10章中向大家介绍了我们解散迪士尼“监督小组”的始末。这支小组本应负责审读制片报告，确保电影制作按计划进行。而实际上，这支小组除了将迪士尼成员的士气打击得低迷不振以外，实在没有什么别的“建树”。然而不幸的是，“监督小组”仅仅是冰山一角，在迪士尼动画，这种扼杀创意的层级机构还有不少。为了与这些机构进行较量，我们倾尽了全力，但我不得不承认，在这场鏖战刚刚拉开序幕时，我着实感到力不从心。

我们对迪士尼的员工、导演以及项目知之甚少，因此不得不从速搜集信息。约翰和我要求把每一项正在进行的项目信息都告知我俩。除此之外，我还与迪士尼的每一位经理、领导者、制片人以及导演进行了交流。说老实话，我并没有从这些交流中推断出太多的信息，但也并非徒劳无功。通过这些交谈，我和约翰树立了“新上任的小镇警长”的印象，这些面对面的交谈向大家表明，我们是有血有肉、实实在在的人。从整体上来说，我们发现迪士尼的电影理念存在纰漏，但我们尚不清楚，这纰漏的源头是领导者能力上的欠缺还是领导者没能受到有效的培训。我们只能暂且推测这些领导者沿袭了错误的做事方法，于是承担起重新培训他们的任务，并开始寻找那些有上进心并渴望学习的对象。但我们要考察的人选共有800名之多。

对此，我们自有一套对策。

我们需要做的，是建立一个翻版的智囊团，并让迪士尼的员工适应这种体制。尽管导演们之间彼此欣赏，但由于迪士尼每部电影都需要为抢占资源而彼此竞争，因此各位导演无法结成一个团队。为了创建一个畅通的信息反馈系统，我们必须改变当前的局面。

另外，我们还必须考虑到迪士尼动画真正的领导者是谁（我们不能简单地推断那些坐在大办公室里的人就是领导者）。

很明显，制作团队与技术团队之间也存在着矛盾。据我所知，矛盾的根源来自误解，而非实质性的问题，这些矛盾也有待我们来化解。

打一开始，我们就决定保持皮克斯和迪士尼动画各自的独立性。这个决定很重要，但许多人都没能看出其背后的原因。大家只是推测，这是因为皮克斯制作的电影是三维的，而迪士尼的电影是二维的。也有人预测，我们会将两家工作室合并在一起，或者让迪士尼使用皮克斯的制片工具。但对我们而言，保持双方的独立性这一点至关重要。

约翰和我开始频繁往返于爱莫利维尔和伯班克之间，每周至少来回一次。上任之初，皮克斯的首席财务官会和我们同行，在体制改革的规划和实施上给我们提供帮助。另外，我们的一位技术方面的负责人则协助迪士尼的技术团队进行改革。除此之外，我们不允许两家工作室插手对方的任何制作项目。

部署好这些策略后，我们便可以考虑接下来的行动了。

迪士尼的一位高级主管告诉我，他不理解迪士尼为何要收购皮克斯，他立刻引起了我的注意。这位经理喜欢借用体育运动的例子来打比方。他告诉我，迪士尼动画早已成功带球闯入球门区，正处在起脚射门的当口。在他看来，迪士尼正在自救的边缘，眼看着就要为长达16年无一片问鼎票房榜首的低谷期划上句号了。我很欣赏此人的活力和他敢于提出异议的勇气，但我告诫他，如果他还想在迪士尼继续待下去，就必须搞清楚迪士尼并没有闯入球门区，也没有解决自己的问题。这位主管头脑非常机灵，但通过一段时间的接触，我发现让他帮忙推翻自己亲手营造的企业文化，这样的负担实在过于沉重。因此，我不得不选择让他离开。这位经理一门心思地拥护现存的体制，死守所谓的“正道”，以至于对自己的思维模式中存在的漏洞一无所知。

最终，被我委以领导责任的人，竟是大家认为我肯定会一票否决的人选，他就是圈七动画的负责人安德鲁·米尔斯坦。绝大多数人都推测，那些染指“山寨版皮克斯电影续集”的人，在我和约翰的眼中必定是有污点的。但实际上，我们压根儿就没有这种想法。迪士尼制作皮克斯电影续集的决定，与圈七动画的成员毫无干系，他们只是受雇来完成自己的工作而已。与安德鲁面对面交谈时，他对我们新选定的方向充满好奇，同时也有许多自己的想法，我对这一点尤为印象深刻。他在总结迪士尼存在的问题时告诉我：“我们的电影制作者已经失去了自己的声音。这并不是因为他们不愿表达自己的思想，而是由制作团队的势力失衡造成的。这失衡不仅存在于制作团队之内，还存在于制作团队与整个公司之间。平衡的丧失，正是让创意失声的罪魁祸首。”

很显然，安德鲁和我志同道合，他是我们可以信赖的合作伙伴。最后，我们决定由他来担任迪士尼动画工作室的总经理一职。

迪士尼动画的人力资源负责人是安·勒卡姆，不得不说这是幸运之神对我们的又一次眷顾。虽然安还没有摆脱之前的工作方式，但她善于学习，也乐于重塑迪士尼的形象。在她的帮助下，我对迪士尼内部的运作方式有所了解，同时，我也鼓励她转变工作上的思考方式。比如说，我上任不久，安就来到我的办公室，给我看了一份为期两年的计划案，上面逐一列举了今后对各种人员问题的具体解决方法，详细说明了我们应当处理的问题以及问题的处理时间。为了准备这份无所不包的文件，安花了整整两个月的时间，但我采取了尽可能温和的态度，告诉她这并不是我需要的。为了让她明白我需要什么，我在一张纸上画了一座金字塔。“你这份文件的意思，其实是推断两年之后我们会到达这个地方，”我一边说，一边用铅笔头点了点金字塔的塔尖，“一旦做出了这样的推断，你自然而然会死死盯着这个目标。这样一来，你就看不到其他可选的路径了。你的思考范围会越来越窄，一心想要确保这个目标的实现。因为这关乎你的名声，你觉得你在其中担着一份责任。”说完，我在金字塔上画了几条线，向她表明我所偏好的工作方式。

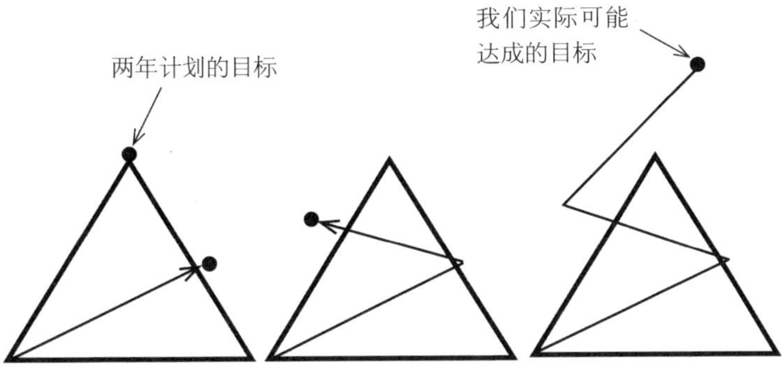

图 1　3 个月　　**图 2**　6 个月　　**图 3**　2 年

我画的第一条线（见上方图 1）表示我们计划在 3 个月后达成的目标，第二条线（图 2）表示 6 个月后我们可能达成的目标（大家应该能看出，这个目标超出了安的两年目标的范围）。我告诉她，我们不应该像她计划的那样到达金字塔的塔尖，而应该顺其自然地到达目的地（图 3）。我不希望安为到达目的地预设一条“完美”路径（也不希望她雷打不动地死守着这条路），我希望她能一边前进一边做调整，也希望她保持灵活的心态，接受前进与改变并行的现实。安立马明白了我的话，很快，她就忍痛对自己的团队做了一次重组，以适应新的思考方式。

在迪士尼动画，有些亟待修补的漏洞简直是张着大口在召唤我们。比如说，在与迪士尼导演的交谈过程中，我们发现他们的每部电影都会收到 3 份点评。一份来自工作室的开发部门，一份来自工作室负责人，最后一份来自迈克尔 · 艾斯纳本人。这些点评实际上并不能算是“点评”，而是硬性的规定。这些点评文件呈清单形式，每一项条目旁都有一个方框，让当事人在完成要求后在方框内打钩。最离谱的是，点评者没有一个人有过制作电影的经验，因此这 3 份点评常常出现相互矛盾的情况，让这些反馈信息显得有些“精神分裂”。这种理念与我们在皮克斯的信条和做事方式完全背道而驰，这样的条条框框只能衍生出低劣的作品。因此我们向大家宣布，从今往后，这些强制性的点评一律取消。

迪士尼动画的导演们需要一个有效的信息反馈系统，事不宜迟，我们按照他们的具体情况，帮忙成立了他们自己的智囊团，让大家可以畅所欲言，就制作中的项目开诚布公地寻求和发表意见。（大家彼此间的欣赏和信任为智囊团的成立铺平了道路。有人告诉我们，在我们到来之前，大家就已经成立了一个叫“故事信托会”的小组，但由于管理者对小组理念认识不清楚，小组没能发展成为一个固定的讨论会。）于是，我们尽可能快地将迪士尼的十几名导演和剧本创作人员用飞机送往皮克斯，让他们参加围绕布拉德·伯德的《美食总动员》展开的智囊团会议。但是，我和约翰告诉他们，这次会议只能作壁上观——只观摩，不发言。当人们敞开心扉各抒己见时，当大家本着相互促进而非讥讽嘲笑之心给予点评时，会是怎样一番景象呢？我们想让迪士尼的制作团队亲身感受一下。

翌日，皮克斯的几位导演、编剧和剪辑师陪同迪士尼一行人回到伯班克，观摩故事信托会举行的会议，会议的内容是探讨当时正在制作的《未来小子》一片。这次，我们也同样坚持让皮克斯团队置身事外，默默观察即可。我感到会上迪士尼的各位似乎不那么紧绷了，都在小心地试探着这新得的自由的张力。影片的制片人会后告诉我，这是她在迪士尼见过的最有助益的影片点评会。但是，我和约翰都觉得，虽然大家对这种靠制度规划来的坦诚相待可以从理性上予以接受，也能遵照规定予以配合，但想要让大家做到发自内心的开诚布公，路途还很遥远。

让这一状况出现好转的契机，终于在故事信托会于伯班克召开的一次会议上出现了。2006 年秋天，也就是并购完成的 9 个月后，当时我们正好看完一部名叫“美国犬”的电影样片，是围绕一只受到万千宠爱和瞩目的明星狗展开的（就像现实中的任丁丁①）。这只狗错以为自己就是自己在电视上出演的超级英雄，而当他在沙漠中被困时，才发现自己那按剧本展开的单一生活并没有教会他应对现实的本领，他也没有什么神力。这些剧情都没什么可挑剔的，但随着影片的发展，居然出现了一个卖曲奇饼干的女童子军——一个带辐射的僵尸连环杀手。

① 任丁丁，据史料记载可知的最早的动物明星，而且跻身卖座明星之列，主演过 26 部电影。——译者注

我对奇思妙想举双手赞成，但这样的构思实在太莫名其妙了。若说这部电影还没有走上正轨，真是一点儿也不为过。在会上，约翰像往常一样首先肯定了这部电影的优点，同时也表示他看出了一些问题。他想让迪士尼的员工自己来挖掘这些缺点，因此并没有太过深入，而是把话语权交给了大家。整个会议上的评语都只是蜻蜓点水，轻松得有些出人意料。只听评语的话，你绝对听不出这部电影浑身都是缺点。会后，迪士尼的一位导演向我坦白说，会议上许多人都对这部电影颇有疑义，但因为约翰在会议开头时态度非常积极，他们也就不敢直抒己见了。大家是看约翰脸色行事的，他们推测约翰对这部电影评价积极，因此不愿违背他的意见。也就是说，大家没能遵从自己的内心，而是选择了欲言又止。

约翰和我邀请导演来共进晚餐，我们告诉他们，如果他们使用这样的思考方式，这家公司就完了。

我让导演拜伦 · 霍华德为我们描述了一下他们之前的思考方式，他回答说："迪士尼动画有点儿像一只经历过多次暴打的落水狗。公司的各位成员虽然渴望成功，却担心自己只是在没有出路的项目上枉费心血。在点评会上，大家因为害怕互伤感情而不提意见，这种担心大家都有所觉察。我们必须搞清楚，我们攻击的对象并非彼此，而是电影作品。只有这样，我们才能创造一个去伪存真的熔炉，锻造出最经得起考验的体制。"

信赖是需要经过时间慢慢建立的，想要让大家同甘共苦，并无捷径可走。如果有人在会上不能袒露心声，我们就要私下和这个人进行沟通；如果有人一直踌躇不前、不敢置身于唇枪舌剑之中，我们就要为这个人壮胆打气。如果我们不进行警醒有效的教导，我们前进的步伐就会迟滞缓慢。说真话并非易事，但我敢保证，今天的迪士尼故事信托会中的各位成员，不仅懂得坦诚相见，也明白如何将批评建议表达得更妥帖。

在最初的几个月里，我们还用了另一种方式来增强迪士尼动画成员彼此之间的信任。在并购时，我们拒绝在劳动合同上签字，同样地，我们也开始着手为迪士尼的员工取消劳动合同。一开始，人们认为我们这样做是想从员工手中攫取权利，夺走他们的保护伞。而实际上，在我们看来，劳动合同对雇主和员工的权利都造成了侵害。一方面，这些合约阻碍了上下级之间的有效沟通和反馈，如果有人对公司不满，考虑到合同的效力，即使找人反映也无济于事。从另一方面来说，如果员工表现欠佳，老板也没有必要予以指正，只要不与这位员工续约就行了，很多员工直到那时才幡然醒悟自己的表现需要改进。这种体制不利于也不重视日常工作中的沟通，有损企业文化的健康发展，但大家早已习惯了这种体制，因此对问题视而不见。

我想要打破这个恶性循环。我认为我有责任将迪士尼打造成一个让人流连忘返的工作场所，如果我们最具才能的人有随时选择离职的权利，那么我们一定会时刻保持警觉，努力满足他们的要求。如果有人遇到了问题，我们希望他们能毫不迟疑地把问题摆到桌面上来，而不是把不满闷在心里。事事遂人愿的确不大可能，这一点几乎所有人都知道，但我们需要让大家明白：他们的问题会迅速得到处理，他们的心声我们愿意聆听。

我在上文中说过，我们很早就做出决定，皮克斯和迪士尼动画两家公司应当保持各自的独立性。也就是说，无论时间多么紧迫，形势如何严峻，双方都不能染指对方的制作项目。我们为何要这样做呢？因为如果把双方的员工掺合在一起，必定会造成繁文缛节丛生，但我们仍有一套总体的管理章程。简单来说，我们希望两家公司都能明白自己有独立经营的能力，也有独立解决问题的自由。在一方出现问题时，如果我们打开方便之门，让其不费吹灰之力就能从另一方借来人员或其他资源营救，那么我们其实只是暂时遮掩了问题而已。通过禁止双方进行资源互借，我们其实是在逼迫问题浮出水面，好让双方都能够正视和解决问题。

没过多久，我们的《美食总动员》一片就出现了严重的危机，正好为我们提供了一次审视问题的机会。

我在上文中说过，《美食总动员》的制作工作进行到一半时，我们对导演组进行了大换血，刚刚完成《超人总动员》的布拉德 · 伯德加入了进来。他对整个剧本进行了一次大修改，相应地，影片画面也要进行一次大修改。具体来说，在之前的版本中，所有老鼠都是用两只脚行走的，但布拉德觉得片中的老鼠（除了我们的主人公雷米之外）应该像真正的老鼠一样用四肢爬行。所有的老鼠都有自己的一套“骨骼设定”，也就是供动画师操纵电脑模型形态和位置的一组复杂的控件。布拉德的这一决定意味着这些老鼠们的“骨骼设定”要经历一次大的修改。面对布拉德的要求，进度已比计划滞后了许多的皮克斯制作团队认为，自己没有人力物力来完成骨骼设定的修改。制片人表示，迪士尼的一些工作人员正处于两个项目之间的间歇期，如果从迪士尼借人手，就能确保影片在计划时间内完成。我们断然拒绝了，没有任何商量的余地。其中的原因我们早已向大家做过解释，但我觉得，大家可能还是想试探我们是否言出必行吧。大家这样做无可厚非：借用人手的确要比自己独立解决问题容易。但最终，《美食总动员》的制作团队还是利用自己手上的资源，在规定时间内完成了这部电影。

不久之后，迪士尼的《美国犬》一片也出现了危机。我在上文中说过，即便是我们这些对新奇点子举双手欢迎的人，也觉得剧情中出现的连环杀手对于家庭影片而言太过黑暗了。虽然我们心有疑虑，但还是决定给这部片子一些提升的空间。我们安慰自己，想找到一部影片的主线是需要下功夫的。故事信托会的会议召开后，10 个月的时间过去了，影片却没有什么起色。于是我们做出决定，唯有将这部影片的制作推翻重来了。我们邀请了《花木兰》和《变身国王》等影片的资深编剧克里斯 · 威廉姆斯，以及正在督导《星际宝贝》动画师工作的拜伦 · 霍华德，让他们来接替影片的导演工作。他们删掉了连环杀手的桥段，并将电影重新命名为《闪电狗》。他们认为，这部电影的一个最大问题，就是闪电狗的外形不够讨人喜爱，拜伦回忆道,“这个角色还不够资格做主角”。他补充说，2007 年圣诞节将至的时候，“我们开了一次叫作‘这只狗狗真难看’的会议，会上大家一起商量了下一步的对策。我们的两位动画师自告奋勇，牺牲了自己的圣诞假期，与骨骼设定技术人员一起为我们的狗主角重新设计了形象。他们两个人把自己两个星期的圣诞假期全都搭上了，等到我们休完假时，闪电狗的外形已经从 20 分飙升到了 90 分”。

面对紧迫的时间和繁重的任务，《闪电狗》的制片人克拉克 · 斯宾塞问我们能不能从皮克斯借一些人手，我和约翰又一次拒绝了。我们认为，两家公司必须认识到，各自的电影必须靠各自的力量完成，而不能倚靠别人施以援手。

事后，克拉克告诉我，能领导一批在重压下仍对工作尽职尽责的工作人员，他感到浑身都充满了活力。他回忆道："这个项目的制作把整个工作室的热情都点燃了，参与其中让我受益匪浅。我在迪士尼干了 15 年，从未见过大家如此投入而毫无怨言。大家都真心实意地为这部电影倾尽心血，他们知道这是他们第一次参与约翰执导的影片，因此希望能做出点儿名堂来。"

这股劲头来得正好，因为我们发现另一次危机也在酝酿之中了。

片中，我们的主角有一位忠心耿耿——也许是受了电影的蒙骗——的伙伴，是一只名叫"阿诺"的仓鼠。他是本片最具喜感的角色，但在制作工作接近尾声时，这只仓鼠却出了问题。2008 年年初，距离影片制作结束只剩下几个月的时间，动画师们却告诉我们，阿诺的制作太费时间，拖延了制作的进度。有点儿讽刺的是，这个问题恰好与皮克斯在制作《美食总动员》时碰到的问题相反。在修改过的剧本中，阿诺是用两条腿走路的，但在原稿中，他却是用四肢爬行的。这听起来虽然不是什么大难题，但想要把爬行的动作改为用两条腿走路，骨骼设定的改动很容易让角色的外形发生扭曲。这是一个不小的挫折。阿诺是影片中重要的幽默元素，对剧情发展也非常关键。但动画师们却说，由于阿诺的制作太困难，他们无法在截止日期之前完成。走投无路的我们只好找到影片的技术指导，问他们能否简化角色的骨骼设定，降低这个角色的制作难度。谁知他们的回答却是，重新进行骨骼设定需要 6 个月的时间，而我们整部影片的制作时间也只剩下 6 个月了。换句话说，我们被逼进了死胡同。

约翰和我召集所有人开了一次会。我们向大家解释了当前的情况，还发表了演讲，这个演讲至今仍被迪士尼的一些同人称作"丰田演讲"。我告诉大家，丰田这家公司将权力赋予员工，允许流水线工人在发现问题时自行解决。我和约翰重点强调，迪士尼的成员不必坐等上级批准就可以自行处理问题。我们问大家，如果不赋予各位处理问题的权力，那迪士尼何必要招聘精英呢？恐惧和怯懦让大家不敢打破迪士尼由来已久的传统，这种情况已然持续了太长时间。我们告诉大家，这种畏首畏尾的风气是不能铸就迪士尼动画的辉煌的。想要成就伟业，唯有发挥创造力，我们坚信，迪士尼的各位员工都是创意人才。我们向大家发出挑战，激励大家行动起来，与我们一起改正问题。

会后，三位制作人员自告奋勇地牺牲周末休息时间，为阿诺重新进行骨骼设定，不到一周的时间制作工作就重回正轨。

一个原本用几天就能解决的问题，为何会被夸大成需要耗时6个月才能完成呢？

在我看来，这是因为迪士尼动画的管理者将规避失败看得比任何事情都重要，且早已习惯抱持这种理念。这种理念也会让员工们觉得，一旦犯下错误，必定要承担后果，于是他们便把坚决避免错误奉为工作的首要目标。我觉得，这种根深蒂固的恐惧感，才是引发这次《闪电狗》风波的原因。面对重塑角色的难题，负责影片制作的管理者预留出的时间却足够在毫不出错的条件下精雕细琢出一个完美无缺的角色，但他们这么做却是出于好意。（讽刺的是，如果一个问题只需几天就能找到解决方法，那么你大可不必太过担心会出错，因为即使出了错，你也可以在几天内把问题解决。）我觉得，不仅是在这种情况下，在绝大多数情况下，试图杜绝一切失误恰恰是最大的失误。

为了鼓励大家在会下相互交流创意，我们在迪士尼动画循序渐进地灌输这样的理念：无论这些交流是否能产生实质性效果，交流本身都是值得提倡的。迪士尼曾经奉行过这种理念，但当我们就任时早已荡然无存。在《闪电狗》的制作过程中看到这种理念的回归，不禁令人为之振奋。克里斯和拜伦及其创意团队对我们坦诚相待、积极响应，更重要的是，他们不再一根筋地想要为问题寻求所谓的“正解”，而是实实在在地动手解决问题。这是不可忽视的转变。

在《闪电狗》获得如潮好评和不俗的票房成绩之前，迪士尼内部的这些进步早已让公司上下为之一振。大家齐心协力，用破纪录的速度将一个陷入僵局而乏善可陈的项目变成了一部扣人心弦的作品。2009年年初，此片获得奥斯卡最佳动画长片提名，这在我们看来真是从天而降的惊喜。有时候，可能和不可能之间的界线是很难划定的（但这需要你放手一搏）。如果混淆二者，对于任何一家创意公司而言，后果都可能是致命的。如果你能慧眼辨识二者，那么你的企业一定会更上一层楼。向迪士尼证实了这个事实的正是《闪电狗》这部影片，而我们也在其中贡献了一份力量。

许多人可能都不知道，在并购完成之后，一些人建议让迪士尼动画彻底关门，其中也包括史蒂夫·乔布斯。他们觉得，约翰和我分身乏术，不可能两头兼顾，应该把精力集中放在皮克斯的发展上。但是，能为迪士尼的改革贡献一份力量，这样的机会我和约翰都很珍视，另外，鲍勃·伊格尔也很支持我们实现这一目标。我们打心眼儿里相信，迪士尼工作室终能再度迎来辉煌的一日。

乔布斯担心我们两人的精力不够用，不能胜任这种两头跑的工作，其实，他的担心不无道理。我们每天只有24小时，从理论上说，投入皮克斯的时间与之前相比自然会减少。并购的消息宣布以后，约翰和我举办了几次聚会，任何想更深入了解我们为何支持并购的人，都可以来参加。我们试图用这种方法来平复同事们的不安，但是，皮克斯的许多同事直接向我和约翰反映，我们花在迪士尼的时间日渐增多，在爱莫利维尔露面的时间越来越少，对伯班克的关心也越来越多，这让他们很为皮克斯担忧。皮克斯的一位管理者觉得当前的形势就像离婚后的余波，再婚后的夫妻各自把新配偶的孩子的抚养责任揽到了自己身上。他告诉我们："皮克斯的各位都是乖孩子，是你们的亲生孩子，但你们却把精力都给了新抚养的孩子。可以说，我们得到的关注越来越少，也因缺少关爱而吃了不少苦头。"

我不想让皮克斯的员工觉得自己受了冷落，但我必须承认，我从这种新出现的情势中看到了机会。具体来说，这是一个激励皮克斯其他管理者行动起来的好机会。约翰和我在皮克斯驻守这么多年，致使大家产生了一种危险的谬论：虽然寻找问题的主力不是我们二人，但我们却是解决问题的核心力量。而实际上，能够近距离接触到问题的人往往比我们更先知先觉，提醒我们对问题加以注意的是他们，帮助我们解决问题的也是他们。我们在皮克斯办公时间的减少，正好提供了一次证明这一事实的机会，让大家明白皮克斯的其他领导者也有解决问题的方法和答案。

虽然我们在皮克斯设下防御措施，但员工们还是经过了一段时间才放下心来。大家意识到，没有人处心积虑地想要改变皮克斯，我和约翰也绝没有背弃皮克斯。最终，我和约翰所期望的心态终于在皮克斯悄然出现。这是一种混合着自豪感的强烈主人翁意识，这种心态在我们的母公司迪士尼也生根发芽了，两家公司的整体关系也因此越发稳固。管理者们应该注意的是，这种情况的出现并非偶然。如果没有“五年契约”，两家企业的关系根本无法缓和。

这份文件安抚了皮克斯的员工，却惹得迪士尼人力资源部的同人频频表示不满，因为他们没能理解这份严谨周密的政策对个性的重视。我对这些质疑声的回应，与其说是出于对皮克斯的忠诚，不如说是我对一个理念的坚持：在一家大型企业中，整齐划一自然有其优点，但我坚信，大集体之中的小团队应该拥有彰显个性的权力；只要这些团队的章程有效，那么让他们按自己的章程行事也无妨。在我看来，这样的理念有利于培养大家的主人翁意识，也会增强大家对企业的自豪感，对整个企业大有裨益。

如此大规模的并购，大大小小的问题此起彼伏，每天都有数不清的电话要打。我和约翰在迪士尼所做的最大决策之一，恰恰是要推翻之前所做的一个决策。随着以三维动画为主的电脑动画不断崛起，迪士尼的前任领导者认为，手绘动画的时代已经终结了。2004 年，迪士尼做出了淘汰手绘动画相关工作的决定，当时还是局外人的约翰和我，很为迪士尼的这一决策痛心。我们觉得，手绘动画的没落并不是由于三维动画吸引了大家的眼球，而是乏善可陈的剧情造成的。我们希望迪士尼动画能够重拾曾缔造神话的珍宝。约翰 · 马斯克与罗恩 · 克莱门茨堪称迪士尼的导演黄金搭档，两人的代表作包括《小美人鱼》和《阿拉丁》等经典的手绘动画，但迪士尼动画的前任管理者却没有与二人续约。

听闻这个消息后，我们以最快速度把约翰和罗恩召回公司，让他们提出自己的创意，两人立刻就向我们推荐了经典童话《青蛙王子》的改编版。在这个版本中，故事的发生地是在新奥尔良，故事的女主角也被设定为迪士尼有史以来第一位非裔公主。我们批准了《公主与青蛙》一片的制作工作，将已如一盘散沙的工作人员重新聚集起来。迪士尼的团队应我们的要求就手绘制作的重建工作提出三种方案。第一种方案，是将体制完全恢复成我们就任之前的样子，但这种做法花费太大，因此我们没有采用。第二种方案，是将制作工作外包出去，也就是签订合约，将工作转包给成本较低的国外动画工作室，但我们担心此举会对影片质量产生负面影响，因此也没有采纳。第三种方案，建议将挑大梁的任务交给迪士尼的骨干人才，同时在不影响电影质量的前提下，将一部分制作工作外包出去，我们认为这个方案的可行性非常大。有人告诉我，想要实施第三种方案，我们必须凑齐 192 名工作人员。我的答复是：没有问题，但这个人数是上限。

约翰和我都铆足了干劲，跃跃欲试。我们不仅在尝试复苏作为迪士尼动画基石的艺术形式，还在制作着从头到尾都由我们负责的第一部迪士尼影片。我们能够感到工作室中处处是生机，仿佛《公主与青蛙》的每位制作人员都在努力想向大家证明些什么。我们为大家提供了皮克斯所使用的一些方法，同时教给大家具体如何操作。

考察旅行就是我们带给迪士尼的秘籍之一。我们费尽口舌，为的就是让大家知道，考察旅行对于新电影剧情的敲定有着重要的价值。坦率地说，过了一段时间之后，迪士尼的员工才接受了这个理念。他们好像比较习惯于先敲定剧情的做法，因为这样可以让他们立即着手电影的制作工作。刚开始，大家并没有看出考察旅行的益处所在，反而觉得这会让他们分心。约翰坚持要求大家在酝酿剧本时走出去，迪士尼动画的员工一开始却无法接受。拜伦 · 霍华德是这样形容大家刚开始的心态的：“在迪士尼，展示自己的作品就好像在展示数学题的答案一样。但约翰认为，如果你能把你影片中的建筑物在纸上画出来就说明你搬上银幕的东西不是胡乱堆砌上去的。角色、服饰、剧情亦然。约翰坚信，动画的真实感是透过每一个小细节展现出来的。”

我们坚持考察旅行，因为我们深知，这种做法是创意不可或缺的组成部分。因此，在《公主与青蛙》的筹备阶段，我们安排创意团队的全体管理者一起去了路易斯安那。狂欢节前的周日，大家参加了巴克斯克鲁方队的游行，当在电影中绘制一个以狂欢节为背景的场景时，这次体验为他们提供了丰富的参考资料。大家一起乘坐纳奇兹号渡河，根据这次体验，他们绘制出一个在一艘游船上的场景。他们还在圣查尔斯大道搭乘了有轨电车，亲身感受到电车铃的叮咚声，并捕捉到街上的各种声音和色彩。所有这些景象都鲜明地展现在他们眼前。回到工作室，罗恩和约翰两位导演都告诉我，这次考察旅行为制作团队带来的灵感是他们始料未及的。从那之后，迪士尼的工作方式发生了彻底的转变。现在，不先做考察就直接进行电影创作的做法，在迪士尼的导演和编剧看来简直不可想象。

在《公主与青蛙》即将上映之际，我们就影片的名称进行了多次探讨。我们甚至曾一度想将电影命名为"青蛙公主"，但迪士尼市场部的同人提醒我们，把"公主"一词放在电影名中，会让观众误以为此片只适合小女孩看。我们对此进行了反驳，因为我们坚信影片的质量会打破这种联想，吸引各个年龄段的观众，而且这部电影再现了一个妇孺皆知的童话故事，又是迪士尼手绘动画的回归，一定会场场爆满。

然而，事实证明我们干了件蠢事。

《公主与青蛙》上映之际，我们满心认为自己推出了一部佳作，影评家们的评论巩固了我们的自信，看过电影的观众也纷纷竖起大拇指。但没过多久，我们就意识到自己犯了一个严重的错误，并且这部电影在全美公映的日期只比詹姆斯·卡梅隆的科幻大片《阿凡达》早了5天，简直是雪上加霜。这样的档期，加之带有"公主"二字的片名，会让观众一瞥影片播放时间表就产生"这部电影只适合小姑娘看"的误解。我们自信创作出了一部优秀的作品，却对公司中资深工作人员的劝告充耳不闻，致使我们引以为豪的影片质量大打折扣。影片质量所包含的范围很广，不仅指视觉的冲击力和剧本的演绎，还包括市场定位和宣传，这些方面都要做到位才行。这件事告诉我们，即便别人的观点与我们有冲突，只要别人言之有理，我们就该虚心接受。这部电影的制作成本并没有超过预算，这在娱乐业可谓难得一见的大成就，另外，影片的动画质量足以代表迪士尼的最高水准。这部片子最终还是获利了，但仅凭这些利润无法说服我们自己再往手绘电影中投入更多资源。

我们本来坚信，此片一定能够让大家看到二维动画的复苏，然而，由于我们的短视和决策失误，最终结果与我们的预期相去甚远。手绘动画是一种独一无二的表达方式，这是我们直至今日都一直坚信的。但我意识到，对迪士尼动画的美好童年回忆冲昏了我的头脑，让我简单地认为照搬华特·迪士尼本人开创的艺术形式就能大获全胜。

《公主与青蛙》的上映并没有让迪士尼大放异彩，这让我意识到是时候重新部署下一步行动了。当时，安德鲁·米尔斯坦私下里告诉我，我们这种想一面复兴二维动画、一面发展三维动画的双管齐下之策，不但无法让迪士尼的成员像我们希望的那样着眼于未来，反倒让大家摸不着方向。二维动画的问题并非出在这种久负盛名的艺术形式风光不再，而是因为迪士尼的导演们需要也愿意将目光放在新兴事物上。

并购完成之后，不少人都问过我，我们是否准备让迪士尼专攻二维动画电影，而皮克斯专攻三维动画电影。他们以为我们会让迪士尼坚持做老本行，而让皮克斯涉足新兴领域。在吸取了《公主与青蛙》的教训后，我意识到必须趁早将这个危险的想法扼杀在萌芽状态。迪士尼的导演们虽然尊崇他们的传统，但也想寻求新突破。想要达到这个目的，我们必须给他们自由，让他们走自己的路。

有趣的是，迪士尼动画对新疆域的探索，竟是通过对老题材的再加工和再思考来实现的。这里所说的"老题材"，就是经典童话故事《长发公主》。这个项目的开发过程简直如同炼狱，延宕了几年之久，没有人愿意接手。几次开工无果之后，这个项目最终被雪藏了起来。但现在，迪士尼工作室在创意上的发展日渐顺利，大家的沟通也越来越频繁。约翰常说，迪士尼动画的问题绝对不是缺少人才，而是由于几年以来令人窒息的工作环境让大家失去了找寻创意的方向。而今，虽然《公主与青蛙》在票房上的表现并不尽如人意，但大家已然开始重新擦拭自己被尘封的创意罗盘了。

多年以来，迪士尼的许多人都在《长发公主》这个故事上做过尝试，但都失败了。这个以一头浓密的长发而闻名的姑娘的故事，看起来正是制作佳片的绝好题材，但最主要的问题是，这位被锁在塔中的姑娘对于一部动画长片来说太安静了。迈克尔 · 艾斯纳本人曾经提出对这个故事做些改动，把故事名改为“囚徒公主”，并将故事场景设定在现在的旧金山，安排我们的女主角偶然进入魔法世界中。这部电影的导演格伦 · 基恩堪称世界上最伟大的动画师之一，《小美人鱼》、《阿拉丁》以及《美女与野兽》等影片都是他的作品。即便是他，也无法把迈克尔的创意做成电影，这个项目便由此搁浅。我和约翰就任的前一周，迪士尼前任管理者们将整个项目放弃。

我们刚一上任，就要求格伦把《长发公主》的制作重新提上日程，我们的理由是这是一个经典童话，与迪士尼品牌相得益彰。当时，格伦恰逢身体有恙，只得退居影片顾问一职。2008 年 10 月，我们将导演之职交给了拜伦 · 霍华德和内森 · 格雷诺，当时两人刚刚凭《闪电狗》一片大获成功（霍华德与克里斯 · 威廉姆斯一起担任《闪电狗》的导演，格雷诺负责编剧工作）。两人与编剧丹 · 福格尔曼联手，还找来为 20 世纪 90 年代迪士尼经典音乐剧作曲的艾伦 · 曼肯，让整个故事焕然一新。片中的长发公主要比原作中的女主角更加敢爱敢恨，她的头发拥有神奇的治愈能力，只需念咒语就可以施展魔法。这个版本的剧情既让人感到似曾相识，又带有时髦的现代感。

我们发誓不再重蹈《公主与青蛙》的覆辙，于是特意将电影名从原来的“长发公主”改成了不带有性别偏见的“魔发奇缘”。这个决定在迪士尼内部引发了一些争执，在一些人看来，我们对市场营销的顾虑牵制了创意上的决策，是对经典的亵渎。内森和拜伦反驳了众人的疑义，他们表示，这部电影中除了女主角之外，还有一位当过窃贼的名叫弗林 · 莱德的男主角，而“魔发奇缘”这个名字将一男一女两位主角都彰显了出来。

用内森的话来说：“你总不能把《玩具总动员》改名为《巴斯光年传》吧。”

《魔发奇缘》于 2010 年 11 月公映，在艺术和商业上均大获成功。《纽约时报》的 A. O. 斯科特写道：“这部电影从视觉和精神上让我们感到，与时俱进但仍保持原汁原味的经典迪士尼风格又回归了。”这部电影在全球获得了超过 5.9 亿美元的票房，成为迪士尼动画史上票房排名第二的影片，仅次于《狮子王》。16

年来，迪士尼出产的动画第一次问鼎榜首，整栋迪士尼大楼里都弥漫着兴奋。

故事本可以写到这里就停笔了，但是，这件事的尾声一定能够引起各行各业管理者的共鸣，所以不容忽略。事情是这样的：我和约翰决定利用《魔发奇缘》的成功来为大家进行一次心灵疗法，对于具体操作方法，我们俩胸有成竹。

由来已久的经验告诉我们，虽然人人都喜爱金钱的奖励，但还有一种奖励同样会受到大家的欢迎，那就是让他们所尊敬的人看着他们的眼睛，对他们说一声“谢谢你”。在皮克斯，我们不但会给员工们发奖金，还会对他们表达感激之情。如果一部电影的盈利达到了足以为大家发奖金的水平，我和约翰就会和导演、制片人一起，亲手把奖金支票发到电影制作人员的手里。我们相信，皮克斯的每部电影都是公司的每一分子共有的，此举正是源自我们的这一理念（我们还有一个“灵感无处不在”的信条，我们欢迎每个人给出自己的评价和构思，大家都会踊跃参与）。这种一一颁发奖金的方法的确有些费时，但我们觉得，花时间与大家一一握手，让大家知道他们的贡献是多么珍贵，这些是不可省略的。

《魔发奇缘》摘得桂冠之后，我让人力资源部的副部长安·勒卡姆在迪士尼也举办了一次类似的庆功会。她为这部电影的每一位制作人员都写了一封信并打印出来，在信中向大家解释了奖金的由来。2010 年春季，一个工作日的早上，迪士尼动画的总经理安德鲁·米尔斯坦、影片现任导演内森·格雷诺和拜伦·霍华德、影片的前导演（以及创意人）格伦·基恩、制片人罗伊·康利、约翰和我一道，邀请《魔发奇缘》的所有工作人员齐聚在迪士尼的一座大舞台前。我们告诉大家，这只是一次例行的会议而已，因此大家只是在台下逛来逛去，对接下来要发生的事情浑然不知。等到大家看到我们手中拿着的信封时，便预感到有什么事情要发生了。安向我们提议，给每位制作人员附赠一张“刚刚出炉”的影片DVD——一个小小的举动，让我们的感激显得更为诚恳。一些《魔发奇缘》的老员工把当天收到的那封信裱起来，直到今日还挂在办公室的墙上。

直接把钱打到员工的储蓄账户里，这样做的确很省事，但正如我在谈论电影制作时常说的，省事并不是我们的目标，质量才是我们的目标。

迪士尼这艘大船的航向已经开始一点点地改变了，而这仅仅是个开头。

我在上文中说过，迪士尼的故事信托会已经演变成了一个团结、强大的团队。但在我们刚刚就任的几年之中，这个团队一直缺少一个在剧本构建上富有造诣的领导者。虽然这个团队实力雄厚，但我不太确定团队中是否有人能够成长为挑大梁的人。这一点让我很焦急。因为我知道，在皮克斯，安德鲁·斯坦顿和布拉德·伯德对故事节奏的掌握以及解决问题的能力是公司不可或缺的财富，而我同时也意识到，我们能在迪士尼做的，就是营造出一个健康的创意环境，然后静候这环境孕育出果实。

在《无敌破坏王》和《冰雪奇缘》（由克里斯·巴克和珍妮弗·李导演，电影脚本也由这两人完成）的制作过程中，我发现迪士尼动画的内部开始有了变化，这让我十分欣喜。迪士尼的编剧们相互团结起来，开始在故事信托会中扮演起关键角色，尤其是在影片的结构方面。迪士尼的这个信息反馈团队已然发展到了与皮克斯的智囊团不相上下的水平，同时还保留了自己的个性。透过这个现象，我们看到了一个更大的转变：迪士尼动画的整体运行已渐渐步入正轨。我想要在此特别提出，这一转变的幕后功臣，几乎都是我和约翰刚刚赴任时共事的那批原班人马。我们将自己的工作方法运用于一个运转不畅的团队上，改变了这个团队的前进方向，让团队将创意释放出来。这个团队团结一心，加上团队成员们过人的天赋，将迪士尼动画推上了更高的台阶。现在，迪士尼的创意花名册与皮克斯的同样星光熠熠，但二者又各有千秋。华特·迪士尼亲手打造的动画王国，终于又一次登上巅峰。

第 13 章　点评日

通常来说，在抒发可能会引起争议的观点时，大家都会有些顾虑。而智囊团会议、审片会、事后讨论会以及点评日都是鼓励大家勇于直抒己见的方式。这些鼓励自我评估的方式，都是我们为让大家说真话所做的努力。

Creativity, Inc.

刚开始动笔写作本书的时候，我打算记录皮克斯和迪士尼动画一些工作方法背后的理念。我还打算与同事们交谈分享，看看他们对我的理念有什么反应，并一起总结我们过去的成果。我希望借此让自己对创意的定义、维护以及延续等方面的思考更加清晰。两年后，我觉得我已经完成了任务，但是我的理念却尚不能用“清晰”来形容。究其原因，一是因为我在写这本书的过程中，仍在迪士尼和皮克斯担任着全职职务，努力跟上这瞬息万变的世界；二是因为我并不相信成功有捷径和范例，因此所谓的“清晰”是虚无缥缈、难以捉摸的。我希望通过这本书让大家认识到创意背后隐藏着复杂的玄机，这意味着我必须蹚过幽深的沼泽地。

在本书的写作过程中，迪士尼动画保持着惊

人的发展势头，故事信托会成了一个让人畅所欲言、互相扶持的信息反馈系统，制作班底也在技术和剧本创作上达到了新的高度。迪士尼的每部电影都并非一帆风顺，这其实是意料之中的事情，我们也总能找到行之有效的解决方法。《冰雪奇缘》于 2013 年感恩节前一天公映，像《魔发奇缘》一样，全球票房成绩优异。相比之下，这次的成功更令人振奋，因为《冰雪奇缘》是紧随 2012 年《无敌破坏王》的成功后再度摘得票房桂冠的。我认为，与我和约翰刚刚赴任的 2006 年相比，迪士尼动画的创意文化已然脱胎换骨。

与此同时，皮克斯的《怪兽大学》也在电影院与观众见面了，大家可能还记得这部影片在上映前经历了导演的更换。作为皮克斯第 14 部荣登票房榜首的影片，《怪兽大学》在首映的周末就获得了 8 200 万美元的收益（创造了皮克斯史上首映收益第二的佳绩），全球总票房更是达到了 7.4 亿美元。皮克斯一片欢欣鼓舞，但我却始终着眼于未来的挑战，我要保持警惕，及早发现问题，全力处理问题。

我发现，任何一家公司中都隐藏着一些难以捕捉的势力。在皮克斯，这些势力——其中包括企业发展壮大及成功所导致的种种影响——已经引发了不少麻烦。比如，随着皮克斯的成长，我们招募了形形色色的新人。那些老员工们从皮克斯刚刚建立起就与我们同甘共苦，并且亲身参与了皮克斯企业原则的诞生，因此对这些原则有着充分的理解。而新人则有所不同，其中一些人学习得很快，他们接受了支撑皮克斯的理念，成为新一代的领导者；而另一些人则满心都是对皮克斯的崇敬，他们太过尊重皮克斯的历史，以致被缚住了手脚。许多人都为皮克斯带来了自己的好点子，但有些人则不愿直言不讳。这些人心中想：再怎么说，这也是至高无上的皮克斯呀，我们有什么资格提建议呢？有的人对公司补助的餐饮和最高端的工具心存感恩；有的人则把这些便利视为理所当然，觉得这是在皮克斯工作应有的待遇。很多人都会为我们所获得的成功振奋不已，却不是所有人都能理解成功背后的困难和风险，有的人会在心中嘀咕：为什么不把事情搞得简单一点儿呢？

简言之，皮克斯所面对的种种问题，任何成功企业都能够感同身受。但在我看来，认为提出反对观点既不利于自己又不受人待见的人越来越多，这才是最严重的问题。这种谨小慎微的态度并不一定能一眼看穿，但如果我们稍加留心就会发现，对方有所保留时还是有许多线索的。这种情况对我而言只意味着一件事：我们作为领导者，竟让一些错误的理念在企业生根发芽，这对企业文化害处很大。

然而，危机是让毒害公司的病症浮出水面的最好方法。摆在皮克斯面前的危机有三个：第一，我们的制作成本正在节节升高，需要加以控制；第二，外界的经济形势给我们的运营带来了压力；第三，皮克斯企业文化中的一则基本理念——“好点子无处不在，因此人人都应勇于直抒己见”，正在被动摇。皮克斯有太多人陷入了有话不敢言的怪圈，在我来看，“太多人”就等同于“所有人”，因此这个状况非改不可。

我们认为，面对这三个危机，想单凭一个好点子就一劳永逸地解决是不可能的，因此，我们希望做一些尝试来打破僵局，重新为皮克斯注入活力。我们把这个尝试命名为“点评日”，我觉得这是一个激发创意的绝佳举措。创意企业的管理者们一定不能忘记扪心自问：“我们该如何将公司人员的大脑调动起来？”从创立到实施，从其友善的出发点到给整个公司带来的变化，点评日都堪称一次创举，其中的一个原因，就是我们秉承了处理问题要循序渐进的理念。挑战永无终结，失败无法避免，所谓“愿景”有时仅仅是海市蜃楼，这些都是创意人才必须接受的事实。但与此同时，创意人才们也需要时刻拥有可以自由抒发见解的安全感。点评日为大家提供了这么一次机会，让大家再度感受到合作共进、同心戮力、开诚布公永远是鼓舞人心的不败利器。

经常有人问我皮克斯最让我引以为豪的电影是哪一部，我的回答是：我为每一部电影感到骄傲，但最让我引以为豪的是我们的工作人员应对危机的方法。困难当前，企业的领导者不应说：“看看这烂摊子，你们这些人准备怎么办？”领导者应当把问题视为“我们”共有的，探讨“我们”该如何一起解决问题。皮克斯的成员将自己看作皮克斯公司及文化的共有者，事实也的确如此。大家都对皮克斯呵护有加，正是这份呵护和乐于参与的精神，推动了点评日的诞生。

2013 年 1 月，包括制片人和导演等大约 35 人在内的皮克斯领导团队，在卡瓦略岬举行了为期两天的会议。卡瓦略岬位于索萨利托，从旧金山市一过金门大桥就能到，原本是一个军事基地，现被改建成一所会议中心。会议日程上有两个重要事项亟待商讨：一是皮克斯电影制作成本上涨的问题，二是皮克斯每位领导者都能察觉到的企业文化滑坡的问题。随着皮克斯的成长，企业文化也发生了变化。这是意料之中的事情，变化是必然的，一家有着 1 200 名员工的企业（现在的皮克斯）的运营方式自然与一家 5 人企业（刚成立的皮克斯）不同。但许多人都在担心，这样的成长势头会侵蚀掉一些曾经为皮克斯带来成功的企业原则。眼前的状况远远不到火烧眉毛的程度，我们的手上仍然进行着不少激动人心的项目。但当我们在卡瓦略岬碰面之时，整个屋里却弥漫着一股紧迫感：屋里这 35 名男男女女，都真心希望皮克斯能继续沿着正轨前行。

我们的制片团队负责人汤姆 · 波特，不仅是电脑动画方面的先锋，还是皮克斯的创始人之一。他对皮克斯的制作成本进行了详尽的分析，他表示，电影的发行途径瞬息万变，我们所处的行业也是日新月异。作为一家企业，我们的确获得了不少成就，但这并不表示我们能不受强大外力的影响。大家一致同意，我们只有削减经费，才能做到持续发展。但与此同时，我们也不应停下冒险的脚步。我们希望成为一家永远敢于在不走寻常路的电影上放手一搏的公司，《飞屋环游记》、《美食总动员》、《机器人总动员》等都是我们的冒险之作。当然，我们并不要求每部电影都要有标新立异的剧本，但我们希望每位电影制作人都能无所顾忌地提出新奇的点子。

这两个问题其实是有内在联系的。随着成本的下降，我们就更有资本去尝试冒险了。同理，如果不降低成本，我们就得在电影题材方面有所限制。除此之外，降低成本还有另一个好处：制作经费较低的电影，制作人员也较少，而大家恰好一致认为，制作团队的成员越少，工作体验就越愉快。这不仅仅因为小规模的团队会使成员的关系更加亲密，相处更加融洽，也因为小规模的项目更容易让大家感受到自己所做的贡献。我们的第一部电影《玩具总动员》的制作班底人数是皮克斯史上最少的，此后每部续集的画面越来越复杂，制作团队的人数也随之增加。在卡瓦略岬会议召开之时，一部皮克斯电影平均要耗费 22 000 周工作量（这是我们在做预算时的常用单位），我们需要让这个数字减少约 10% 才行。

除此之外，我们还有另一个目标，但这个目标比较难量化。皮克斯的员工已经享受了多年的光环，为了不让光环失却光辉，他们承受了巨大的压力。谁也不想让自己参与制作的电影成为第一部没能登上票房榜首的片子。结果，大家便容易对每一部电影的视觉效果吹毛求疵，力求所谓的“完美”。我们把这种听起来很高尚的欲望叫作“从鸡蛋里挑骨头”。随欲望而来的通常还有一种让人手足无措的焦虑感：我们如果达不到预期的好成绩，那该怎么办？如果我们不能在视觉上有所突破，这可怎么好？从整体上来说，皮克斯为了不出次品可谓倾尽全力，但也让我们越发回避风险。过去所取得的卓越成绩却成了影响我们继续全力追求卓越的阴影。此外，皮克斯还在不停地涌入新人，他们并没有遭遇过我们之前影片的大起大落，因此很容易对在成功企业中就职的情形有不切实际的幻想。在许多企业中，巨大的成功往往会导致人们歪曲现实，从而造成危害。我们越来越多地听到人们对公司的某些方面产生了质疑，却不愿把意见表达出来。问题的解决方案可以出自任何人，任何人都应毫无顾忌地出谋划策，这是我们最重视的一条企业准则。但虽然我们一直极力警惕，努力捍卫，这一准则还是逐渐被颠覆、破坏了。想要改变这种局势，我们必须采取行动。

卡瓦略岬的 30 多人齐聚在度假区一座经过翻新的小教堂里，约翰说话了：“有时候，我觉得大家有些过于安逸了。大家需要兴奋起来，找寻我们当初那种慷慨激昂、全力以赴的感觉！”

长期处于业界领先地位，会对皮克斯的员工们造成怎样的影响呢？大家会不会渐渐将这光环看作理所当然呢？约翰表示：“迪士尼的员工在做事时有一种敏捷灵活的作风，我希望皮克斯也能借鉴。”

大家心里都在盘算，我们该如何一边保持皮克斯的热情和愉悦氛围，一边遏制住随成功而来的保守主义，变得更加敏捷灵活呢？

就在这时，圭多 · 夸罗尼发话了。圭多是皮克斯软件开发部的副部长，为了满足我们 120 名工程师的要求，他花费了许多心血。圭多所面临的挑战非常现实：他的部门搞的是科技研发，但皮克斯并不以科技研发为业，我们售卖的是用科技制作出来的动画。也就是说，评判一位工程师研发的软件成功与否，只看软件对电影制作的帮助有多大。我曾经与大家探讨过，皮克斯有人质疑每部电影的成功到底有多少能归因于个人。对于电脑工程师而言，更是难以追溯具体的个人功绩。圭多明白，如果他不多加注意，这种脱节会造成整体的士气低迷。因此，为了将最棒的工程师留在皮克斯，他殚精竭虑，以保证大家能享受自己的工作。

圭多为我们讲述了他在部门中创立的一项叫作“个人项目日”的制度。这个制度允许部门成员每个月有两天时间可以制作任何自己喜爱的项目，可以随意使用皮克斯的一切资源。这些项目并不需要一定能用于某部影片，也不必满足任何制作需求。比方说，如果工程师想要看看《勇敢传说》中某一个场景打光后的效果如何，他们就可以尝试一下。如果几位工程师想要用微软的Kinect体感控制器建一个模型，来帮助动画师们捕捉角色的动作，他们也可以动手实践。只要有某个点子勾起了他们的好奇心，他们就可以自由地尝试。

圭多告诉我们：“你只需要给大家一些时间，他们就能想出好点子。这种方法把大家的积极性调动了起来。”

圭多告诉过我，在短短的4个月中，个人项目日就为部门重新注入了活力。私下里，我和他还曾经规划过如何将类似的举措在公司里推而广之。圭多曾经向我建议，在每部电影的制作工作收尾时拿出一周时间，大家一起总结经验，一起商榷如何为下一部电影做好准备。这种做法差不多可以算是一种升级版的事后检讨会。最终，这个倡议因难以实施而没能够付诸实践，但引起了我们的深思。正在大家商讨如何才能将成本削减10%的当口，圭多为我们提出了一个简单的建议。

他说：“让我们去问问皮克斯的各位员工，看看他们有什么想法。”

我看着约翰，发现他的热情燃烧了起来。他回应说：“好，这个主意很有意思。我们让皮克斯停工一天怎么样？大家还是要照常来上班，但我们一整天什么都不做，只研究这个问题。”

屋里霎时间炸开了锅。安德鲁接着说：“这简直太有皮克斯的风格了，真是个惊喜，太棒了！我们不是想调动起大家的精神头吗？这个方法绝对有效。”

我问在座的各位，谁愿意出力帮忙安排这项活动，只见大家的手都齐刷刷举了起来。

我相信，任何一家创意公司都不应停止前进的脚步，这次的举措正是我们为避免停滞不前而采取的最新动作。我们希望能像在智囊团会议上点评影片一样，针对大大小小的问题进行研讨，并对企业的运营坦诚地给出意见和建议。因此，我们在将圭多的提议付诸实践的同时，便自然而然地想到要以“点评”二字来为这项举措命名，因为在皮克斯 “点评”二字就是坦诚表达想法的代名词。不久后，我们将2013年3月11日的那个周日定为皮克斯的“点评日”。

如果没有大家的参与支持，管理者的举措也只是徒劳罢了。因此，我们安排了3次市政大会式的讨论，每次都有300多名员工参会，我们向他们宣布了有关点评日的事宜。汤姆·波特把他在卡瓦略岬会议上的发言进行了压缩，指出我们所面临的问题，之后再由约翰和我一起阐明解决方案。约翰说：“点评日这一天，大家可以出谋献策，告诉我们如何把皮克斯建设得更好。这一天我们不工作，也不准任何人参观。每个人都要参与进来。”

我对大家说：“皮克斯面临着一个问题。我们坚信，能带领皮克斯跨过这道坎儿的人非你们莫属。”

我们委任汤姆来具体负责点评日的相关事宜，让他确保这个举措除了能帮皮克斯活跃气氛，也能取得实质性的效果。从一开始，他就向大家阐明了点评日的定位。“这绝不是在鼓动大家加快工作速度、加班加点，或是用更少的人做更多的事，”他在一次集体讨论会上说，“而是用与现在差不多的人数，每两年做出三部电影。我们希望能够借力于科技的发展，在制作每部电影时能够实现资源共享，这样就不必每次制作都从零开始了。我们希望导演能够给出更加明确的指示，以减轻艺术家们的负担。”而要想实现这些目标，我们需要皮克斯的每一位成员都勇敢地表达自己的心声。

汤姆成立了一个点评日工作小组，由小组成员轮流负责管理电子意见箱，便于皮克斯的工作人员提出有利于激发创意和提高效率的建议。一时间，各种建议纷纷涌入意见箱，其中还包括对点评日实施办法的建议。

意见箱为我们带来了意想不到的成效。无须我们督促，许多部门自发地建起了自己的维基百科主页并开通了博客，对他们眼中皮克斯存在的主要问题各抒己见。点评日前的几个星期，针对如何推进工作流程，为皮克斯带来积极的变化，大家在私底下进行了讨论，这种讨论在皮克斯尚属首次。有人问汤姆，如何才能更好地参与讨论，汤姆给每个发问的人写了一封信，用假设情景启发大家思考："假设我们身处 2017 年，这一年我们制作的两部电影，每部的周工作量都远远少于 18 500……那么，到底是什么样的创新让我们成功削减了制作成本呢？我们做出改进的方面具体又有哪些呢？"

最终，我们的意见箱中一共收到了 4 000 封电子邮件，其中独立建议多达 1 000 条。汤姆和他的团队在阅读和评价时非常用心，不会因为有些意见尚不能下定论就不予理会。他告诉我们："我们把那些纯属抱怨的邮件过滤掉了，但那些尚且不能判断是否有用的有趣理念，我们都一一保留了下来。当然，我们很希望能找到一看就能帮助我们将电影的周工作量削减到 18 500 的点子，但我们选出的建议中，有许多和这个目标的关系并不大，我们的主要评判标准是：你觉得这个话题是否足以让 20 个人探讨一个小时？"

最终，汤姆从 1 000 条建议中筛选出 293 个话题，但这对于为期一天的会议日程来讲还是太多了。因此，一批资深管理者事先碰了头，将这些话题数量砍到 120 个，并分为培训、企业环境与文化、跨节目共享资料库（我们常常把我们的电影叫作"节目"）、工具和科技以及工作流程等类别。

这个遴选的过程非常劳神，而我们接到的问题五花八门，更是让这项工作难上加难。其中的一些问题虽然有用，但属于技术性问题，比如，没有及时清理电脑文件造成了内存不足，也耗费了许多人力。我们该如何更好地清理电脑内存呢？有一些问题更偏重于企业文化，比如，我们该怎样才能重拾"好点子需要每个人的贡献"的理念呢？我最喜欢的一个问题是：我们该如何实现用 12 000 周工作量完成一部电影的制作呢？你没看错，的确是 12 000 周工作量。有人倡议将工作量削减 10%，当然就会有人考虑到是否还可能进行更大幅度的削减。

点评日工作小组收到的邮件中，有一封信的页眉上写着：18 500周工作量？真是敢想！这封信的作者提问，如果在皮克斯两年所制作的三部电影中，让一部电影的周工作量缩减为15 000，甚至12 500，会出现怎样的效果？他还在信中写道："我们绝不能在剧情上打折扣，但其他方面都可以尝试着加以简化。"

另一位员工写道："我个人很想参与一部'10 000周工作量'电影的制作工作。我觉得，如果我们以此为目标创设机制，会推动'18 500周工作量'目标的实现。"

还有人提问："如果只用12 000周工作量的制作周期，皮克斯能做出什么样的电影？只花这么少的制作时间，我们能否做出对得起皮克斯名声的电影？削减的成本是哪方面的呢？这会让我们的制作方法出现什么样的变化？"对了，这封电子邮件的主题就叫作"敢想敢做"。

筛选工作完成之后，汤姆还需要统计出每个话题大概有多少人感兴趣，以便排出会议当天的日程。因此，点评日工作小组发了一份调查问卷，调查结果让汤姆大吃一惊：位居第一的话题，也就是感兴趣人数最多的话题，居然是如何才能用12 000周工作量完成一部电影。最后，汤姆和他的团队单单为这一个话题就安排了7场每场都长达90分钟的讨论会。报名参加这些讨论的人并没有觉得这么长时间很难熬。他们觉得，用更少的资源做更多的事是种有趣的挑战，因此大家很愿意投身到讨论之中。（想想吧，最让我的皮克斯同事们感兴趣的话题，竟然是如何能够更加大刀阔斧地削减预算！大家对这个问题和这个问题的意义竟有如此透彻的理解，现在你们知道我为什么对这家公司感到如此自豪了吧？）

如果把整个活动的组织方式一一告诉各位读者，可能会稍显烦冗，但点评日背后的组织方式正是整个活动的重中之重。把大家召集起来，一起探讨工作中存在的问题，这自然是件好事，但如何将口头上的讨论付诸实践，这才是最关键的。

我们认为，决定点评日收效如何的因素，莫过于它的组织方式。

汤姆和他的团队很早就决定让与会人员自由安排自己的日程表，每个人都可以选择只参加自己感兴趣的讨论。每个讨论小组都有一位主持人，这位主持人是从皮克斯的制作人员中选拔出来的。点评日的前一周，所有的讨论主持人都参加了一次培训，一来学习如何让讨论按计划进行，二来确保让每个与会人——无论是活泼外向的，还是寡言少语的，以及介于二者之间的——都有发表意见的机会。除此之外，为了保证收到实质性的效果，工作组设计了一套“总结表”，供参与者在每次讨论结束时填写。

红色表格是写建议的，蓝色表格是头脑风暴时用的，黄色表格是用来提出“最佳方案”的。所谓“最佳方案”，并不是指具体的行为规范，而是皮克斯公司应整体遵循的原则。这些表格简明而又具体：每场讨论会都有一份表格，专为会议的议题量身设计，表格上还附有一个具体的问题。举例来说，我们有一场议题为“重拾‘好点子要靠大家贡献’的企业文化”的讨论会，会上使用的是蓝色表格，页眉处写着：假定我们身处2017年，那时的我们已经成功打破了障碍，大家都可以自由地直抒己见，资深员工也能以开放的心态接受新的工作方式。那么，我们到底是采取了什么样的措施，才达到了这样的效果呢？在这个问题下方，有三个方框，可供员工用铅笔填写三个答案。在大家概括地填完三个答案之后，还要接着回答一些更深入的问题：你的这些建议“给皮克斯带来的好处是什么”为了把建议付诸实践，“下一步该采取什么样的措施”。最后的两个问题是“这个建议对于哪些人最有益处”，以及“这个建议应该由谁来推进”，大家需要就这两个问题做具体回答。

我们的目标是通过让大家贡献自己的想法，鼓励大家行动起来。汤姆和他的团队虽然设置了许多不同类别的话题，但各个话题之间都是有主题贯穿的。在一场名叫“从外界汲取经验”的有关最佳方案的讨论会上，我们使用的是一份黄色的总结表，上面的问题是，“我们能从别家公司的最佳方案上学到些什么”。问题下面可以填写三条学到的经验，每条经验后都追加了“给皮克斯带来的好处/下一步该采取什么措施”这些问题。

我们有一场名为“帮助导演理解剧本带来的制作成本”的讨论会，会上我们为参与者准备的是一份红色的总结表，表上列出的建议为大家提供了切入点：在剧本编写初期，就将制作成本的考虑在内；在创意阶段就开始注意工作量问题；在影片制作的准备阶段，将剧情的设置纳入预算。在这段话之后，有一片空白处写着“是否有更好的提议”几个字，鼓励参与者们对上述观点添加自己的观点。接下来，表格上又出现了“这样做对皮克斯有什么益处”以及“又有什么弊端”的字样。表格的下方还有另一个问题：“这个提议是否值得贯彻落实？”问题下是两个方框，一个写着：“当然值得！下一步我们应该……”另一个写着“不值得，因为……”在肯定的选项之下，出现了“谁是这个提议的受益者（请说具体些）”这个问题，另外还有：“这个提议应该由谁来推进？”

大家应该能够感觉到，我们为了让点评日按照计划的方向推进，的确花费了不少苦心。就像汤姆所说的：“我们这样搜集信息，不仅仅是想要把我们有能力实现的目标一一列举出来。我们的目的是要找到有热情把这个理念传递下去的人。我们想要把富有洞察力的人安排到皮克斯领导队伍的前列。”

点评日之前的那个周五，我收到一封电子邮件，告诉我已有 1 059 人报名参加了我们的活动。也就是说，除去那些正在休假或出差的员工，公司几乎所有成员都参与进来了。接下来的周一，我们一共进行了 171 场讨论会，共涉及 106 个话题。这些讨论会在皮克斯 3 幢大楼中的 66 个会议场所中进行，共有 138 人担任主持工作。会议场所包括常规的会议室，也包括我们的公共空间，比如“贵宾犬休息室”——这间休息室的墙上挂着乔治·华盛顿的画像，地板上放着懒人沙发，天花板上还悬挂着一颗迪斯科球。

一切都准备得当，就等着活动拉开序幕了。

3 月 11 日早上 9 点钟，大家齐聚在史蒂夫·乔布斯大楼的中庭。如果我身上蓝色的皮克斯工装还不足以说明问题，我脸上的表情也说明了一切：大家为了让点评日成为意义非凡的一天而表现出如此的敬业精神，真是让我对皮克斯充满了自豪。我表达了对大家的热烈欢迎，然后把麦克风递给了约翰。

约翰经常成为激发大家灵感的总指挥，迪士尼和皮克斯的员工们都受益于他的旺盛精力和乐观精神。但今天我们面对的，并不是那种群情激昂的场合，因此约翰缓步走向舞台的前端，做了一番我所听过的他最动情的发言。他首先谈到了坦诚，说皮克斯花了许多时间来强调坦诚的重要性，但是，无论是主动对人坦诚相待还是被动接受别人的坦诚，二者都不容易做到。在点评日的准备期间，除了电子意见箱里收到的有关会议的反馈信息，组织人员还给他看了一些别的东西。原来，反馈信息中有不少内容都是针对约翰的，而且大家对约翰的意见并不都是积极的。约翰现在处在于皮克斯和迪士尼之间两头跑的状态，大家与他见面的机会越来越少，由此引起了许多不满。其实，大家的不满本质上都是因为对约翰的想念，但他们同时认为，约翰应该有更好的方法来应对他所承受的异于常人的压力。

约翰承认，他觉得有点受伤，但他仍然希望一一听取大家对他的批评。他说："于是，组织人员便列出了一张单子。我本来还以为这张单子只有一页长，谁知竟然长达两页半。"清单中提到：约翰的时间表太紧了，和他见一次面很难，因此大家在与他见面前经常不得不做太多的准备，这对大家都没什么好处。约翰是这样回复的："有关我的点评实在太多了，有人对我的时间分配有意见，有人指出我会把前一次会议的情绪带到下一次会议上，让大家感觉'他干吗拿我们出气'。我对我自己的这种做法浑然不知，这两页半的点评真是不大容易接受啊，但是，我很珍惜这些评价，我也已经开始努力改正了。"

中庭座无虚席，此刻是鸦雀无声。

约翰接着说："所以，今天我希望大家都能坦诚发言。身居管理层的各位请注意，今天我说的一些话听起来好像是针对你们的，我不是在开玩笑，这种情况肯定在所难免。但是希望大家能把脸皮磨得厚一点儿，为了皮克斯，有什么说什么，别把诚实的话藏在心里。相信我，今天我们是来坦诚相见的，我们的目标是让在座的大家和下一代皮克斯人永不停下前进的步伐。今天的这个活动，会给皮克斯带来根本上的改变。而改变始于在座的每一位。"

点评日的第一个小时，大家先参与各自部门的会议，故事部、照明部、遮光部、会计部，不一而足。在会上，大家与最亲密的同事交流意见，讨论如何提高效率。我们认为，这些部门讨论会对于一整天的活动而言就像一场热身运动，在熟悉的人面前敞开心扉，要比与陌生人坦诚相见容易多了。但就像约翰对大家的鼓励一样，皮克斯的员工需要把脸皮磨得厚一些，把最勇敢的一面拿出来。从上午 10 点 45 分开始，大家就要前往各自的第一场讨论会，在那之后，大家可能一整天都不会有机会和自己熟识的人坐在一起。

为什么会出现这样的情况呢？因为这些讨论会并不是按职位或部门安排的，而是依照个人的兴趣组织的。在点评日的准备阶段，每个人都需要按要求填写自己想要谈论的话题，而汤姆的小组安排了足够多的讨论会，以满足所有人的需要。其中有的话题针对性非常强，只适合一小部分员工参与，（比如说："我们可以从哪些方面入手，来提高照明工作的效率？"）但是，这些小众话题仍然激起了公司各个部门员工的好奇心。

我们举例来说，如果你参加了名为"如何开发与保护理想的职场环境"的讨论会：假设我们身处 2017 年，觉得拥有特权的现象在皮克斯已经荡然无存，你认为是什么样的措施让我们取得了这样的效果？在会上，你会发现我们的主厨、法律部门的一位女士、财务部门的一位女士、一位资深动画师、负责系统的一位员工，还有其他十几个身份不同的人。这次会议何以吸引职位差别如此大的人呢？大家告诉我，这次会议吸引他们的是"头衔"二字。他们都在皮克斯遇到过官僚作风严重的人：其中有的人坚持要求拥有私人专属的工具，不愿与人共享；有的人抱怨他们不能把自己的宠物狗带来上班。一位动画师发言了："这是一份工作，一份顶好的工作。人人都拿着高薪。这些人需要清醒清醒了。"

而对于参加 "理想职场环境"讨论会的人来说，最意想不到的就是发现自己竟然有这么多同道中人。管理计算机系统的一位工作人员讲了一个故事，一次，他接了一通火急火燎的电话，说是技术上出了些毛病。他赶忙冲过去"救火"，制作人员却愤愤不平地告诉他，机器应该在午饭时间修理，因为那个时间对她来说最方便。"但我也要吃午饭啊。"这位工作人员在会议上表示，大家都纷纷点头称是。我们的主厨也分享了一段类似的经历：她在最后关头接到了一个供应工作午餐的单子，时间很紧，给她和她的团队造成了很大的不便，但下单的人竟连一丁点儿的歉意也没有表示出来。一位人物动画师很后悔地表示，自己对其他部门——比如照明或是遮光部门——的工作人员所知甚少。"相互间的这种不了解，很容易导致彼此贬低和相互埋怨。"

一个接一个地，这次讨论会的与会者都对同一个主题表达了观点。有人说："我们必须让大家学会彼此平等相待。"也有人说："我希望越来越多的人能对整个制作流程有全面的了解。我的意思是说，希望大家能体会和理解每个人的工作。我们需要让大家对他人的工作内容有更深入的了解。"

在大家填写的总结表中，包括以下建议：通过互换职位的活动，让大家对不同部门的工作感同身受；随机安排午餐座位，鼓励大家建立新的联系和新的友谊；举行跨部门联欢活动，让大家一起喝喝啤酒，对少有机会碰面的同事有所了解。

我特地选择拿这一次讨论作为范例，主要是因为各行各业的人都可以从中有所借鉴。无论你身处什么行业，都一定受过头衔之累（我要是拿有关绘图的讨论会举例，说不定就会让有些读者失去兴趣了）。而实际上，当天讨论的所有话题都很得人心，皮克斯园区里处处洋溢着活力。无论你是踏进休息室还是出去呼吸一下新鲜空气，都能听到有人在讨论点评日有多么激动之心，这种感觉就好像我们正处在一场伟大的变革中。

一天的活动进行到一半时，汤姆把所有主持人召集起来，一来想了解一下讨论的基本情况，二来想调动大家分享一下到目前为止的体验。他问大家："你们有谁在会上得到了可以立刻付诸实践的建议？"大家都把手举了起来。

我们在讨论会前决定不让皮克斯的高层、导演以及制片人参与点评日讨论，一来是因为能让大家畅所欲言的对话环境是至关重要的，如果我们在场，可能会让大家有所顾虑；二来是因为我们这群人有自己想要商榷的特定议题，包括我们的创意审查（智囊团会议是否与10年前刚设立时一样有用呢？），领导的氛围与风格（我们该如何更好地营造一种俱收并蓄的文化，让大家都能对节省劳力畅谈自己的建议？），以及如何才能把钱花在刀刃上（我们的体制很容易导致过度投入，并且会奖励完美主义者和讨人喜欢的人，那么，我们该用什么态度对待完美主义，又该如何平衡对创新的渴望呢？）。

大家在各个讨论会之间奔波，从他们脸上的笑容，我知道活动进行得很顺利。一天的讨论会结束后，全体员工聚集在室外喝啤酒吃热狗，并简短地交换意见，继续议论着他们发起的话题。整个园区里弥漫着激动人心的氛围，这就是员工们心目中理想的皮克斯，也是我们心目中理想的皮克斯。为了鼓励大家分享自己的心得，我们竖起了几块公告板，我特地在几张板子前驻足观看。板上内容五花八门，其中包括：

点评日最让你心动的一幕：约翰·拉塞特的坦诚相见。

我今天学到的新知识：将心比心，人人皆可改变。

今天你结识了多少个新朋友：23个。

其他还包括：点评日证明皮克斯不仅关心资金问题，也同样关爱员工。明年还要举办哦。

翌日早晨，我收到了来自几百名员工的电子邮件。一封来自一名绘制分镜头动画师的邮件完美地表达了许多人的心声，信是这样写的：“艾德，你好。我想在点评日后跟你说一声感谢。那一天真是太棒了，鼓舞人心，内容丰富，我还听到许多人说，他们觉得那天真是畅快淋漓。在会议上，我没有看到任何冷嘲热讽的情况。会议结束之后，我觉得我们的公司仿佛缩小了那么一点儿。我结交了新的朋友，学会用全新的视角看问题，了解了其他部门所面对的压力，也看到他们身上的闪光点。我不知道能用什么样的标尺来衡量点评日的意义，但从我本人来看，这次活动意义非凡。我觉得，在经历了这次点评日之后，大家都在这个‘神奇’的地方找到了归属感，这是一种‘大家齐心协力并肩战斗’的感觉。单从这种感觉来说，我们就已经取得了巨大的成功。约翰有勇气开诚布公地与大家分享针对他本人的意见，为我们做了极好的榜样。他的坦诚坚定了公司全体员工紧跟他的领导的决心，也证实了什么叫‘以身作则’。我觉得，我们都能从约翰的做法中学到宝贵的经验，我们也能以同样的谦逊和涵养去接受我们的自我反省以及他人对我们的看法。感谢你创造了一个让这样的交流成为可能的环境。”

点评日总结表上还有“这个建议应该由谁推进”这样一个直截了当的问题。这个问题的设定是有特殊目的的，意在尽早把最好的提议付诸实践、避免拖延。因此，在点评日之后的几个星期里，所有自愿为提议的实践出力的人员来到了办公室，与汤姆和他的团队一起讨论如何优化这些倡议。随后，大家将改进后的建议发给我、约翰以及我们的总经理吉姆·莫里斯，一收到提案，我们三人便从中挑出可行的项目，立马着手实施。

换句话说，我们在点评日搜集点子并不只是走走形式、做做样子，这些点子为皮克斯的进步起到了实实在在的助推作用。举个小小的例子，我们找到了一种更快速也更安全的将最新影片小样转发给导演过目的方法。对于那些不在动画领域工作的人而言，这样的具体工作方面的改变听起来都没什么了不起的，但如果你把这些小细节叠加在一起，变化的力量也就彰显出来了。在点评日之后的几周里，我们一共实施了 4 个优秀的构想，准备实施的有 5 个，还标出了另外十几个还要继续完善的构想。所有这些构想，都对皮克斯的工作方法、企业文化或是管理方式大有裨益。

最重要的是，我们打破了大家顾虑重重、不敢吐露心声的僵局。有的人或许会以具体有形的收获作为衡量那一天收获的标尺，的确，我们对此也很关注。但是我们同时觉得，真正意义上的进步来自大家坚持不懈的投入和积极的参与。因此，我觉得点评日最大的贡献是营造了一个大家可以畅所欲言的环境，让大家敢于发表异议，给予大家共同参与、一起解决问题的归属感，这些都是点评日为我们带来的最珍贵的东西。

是什么让点评日如此有成效呢？对我来说，这可以归结为三点。第一点，就是有一个清晰且集中的目标。这次讨论会并非是以完全自由的形式进行的，虽然讨论话题广泛（这些话题的提出者并不是人力资源部门或皮克斯高层，而是皮克斯的员工），但话题直指的“如何将制作投入削减 10%”的现实需求却很具体。虽然我们允许——甚至鼓励——大家发散讨论，只要跟目标沾一点边儿就可以过关，但大前提是目标必须明确。

第二点，这个构想得到了公司高层管理者的支持。这次活动得以顺利进行，多亏负责这次活动的汤姆召集了最为高效的团队来帮助他。若是组织这次点评日的人缺乏办好活动的手腕和影响力，那么结果将截然不同。员工们会感觉到管理层并不重视这个构想，就不会对这次活动抱什么希望。这样一来，点评日的意义也就丧失了。

第三点与第二点类似，点评日是皮克斯内部组织和举行的活动。在开展全体员工参与的活动时，许多企业会从公司外请来咨询公司全权负责，其中的原因我明白：想要组织好这类活动，需要花费大量的准备时间。但我觉得，皮克斯员工的参与准备和实施，是点评日得以成功的关键。他们的参与不仅将讨论引上了一个有意义的方向，也让他们受益匪浅。他们融入活动之中，相互配合，为会议赋予了重要意义，在此过程中，他们加入皮克斯的初心也被唤醒了。与其说点评日画上了句点，不如说这只是一次起点，一个为我们的员工提供前进的空间，鼓励他们主动思考自己在皮克斯未来中所扮演的角色的机会。我之前说过，问题不难找到，但挖掘这些问题的根源却异常困难。点评的确可以揭露潜在的问题，但我们面前仍有艰巨的任务要完成。点评日本身并不能够解决任何实质问题，但以此为契机，皮克斯的文化得到了校正，让我们能够以更好的姿态踏上未来的旅程。

变化是永恒的。既然这样，我们就需要适应变化，不仅要适应新的思想，有时甚至还要接受从头开始的新考验：无论是你的项目、你的团队、你的部门，甚至整个企业，都是如此。面对改变，我们需要来自家庭及同事的支持。这让我想起了我们的动画师奥斯丁·麦迪逊所写的一封信，信的内容尤为鼓舞人心。

> 我与众多从事艺术工作的同人一样，经常游离于两种状态。第一种状态（也是两种状态中人气占绝对优势的一种）是全情投入、灵感爆棚、火力全开的状态。在这种状态下，创意如圣杯中的红酒一般喷涌而出！这种情况大概只有3%的发生概率，而余下97%的时间里我则处于沮丧和挣扎，办公室的角落里扔满了纸团。关键在于，你一定要历尽艰险地蹚过这片绝望的沼泽。听听那些入行几十年的专业人士的故事，你会发现他们在制作电影的道路上也经历过同样的坎坷。用一个词来概括，成功靠的就是“坚持”——坚持讲自己的故事，坚持倾听观众的心声，坚持你的梦想……

这段话真是一针见血。我并不是想告诉大家皮克斯和迪士尼通晓一切，我只想让大家看到，我们每一分每一秒都在坚持不懈地寻找着答案。未来不是一个目的地，而是一个大方向。我们每天要做的工作，就是为大家指出正确的道路，并且在那些无可避免的错误发生时及时改正。我可以感觉到，下一个危机已经在不远处蠢蠢欲动了。想要让创意文化永葆生机，我们就不能惧怕时刻存在的不确定因素。在不确定因素面前，我们只能像面对天气的阴晴冷暖一样被动接受。不确定因素和变化就像生命的常量，而人生也因此充满乐趣。

实际上，随着挑战的出现，错误必然是难免的，因此我们的工作永远也没有完结的一天。问题永远存在，只是有许多还没有浮现出来；而我们要努力挖掘这些问题，即便我们要为此挑战自己的极限也在所不辞；一旦遇到问题，我们就必须调动全部精力来解决问题。这些“宣言”可能会让你感觉似曾相识，因为我就是用这句话作为本书开头的。下面，我还要说一句值得你反复琢磨的话：想要释放创意，我们就得放松钳制，接受风险，信任同事并为他们铺平道路，还要注意防备任何可能引发恐惧感的因素。即便这些都做到了，也不一定能减轻创意文化管理工作的包袱。但是，轻松并非我们的目标，卓越才是我们的追求。

Creativity, Inc.

后记

我们所知的乔布斯

那是1985年年底，我在卢卡斯影业掌管的电脑部门少有人问津，在我看来，我们已经陷入了无人收购的绝境。只要有人对电脑制图表现出一丁点儿兴趣，我们就会发出欢迎的信号。好不容易找到了“门当户对”的通用汽车公司，眼看好事将近，却没有了下文。我在上文中提到过，大约就是在这个时候，乔布斯的一位律师在一次会议中把我和阿尔维拉到一边，说我们马上就要搭上史蒂夫·乔布斯这列过山车了。我本以为他是在开玩笑，谁知竟是真的。这一路真是一段惊险之旅。

整整26年，我与史蒂夫·乔布斯并肩

共事。时至今日，有关他的文字已数不胜数，但我觉得，这些文字远远不能把我所熟识的这个人全面勾勒出来。这些逸事大多只是片面地关注他异于常人的性格特征，以及他性格中比较消极和难以相处的一面，这让我深感无奈。史蒂夫·乔布斯的传记清一色将他描述成一个顽固、专横的人，说他毫不动摇地坚守自己的理想，容不下一点儿妥协或变通，还说他常常会恫吓或强迫别人按他的方法做事。在大家津津乐道的逸事中，有关乔布斯年轻时的故事或许是真实的，但大家对他整体形象的认知却与实际情况相去甚远。实际上，在我与乔布斯相识的岁月中，他改变了许多。

在我看来，这个年头，"天才"一词被大肆滥用。但是，这个词放在乔布斯身上绝对是名副其实的。然而在初识乔布斯时，他给我留下的是不可一世、傲慢无礼的印象。而他的这一面，正是为大家所津津乐道的。我明白，想要理解乔布斯这种背离常理的奇才并非易事，我怀疑那些重点描写乔布斯偏激性格的人，或许正是看中了这些爆料的娱乐性。然而，如果让这些人写的传记充斥市场，我们就看不到故事背后的故事了。大家可能不难料想到，在我和乔布斯共事的日子里，他通过经营两家蒸蒸日上的成功企业，积累了充足的实践经验，但大家或许有所不知，乔布斯同时也越来越懂得把握分寸，他知道何时该对人施压，何时该适可而止。他变得越来越通情达理、越来越睿智，也越来越谙熟与人的相处之道，这主要是他在和妻子劳伦的婚姻生活以及与深爱的孩子们的相处中摸索出来的。这一转变并没有让他放弃对创新的追求，反倒让他越战越勇。与此同时，他也蜕变为一个更加和善、更有自知之明的领导者。我觉得，皮克斯在乔布斯的成长中起到了不可忽视的作用。

大家不要忽略，事情发生在 20 世纪 80 年代末。当时，皮克斯刚刚成立，而乔布斯几乎将所有心血都用在建设 NeXT 上，这家公司是他被迫从苹果公司离职之后成立的。皮克斯的创始人没有一个人知道自己究竟是在做什么，包括乔布斯本人。在与顾客的交涉中，乔布斯往往表现得过于强势，这有时能带来满意的结果，有时却适得其反。比如说，他代表 NeXT 与 IBM 签订了一笔 1 亿美元的合同，将 NeXT 软件的使用权授予 IBM 公司。这笔合同数额巨大，加之乔布斯并没有将NeXT软件新版本的使用权包括在内，因此从表面来看，这次合同是NeXT单方面的大获全胜。而实际上，乔布斯做得有点儿过火了，他在事后告诉我，这笔合同引发了许多不快，他也从中汲取了教训。

在皮克斯建立之初，乔布斯就感觉到这家公司有其特别之处，但他无法具体确定这特别之处到底是什么，加上公司一路亏损的经营状况，让他感到万般沮丧。他的公司“烧钱”程度走在了时代前沿，他能否坚持等到皮克斯的潜力开花结果的那一天呢？毕竟，他连这家公司到底能否有开花结果的一天也不能确定。什么样的人敢为这样一家公司投资？换作是你，你敢吗？

许多人都觉得，情感与逻辑所涉及的范畴是截然不同、互不相干的。乔布斯却并不这样认为。从一开始，在制定决策时，他就将激情视为逻辑推理不可分割的一部分。初出茅庐的时候，乔布斯将激情融入逻辑的方式仍显笨拙，他会发表一些极端或激烈的言论，以期煽动听者来回应他。但在皮克斯，即便是在我们距离赢利之日遥遥无期的时候，乔布斯咄咄逼人的态度也已经收敛了许多，因为他发现我们在图像和叙事艺术上要比他懂得多。对于我们想要制作出史上第一部动画长片的构想，他表示尊重和支持。他并没有对我们的工作指手画脚，也没有把他的想法强加于人。在追求理想的道路上，我们也有过困惑，但乔布斯却从来没有质疑或轻视过我们的满腔激情。这就是最终让乔布斯、约翰与我联结在一起的纽带。这股追求卓越的热情是如此诚挚，让我们三人在激烈的争执与痛苦的挣扎之后，仍能团结在一起。

在制作皮克斯的第二部影片《虫虫危机》时，乔布斯对热情的看法给我留下了深刻的印象。当时，公司内部对影片画面比例（也就是影片画面的宽度与高度之比）出现了意见上的分歧。在电影院里，影片以宽屏形式放映，也就是说，画面的宽度是高度的两倍还要多；但当时的电视荧幕宽度不过是高度的1/3倍，几乎是正方形的。换句话说，如果将宽屏格式的电影转化为适合电视屏幕的格式，要么屏幕的上下端会出现黑色长条，要么就得将影片画面两端硬生生地剪去，二者对原片的呈现效果都不大理想。

《虫虫危机》的营销人员和制作人员各执一词。制作人员希望影片能使用宽屏格式，因为这会为电影院的观众带来全景式的体验，他们认为，影院观赏效果要比家庭观赏效果更重要；而营销人员则认为，观众们不会愿意购买上下方出现黑色长条的影碟，也就是说，宽屏格式会导致影碟销量的锐减。乔布斯并非电影发烧友，他认同营销人员的观点，觉得如果采用宽屏格式，会导致经济损失。就这样，争执迟迟未决。一天下午，我带领乔布斯参观办公楼，让他看看皮克斯的几个部门在工作中的状态。我们走进一间挤满了人的屋子，原来，大家正在为《虫虫危机》的一个场景做照明工作。影片的美工设计总监比尔·科恩正在显示器上展示几幅图像，而这些图像碰巧都是宽屏格式的。

见状，乔布斯插话说，决定制作宽屏格式的电影简直是"脑子抽筋"。比尔也不示弱，迎头反击，解释说从艺术的角度来看，宽屏格式是绝对不可忽视的。就这样，两个人你一言我一语地展开了激烈的辩论。我不觉得两个人是在争吵，但"激烈"一词绝对不为过。末了，两人仍是谁也不服谁，而我和乔布斯则继续参观之旅。

事后不久，心神不宁的比尔找到我，说："老天爷啊，我居然和史蒂夫·乔布斯吵起来了。我是不是把事情搞砸了？"

我告诉他："恰恰相反，你赢了。"

比尔对影片格式问题的热情引起了乔布斯的注意，这一点比尔没有捕捉到，却没有逃过我的双眼。比尔愿意如此坚定地站出来，如此清晰地表达出自己的理念，这让乔布斯看到，比尔的理念是值得尊重的。从此以后，乔布斯再也没有跟我们提起电影格式的问题。

乔布斯并非偏重激情而忽视逻辑，他很清楚，单凭感情制定决策是绝对行不通的。但是他知道，创意并不是非黑即白，艺术也不是商品，如果非让一切都与金钱挂钩，那么我们独一无二的闪光点也有可能就此被抹杀。乔布斯对位于天平两端的理智与情感都高度重视，想要了解这个人，我们就得先了解他保持天平平衡的方法。

在很长一段时间内，皮克斯一直"蜗居"在加州里士满角几栋逼仄的建筑物里。20 世纪 90 年代中期，搬家的时机终于成熟，是时候为皮克斯建一个得体的总部了，我们需要一个依我们的需求而建的地方。乔布斯自告奋勇地承担起设计任务，皮克斯现在的主楼就是他辛勤工作的产物。然而，这幢楼的诞生并非一帆风顺。

乔布斯有一些特别的构思，想要用来推动人与人之间进行交流，而他的第一版设计就是基于这些构思完成的。1998 年，我们外出召开了一次会议，来商讨设计方案。会议上，一些人质疑了乔布斯单独分设男女卫生间的想法。乔布斯虽然选择了妥协，但不难看出，大家没能领会他增进人们互动概率的真正意图让他很心寒。在刚开始的时候，乔布斯虽几经摸索，却没能找到一种与大家建立共识的途径。

在这之后，乔布斯计划为每部在制作过程中的影片分出一栋单独的办公楼。理由是，这样就可以为每支制作团队腾出专属的空间，让他们免受干扰。我对此并不是非常赞同，所以我邀请他和我一起进行一次自驾游，找找灵感。

对于乔布斯而言，事实胜于雄辩，因此我劝他往南去伯班克，参观位于桑顿大道的一座四层楼高、安装了玻璃的铝合金制大楼。这栋被人称为“北区工作室”的建筑被迪士尼动画于 1997 年收购，迪士尼的工作人员在此进行各种项目的制作，其中也包括迪士尼的第一部三维动画《恐龙》。

但是，这栋建筑物之所以闻名，是因为 20 世纪 40 年代在这里安营扎寨的臭鼬工厂。 这是一家洛克希德名下的绝密机构，完成了数架喷气式战斗机和间谍机以及至少一架隐形战斗机的设计工作。我对这段历史非常感兴趣，同样吸引我的是，臭鼬工厂这个名字其实是从阿尔 · 卡普的连环画《莱尔 · 阿布纳》中借鉴而来的。在这部连环画里，许多笑料都是围绕一个奇臭无比的秘密基地展开的。这个被叫作“臭臭工厂”的地方隐匿在深林之中，是个使用臭鼬和破鞋等奇怪原料酿制一种重口味饮料的地方。

乔布斯明白，我那天并非想要和他讨论连环画或飞机历史，而是想让他亲眼领略那栋建筑物。这个空间容纳了几百名动画师，大家在同一片屋檐下同时展开几个项目的工作。我非常享受这里敞亮的门厅带给我的感觉。记得刚开始的时候，乔布斯给这里的建筑布局挑出了不少毛病，然而，在里面闲逛了一个小时左右之后，我感觉他已经领悟到，为每部电影建造独立的工作空间会将大家隔离开。乔布斯亲眼见到，迪士尼的员工互相交换信息，一起寻找灵感，充分地利用了建筑的整体布局。乔布斯深信偶然的碰撞更容易擦出火花；他明白，创意并非一项个人独立完成的工作，我们的北区工作室之旅更加坚定了他的这个信念。在一家创意公司，把项目甲和项目乙的制作分隔两地这种将人员拆分为互不交融的独立体的做法，可能会起到反作用。

这次旅行之后，乔布斯与他的建筑师再次会面，设计了建筑物的总体框架。他将皮克斯新总部的建设工作完全当成了自己的责任。

大家都听过“你的员工是你最为宝贵的资产”这句话。对于绝大多数的领导者而言，这句话只不过是挂在嘴边博人气的一句话罢了，也就是说，这些领导者或许会认同这句话的理念，但很少会有人将此话作为行为或决策的准绳。但是乔布斯却做到了言行合一，他把这句话作为皮克斯总部建设工作的基本原则，在每一寸空间的设计上都尽量方便大家的会面与交流，通过增进大家的团队协作能力，为皮克斯电影的制作工作助力。

最后，皮克斯新楼的建设工作巨细靡遗都由乔布斯来负责，从横跨中庭中心的钢质拱桥，到放映室所用的座椅类型。乔布斯不希望楼中出现任何可见的障碍物，因此他把楼梯设计得敞透宽阔，给人宾至如归的感觉。他计划只在整个大楼设置一个进口，好让大家在进门时能互相打个照面。楼中的天庭（时至今日，大家在进餐、打乒乓或是听取高管介绍公司消息时，仍会在这里聚集）共设有会议室、休息室、一间邮件收发室、三个放映厅、一个游戏空间以及一个用餐区。这样的布局制造了人流的交汇，让大家一整天都能这里相会，由此增加了信息的交流和偶遇的机会，使整座建筑变得生机勃勃。这所有的一切，都是乔布斯运用哲学家一般的元逻辑以及工匠一般的一丝不苟之心设计出来的。他相信，简单的材料加上精湛的做工可以缔造不凡。因此，他希望把所有的钢材裸露出来，而不用涂漆遮掩；另外，他还希望用窗户代替墙壁。2000 年秋，经过 4 年的设计和建筑工作，皮克斯总部终于落成。而皮克斯的工作人员在每部电影上花费的时间恰巧通常也是4年，因此大家都不约而同地将这座建筑称为“乔布斯的电影”。

不少企业把总部建得光鲜华丽，但其实只是领导者个人形象的膨胀罢了。坦白地说，我的确有过疑虑，担心皮克斯会也会感染上“门面综合征”。但是事实证明，我的担忧纯属多余。2000年感恩节的那个周末，我们搬入了新楼，从那天起，这栋建筑物就成为我们迸发奇思妙想的温馨港湾。不仅如此，在皮克斯员工的眼中，这栋建筑物将乔布斯从企业外围的守护者转变为我们内部文化的一部分。总部的氛围透着乔布斯鲜明的独特个性，向大家展露了他对皮克斯员工工作方式的贡献和理解。

这种“展露”有其积极的意义，我上文中已经说过，与乔布斯打交道的时候，许多人都需要去配合他的做事风格。布拉德·伯德记得他刚加入皮克斯后不久，在《超人总动员》的制作期间召开过一次会议。会上，乔布斯评价说《超人总动员》的一些绘画看上去“就像周六早晨播出的动画”，意指汉娜·巴贝拉等公司制作的低成本卡通片，这话让布拉德心里很不是滋味，他回忆说：“在我听来，这话就像在说‘你妈妈是个荡妇’一样，真是让我火冒三丈。会议结束后，我走到安德鲁旁边说：‘老天啊，乔布斯刚刚说的那句话真让我恼火。’安德鲁压根没问我指的是哪句话，只是说：‘让你恼火的只有一句话吗？’”后来，布拉德才意识到，乔布斯并不是站在批评者的角度说这番话的，而是从对影片的支持推动角度来说的。乔布斯和布拉德都知道，动画片中的超级英雄角色大多是廉价制作出的拙劣产物，而乔布斯的言下之意，是在鼓励《超人总动员》把目标放高一些。布拉德说：“乔布斯的意思是说，我们要证明这部影片是不落俗套的佳作。这，就是乔布斯。”

皮克斯之外的人有所不知，乔布斯与我们的导演结下的情谊是很深远的。最开始的时候，我还以为这只是因为乔布斯欣赏这些导演的创意与领导能力，而导演们则反过来欣赏乔布斯给予他们的支持与建议。但随着了解的加深，我发现乔布斯和导演们有一个非常重要的共同点。具体来说，导演们有时会预感自己的构想到最后有可能完全行不通，但他们在宣传自己的构想时仍然会全情投入。宣传不失为一种测试构想的方法，通过观察观众的反应，不仅可以衡量出构想的价值，还可以让构想更加充实。如果这个构想没能博得人气，那么导演们便潇洒放手，然后继续寻找别的灵感。这种能力非常罕见，而乔布斯恰巧也具备此种能力。

对于那些行不通的东西，乔布斯可以很轻松地放下。如果你与他起了分歧，而你最终能让他信服你是正确的，他立马就能欣然接受。他不会因为曾经看好某个点子，便一直死守不放，即便是那些他笃信的理念。当他发现皮克斯的导演与他的做法相同时，就把他们当成同道中人。

但如果你在宣传构想时表现得太过热切，反倒可能弄巧成拙。也就是说，你的热情洋溢反倒可能让别人不愿在你面前坦率直言。如果你的个性过于强势，那么别人就可能因紧张而变得畏畏缩缩。那么，我们该如何避免这种情况的发生呢？秘诀就是，在任何会议上，我们都应把重点放在点子本身，而不是去关注这个点子是由谁想到的。人们往往会过于重视点子的来源，如果某个点子是乔布斯或是某个德高望重的导演想到的，那么大家可能就会全盘接受（或者不予批评）。但是，乔布斯对这种事情肯定不买账。已记不清多少次了，我亲眼看到他随口说出一个非同寻常的点子，为的只是看看大家的反应如何。如果反响平平，他就会继续下一个话题。实际上，这是一种讲故事的方式——他是在探寻如何最有效地组织和传达自己的构想。不理解乔布斯的人，会误以为他对自己随便扔出的点子抱着支持的心态，会将他表现出的热情或坚持误读为固执或倔强。而实际上，乔布斯只是通过大家对某个点子的反响，来判断这个点子是否有价值罢了。

大家往往不会将乔布斯描述为一个讲故事的高手，他本人也很谨慎，一直都说自己对电影制作一窍不通。但是乔布斯明白，构思一个能打动人心的故事是非常重要的，这也是他能与我们的导演结下友谊的原因。除此之外，这还是他在苹果公司发表演讲时用到的一个诀窍。他明白，在为面前的听众介绍某款新产品时，恰当的叙述方法往往能让沟通变得更有效。他的演说构思周密、打动人心，每一个听过他演讲的人都有同感。

在皮克斯，乔布斯会参与到项目中，帮助别人一起构思故事，我认为这个过程让他对人与人的互动有了更深的了解。在这里他可以发挥自己的聪明才智，让影片更加打动人心。“这样安排效果如何”“那里能否引起共鸣呢”这样的问题让他的创意得到了释放，同时也让他看到，皮克斯的成功，与影片和观众之间产生的深深共鸣是息息相关的。如果看过人们之前对乔布斯作风的描述，你可能会认为，即便是面对一位敏感的导演和一部尚在制作中的影片，在提出建设意见时，乔布斯也不大可能懂得婉言相劝。但是随着时间的推移，乔布斯在这一点上做得越来越得体了。彼特 · 道格特记得乔布斯曾经告诉他，若有来世，他希望能当皮克斯的导演。我坚信，如果乔布斯真当上了导演，也一定会是数一数二的。

2003 年夏秋交替之际，乔布斯变得越来越“踪迹难觅”了。许多人都知道，无论昼夜，乔布斯回复电子邮件的速度不会超过几分钟。但现在，无论我打电话还是发邮件，都得不到回音。而 10 月份的一天，他居然来到了皮克斯。这真是难得一见的稀客，因为除了开董事会，我们之间都是靠通电话互通信息的。乔布斯与我和约翰坐下来，他关上门，告诉我们他的后背总是隐隐作痛，前不久，他的医生让他做了一次计算机轴向断层扫描（CAT），查出他患了胰腺癌。他还告诉我们，罹患此病的人中有 95% 都活不过 5 年。他决意与疾病战斗到底，但他知道人不一定能够胜天。

在接下来的 8 年里，乔布斯尝试了数不清的传统和实验性疗法。他的身体一天弱于一天，我们之间的联系也渐渐不那么频繁了。但他仍坚持每周打来电话询问情况，给我们建议，为我们操心。有一次，我和约翰驾车到苹果和他共进午餐。饭后，乔布斯把我们带到一间安全房，里面存放着苹果的绝密产品。他给我们看了一款产品的早期模型，还告诉我们，这款产品名叫 iPhone。这款产品的触屏对用户很有吸引力，让手机导航变得不仅简便，还富有趣味性。我和约翰一眼就看出，与这款产品相比，我们兜里装着的手机简直可以算是老古董。乔布斯说，他对这款产品很是期待，因为他的目标不仅仅是要制作出一款供人使用的手机，更是要制作一款大家喜爱的手机。他希望这款手机能让用户的生活更加美好，不仅在功能上为大家提供便利，还要在外观上让大家赏心悦目。他觉得苹果已经创造出了这样一款产品。

我们从安全房里往外走，乔布斯在走廊里停下脚步，说他一直在为三个目标努力。他的措辞让我至今记忆犹新：他说，这三个目标，是在他离开这个世界之前想要达成的。第一个对他意义非凡的目标，是把他刚刚给我们展示过的iPhone以及其他几件产品做出来，因为他相信，这些产品可以为苹果的未来打下坚实的基础。第二个目标，是保持住皮克斯的发展势头。第三个目标是他最为重视的，那就是让他的三个年幼的孩子踏上正途。记得他说，他希望能够活着看到当时正在上八年级的儿子高中毕业。听到这个曾经所向披靡的男人将自己的雄心壮志缩减为屈指可数的遗愿，当然令人心痛，但这些话从乔布斯的嘴里说出来并不让人感到突兀。他仿佛已经接受了自己将不久于人世的这个事实。

最终，乔布斯一个不落地实现了这三个目标。

2007 年 2 月，一个周日的下午，我的女儿珍妮和我一起踏出一辆林肯车，走上了一条长长的红毯……谁知恰好与乔布斯打了个照面。那时距离第 79 届奥斯卡颁奖典礼的开幕还有几个小时，位于好莱坞中心的柯达剧院门口被堵了个水泄不通，我们三个人花了九牛二虎之力挤过人海，才终于来到我们的席位。《汽车总动员》荣获了最佳动画长片的提名，和所有有望拿奖的候选者一样，我们在颁奖开始前也难免感到七上八下。我们三人继续在人海中向前推移，乔布斯在剧院里环顾四周，映入眼帘的有光鲜亮丽的男男女女，有熙熙攘攘的电台记者，有摩肩接踵的狗仔队和尖声惊叫的粉丝，以及沿着人行道由豪华轿车排成的长龙。他对我们说：“这个场景就缺一个点火自焚的和尚了。”

灵感是不易捕捉的。我与乔布斯共事的时间比四分之一个世纪还要长，我相信，与他共事过这么长时间的人只有我一个。虽然杂志、报纸，甚至他本人亲自授权的传记，都将他描写成了一个一根筋、不妥协的完美主义者，而亲眼见证了他生命中的起伏后，我却觉得这些文字的呈现与真实的乔布斯是有出入的。那个曾经绝不妥协的乔布斯，那个我们初识时才华横溢却又武断无礼，甚至在感情上麻木不仁的男人，在人生中最后的 20 年中，却脱胎换骨成了另一人。所有认识乔布斯的人，都切身体会到了他的这一转变。他不仅越来越能体恤他人的感受，也越来越懂得重视和接纳别人的创意。

与皮克斯结缘，也是乔布斯转变的一部分。乔布斯致力于创造既方便实用又能为用户制造欢乐的东西，他正是以这种方法为世界的美好贡献一己之力的。从一定程度上说，这也是皮克斯让他引以为豪的原因，他觉得我们的电影的确为世界带来了积极的影响。他以前经常说，苹果的产品虽然出色，但最终也难逃被扔弃到垃圾填埋场里的命运，而皮克斯的电影却是永恒的。乔布斯和我都相信，我们的电影正是因为挖掘到了更深层次的真理，才能经得起时间的考验，这一点很让乔布斯倾心。约翰有“娱乐他人是神圣之事”的说法，乔布斯全心全意地笃信这个使命的意义，尤其是在他临近生命的终点时。乔布斯明白，娱乐并不是他天生就得心应手的技能，因此能成为这项事业的一分子，他感到很幸运。

皮克斯在乔布斯的心中占据着一个特殊的席位，在与我们相处共事的时间里，他的角色不断发生着变化。最开始的时候，他是皮克斯的赞助人，由他为我们支付各种费用，我们才得以运转下去。后来，他又变成了皮克斯的守护者，在内部他为我们出谋划策，对外他为我们保驾护航。不可否认，我们之间难免磕磕绊绊，但正是这些困难坎坷，让我们结下了珍贵的情谊。我一直觉得，乔布斯就像是对皮克斯疼爱有加的继父：他虽然未能从皮克斯诞生之时就与我们结缘，但在草创阶段，他确实承担起了关爱和养育的责任。在乔布斯去世前的10年之间，我亲眼看到，他与皮克斯皆因彼此而发生着变化。我明白，没有任何人的人生可以与身边的人和事分离开来，因此不可否认，乔布斯也离不开他的家人以及苹果公司的同人们。但是，乔布斯与皮克斯共度的时光却是无可替代的。虽然听上去有些矛盾，但正是因为皮克斯是乔布斯的副业，才更让这段时光值得回味。毋庸赘言，妻子和孩子在他的生命中重于泰山，苹果公司是他在商海中最早尝到的且最为人熟知的成就，而皮克斯则为他提供了一片可以稍稍放松和自由探索的乐园。虽然乔布斯从未有过松懈，但我们发现，他越来越懂得倾听的艺术，也越来越能将心比心、关爱他人、耐心处事。乔布斯蜕变为一位真正的智者，他实实在在、彻彻底底地改变了。

我在第5章中曾经写道，在我的决意坚持下，乔布斯同意不参加智囊团会议，但他经常会在皮克斯董事会的试映会后发表评论。在一部电影的放映过程中，一旦出现漏洞，他便会走进屋里，用他的见解扭转我们的观点，提升影片质量。在发表评论时，他的开场白一直没有变过：“我不是个电影人，所以大家大可把我说的话当作耳旁风……”这句话说完之后，他便会一针见血地准确找出问题所在。乔布斯关注的是问题本身，而不是将矛头直指电影的制作人员，因此，他的点评也就更能深入人心。如果你的点评给人一种人身攻击的感觉，那么就很容易遭人忽视。然而，你又怎么能够忽视乔布斯呢？每一部受过他点评的电影，都因他的意见而受益匪浅。

在年少时，乔布斯的想法有如脱缰野马，表达方式也显得很生硬，但随着时间的推移，他不仅越来越善于表达，还学会了察言观色，而这种沟通技能是他几年前并不具备的。有人说是岁月磨平了他的棱角，但我觉得真实情况并非如此。这个说法过于消极，听上去就好像他渐渐失去了一些东西。但实际上，乔布斯的转变是个积极的过程。他一直都没有停止过积极参与的脚步，只是在方法上有所转变罢了。

许多人都说乔布斯是创造奇迹的好手，他们还有一个专用的词语来形容他的这个禀赋。他们说，乔布斯能够操控 “现实扭曲力场”。在沃尔特 · 艾萨克森所著的《史蒂夫 · 乔布斯传》中，作者用了整整一章的笔墨来书写乔布斯的“现实扭曲力场”。他援引了苹果公司麦金塔电脑开发小组最早的成员之一安迪 · 赫兹菲尔德的话，写道：“所谓现实扭曲力场，是口若悬河的演说能力、过人的意志力、扭曲事实以达到目标的迫切愿望融合而成的。”我在皮克斯也经常会听到人们讲到这个词。在听完乔布斯的演讲之后，一些人虽然觉得自己的洞察力得到了升华，却不知如何把乔布斯的论证过程重现出来；随着洞见的蒸发消逝，这些人觉得自己仿佛是在迷宫中神游了一番。也就是说，他们的现实被扭曲了。

“现实扭曲力场”这个说法有那么一点儿消极的意味，因此我不大喜欢。这仿佛是在说乔布斯能够不费吹灰之力就将幻想变为现实，却丝毫不能说明，正是由于乔布斯拒绝接受现实的倔强，他身边的人才不得不彻夜奋战、颠倒人生，以期能达到他难以企及的要求。有关乔布斯拒绝遵守规则（或接受现实）的作风是否值得别人借鉴，大家众说纷纭。比如说，他没有为车子上牌的事情，就引发了广泛的讨论。但是，过于关注这些表面现象会让我们难以捕捉问题的重点。乔布斯之所以这样做，是因为他觉得许多规则并没有什么值得坚持的依据。我们不可否认，他确实喜欢尝试挑战极限，也难免越界。从行为特性上看，乔布斯的确可以算是有违于社会常规的，但如果某一行为碰巧改变了世界，那么说不定就会为行为的实施者带来“梦想家”的美誉。从理论上来说，我们大都觉得挑战极限是件好事，但我们往往看不到，挑战极限这件事具体实施起来是会带来许多困难的。

在皮克斯采用“皮克斯”这个名字之前，这家公司就已经以创造出前所未有的产品为使命了。对我而言，这可谓是我要为之奋斗终身的目标。当时，计算机的速度和内存尚不能让我们的这个目标成为现实，而包括乔布斯在内的皮克斯同事们却甘愿和我一起放胆一试。有创造力的人有一个特征，他们敢于想象将不可能变为可能。这种想象意味着天马行空，意味着潜心酝酿，也意味着大胆地否定（当时公认为）正确的东西，而这也是我们挖掘新事物或创意的途径。乔布斯明白科学和法律的重要性，但他同时也清楚，复杂的机制并不是以可预见的线性方式运作的，最好的创意都是伴着惊喜而来的。

在我看来，所谓扭曲现实还有另一层含义。我们的决策和行动会带来相应的结果，正是这些结果决定着我们的未来。我们的行动可以改变我们的现实，而除此之外，行动的初衷亦是意义非凡的。绝大多数人虽然相信行动会带来相应的结果却并不能参透这句话真正的奥义。但是，乔布斯做到了。我和他都坚信，正是由于我们以初衷作为行动的指导，也正是由于我们对价值观的坚守，我们才改变了世界。

乔布斯的身体日渐衰弱，渐渐无法承受他钟爱的事业所带来的高强度工作，因此，他选择在 2011 年 8 月 24 日从苹果首席执行官的位置上退了下来。之后不久的一天清晨，我在家里锻炼身体时，接到了一通电话。电话那头正是乔布斯。说实话，当时我俩说了什么，我已经记不太清楚了，我知道他的生命正步向尽头，这真是一个让我难以接受的现实。但是，我犹记得他的声音很坚毅，坚毅得好像他并没有经历过那么多的煎熬。他说，我们俩已经在一起共事了这么多年，他很感激能拥有这段经历。记得他告诉我，能成为皮克斯辉煌成就的一部分，他深感荣幸。我告诉他，能与他结下友谊，我也感到三生有幸，并感谢他树立的榜样和他的一片忠诚。我们放下电话，我喃喃自语道："他是打电话跟我告别的。"在此之后，仅仅过了 6 个星期的时间，乔布斯就离开了这个世界，而我再也没有听到他的声音。

乔布斯逝去 5 天后的周一上午，皮克斯全体员工走进乔布斯建造的大楼，聚集在中庭进行追忆和哀悼。上午 11 点，整个中庭里人头攒动，仪式开始的时间到了。我站起来走到一边，思念着这位皮克斯最有力的支持者和我的挚友。第一个发表演讲的任务，落在了我的身上。

关于乔布斯，我有千言万语想要与大家分享：1986 年，他从卢卡斯影业将我们所在的部门收购，让我们免受灭顶之灾；3 年之后，在使用电脑制作动画的构想仍显得遥不可及之时，他却鼓励我们将制作皮克斯第一部动画长片《玩具总动员》的梦想付诸实践；是他将我们出售给迪士尼公司，从而为我们的未来铺好了道路，又通过并购合同为我们打造了坚实的合作关系，从而维护了我们的自主权；将一开始的 43 名员工扩充到我现在面前站着的 1 100 名员工的人，也是他。回溯过往，我仍能忆起我们两人刚刚相识时的点点滴滴，他时而试探时而指点和我对自己的理念反复锤炼的场景，依然历历在目。是他，让我变得更加专注、更有韧性，也更具智慧；是他，让我成为一个更好的人。他那近乎吹毛求疵的严谨作风次次都能帮助我厘清思路，渐渐地，我发现我越发地依赖他的一丝不苟。乔布斯的离去，让我的心中空落落的。

还记得，大家聚集在卢卡斯影业的会议室里，准备签署将皮克斯主要所有权转让给乔布斯的合同，我一面追忆一面说："记得那是 25 年前的 2 月份，皮克斯成立的当天。"在乔布斯接手前，我们花了几个月的时间寻找愿意出价的收购方，早已被折腾得精疲力竭。在座的一些员工并未经历皮克斯刚刚起步的时期，我特地为他们描绘了当时的场景：乔布斯将我和阿尔维拉到一边，用双臂将我们搂住，说：“以后的路还长，我真心请求你们答应我一件事，无论未来如何，我们都要彼此肝胆相照。”我告诉在座的各位，这个承诺，乔布斯从未食言。“这么多年以来，皮克斯和乔布斯一起经历了诸多变革，也走过了诸多坎坷。皮克斯一度落到了寸步难行的境地，甚至走到了濒临破产的边缘，无论哪一位投资者或风险资本家，都一定会选择放弃。”而乔布斯却从未放手。他要求自己恪守他对我们许下的那个“肝胆相照”的承诺。

阳光从头顶的天窗倾泻而下，我的演讲也接近了尾声，我总结道：“未来会发生什么，我无法预知。但我坚信，乔布斯对激情和品质的坚持，会指引我们到达我们尚且无从想象的彼岸。说到此，我的心中满是感激。”那时，我越发深深地体会到，理解和捍卫让乔布斯引以为豪的东西是多么的重要。我的目标就是为皮克斯营造出自己的企业文化，让它在作为领导者的乔布斯、约翰以及我本人离开后，仍能存续下去。我们三人中有一人已过早地离开，缔造生生不息的皮克斯文化的重任落在了我和约翰的肩上。

发言完毕后，我将麦克风递给了乔布斯生前的挚友们，大家一个接一个地踏上讲台。安德鲁·斯坦顿将乔布斯比作“创意防火墙”，在乔布斯的保护下，皮克斯的各位“就像放养的鸡群一样自在”，他的话引来一阵笑声。“为了捍卫我们的创意成果，乔布斯甘愿付出所有。”

下一位登台的是知人善察的彼特·道格特，他与我们分享了印象中乔布斯最显可爱的一件事。那是几年前的一次会议期间，彼特发现乔布斯身上的李维斯 501 款牛仔裤的一条裤管上有两个一模一样的小洞。乔布斯在座椅上欠了欠身，彼特看到，另一条裤管上也有两个相同的小洞。4 个小洞的位置也完全对称，都在脚踝偏上一点儿。到底是什么原因会让乔布斯的裤子上出现这些左右对称的小洞呢？正在彼特百思不得其解时，只见乔布斯弯下腰，将手指伸进裤腿上的小洞，把他的袜子往上拉！彼特继续说：“当时的乔布斯身价足有数百万美元，但很显然，他完全没有把买新裤子这件事放在心上，也没有想起把他脚上松紧带已经没有弹力的袜子换掉。不管怎样，这件事都让我们看到了这个传奇人物富有人情味的一面。”

布拉德·伯德回忆说，第一次与皮克斯商榷《超人总动员》导演事宜的时候，他不大确定自己是不是该接手这份工作。因为他刚完成的电影《钢铁巨人》是由华纳兄弟发行的，当时他仍在考虑是否应该留在华纳。布拉德说："虽然华纳公司刚刚为我发行了电影，但是想要与他们的管理团队见一面，竟要等上一个月。而相比之下，乔布斯不仅知道我夫人的名字，还能在询问我孩子近况时叫出他的名字，真是做足了功课。我暗自思忖：'我干吗还要跟华纳兄弟费口舌呢？'就这样，我选择了皮克斯。"

布拉德继续说："乔布斯对品质有根标杆，他一直都把目光放得很远。他对佛教很感兴趣，但在我看来，他应该只是想追求那种精神境界。毋庸置疑，他相信在这尘世之外另有净土，"说到这里，他停住了，一时间难掩悲恸之情，"在那里，金子总是会发光的。期待我们能在那片净土与他重逢。乔布斯，我向你致意。长路漫漫，后会有期。"

接下来，轮到约翰发言了。整个屋里阒寂无声，但不难感到大家的情绪都很激动。约翰踏上讲台，对大家说，人人都希望能够越变越好，乔布斯也经历了积极的转变，而能在这一时期与乔布斯结下友谊，让他感到深深的荣幸。

约翰说："刚刚收购皮克斯时，乔布斯的身上洋溢出那么一股自信，有的人称之为傲慢，而我觉得是自信。总而言之，乔布斯觉得自己在任何工作上都能做得比别人出彩。正因如此，在苹果公司，人们很避讳和乔布斯搭乘同一架电梯，因为他们担心电梯还没到达顶层，自己的饭碗就已经保不住了。"中庭里又一次笑声四起。"随着皮克斯渐渐蜕变为一家动画工作室，乔布斯对我们工作内容的了解也越来越多，这让他大开眼界，他意识到，我们所做的工作是他很难企及的。我认为，乔布斯在打造皮克斯的期间，在他和劳伦结为连理、生儿育女的期间，逐渐意识到了皮克斯成员的可贵之处。所有这些，铸造了他这样一位伟大的领导者。"

3 周前，约翰与乔布斯见了最后一面。约翰哽咽着告诉我："我们在一起坐了差不多一个小时，讨论了一些让他非常感兴趣的未来愿景。我看着他，突然意识到眼前的这个人给予了我、给予了我们，所需要的一切。我紧紧抱住他，在他脸颊上吻了一下。”此时，约翰已是泣不成声，他接着说：“我代大家对他说了一句：‘感谢你，乔布斯。我们爱你。’”

中庭里掌声雷动，直到皮克斯的一位歌手站上讲台，掌声才渐渐平息。这位歌手用平静的声音宣布，在皮克斯的历史上，每一次公司庆功会上都少不了皮克斯常驻清唱团的献唱，而今，他们也将同样把歌声送给乔布斯。置身于这幢被称为“乔布斯的电影”的大楼中，我不禁想到，乔布斯若是在场一定会很喜欢这个——一场独一无二的庆功会，仅献给这部伟大的作品，史蒂夫 · 乔布斯。

这趟过山车之旅暂且告一段落，一位挚友先走一步，但是，我们一同经历了多么刺激的一段旅程。这段回忆无可取代！

创意文化管理札记

几年来，在营造一种健康的创意文化并保护这种文化的过程中，我们总结了一些理念。如果把一个复杂的理念提炼成T恤上的标语，就可能会给别人造成误解，并且提炼的过程本身就已经导致理念内涵的流失。一句值得重复的箴言，其实离一句无意义的空话并不遥远。漂亮话并非一定能付诸实践。我一直认为这种所谓提炼的真理是不足为训的。但是我觉得，在这一章节与大家分享一些我最为珍视的理念，或许可以给大家带来一些启发。但要注意：请把每一条理念当作一个起点或一条往深层探寻的通道，而不要直接视作定论。

- 把高明的点子交予平庸的团队，点子就会毁在他们手上。把平庸的点子交予一支卓越的团队，那么团队要么就对点子进行改进，要么就是将点子推翻，提出更好的构想。也就是说，如果你能组建一支优秀的团队，那么他们就能给你好点子。
- 在聘用员工的时候，请给予他们发展的空间，让他们的技能能够有所提升。这些员工未来能够达到的水平，要比当下展示出来的技能更加重要。
- 永远记得：发掘那些比你聪明的人才。即便雇用强者看起来会造成潜在的威胁，也要冒这个险。
- 如果你的企业里有人不敢畅所欲言地提出建议，那么受损失的人是你。不要因为一个点子的来源不够“正统”就不重视，因为，灵感可以来自任何地方。
- 仅仅敞开心扉接受别人的点子是不够的。集思广益、广开言路，这是一个需要我们主动采取行动的长期积累的过程。作为管理者，你必须学会激发员工们的灵感，还应该时常激励他们开动脑筋为公司出谋划策。
- 在职场环境里，有诸多导致大家不能坦诚相见的障碍。你的任务就是去挖掘并扫除这些障碍。
- 与你意见相左的人肯定有他自己的理由。你需要去理解对方观点背后的道理。
- 如果你的企业中弥漫着一股恐惧感，那么这背后定有原因。我们的任务有三：一是找出原因所在；二是把原因弄清楚；三是把这原因根除。
- 想要驳倒反对意见，最有效的利器就是对自己观点的笃信。
- 通常来说，在抒发可能会引起争议的观点时，大家都会有些顾虑。而智囊团会议、审片会、事后讨论会以及点评日都是鼓励大家勇于直抒己见的方式。这些鼓励自我评估的方式，都是我们为让大家说真话所做的努力。
- 如果大家在走廊里要比在会议室里更容易说真话，那你就有麻烦了。
- 许多管理者都觉得，如果自己没有对消息掌握优先权或是在会议上被搞得猝不及防，就表示自己没有得到管理者应得的尊重。拜托，别这么斤斤计较好吗?

- 想要轻描淡写地低调处理问题，可能会让别人觉得你要么是在回避问题，不坦诚，要么就是无知或漠不关心。把问题与大家分享不失为一种团结人心的方法，这样做能让员工觉得自己是企业中的一分子。
- 我们对成败所下的第一结论通常都是错误的。只看结果而忽略过程的评估方法是会造成误导的。
- 不要天真地认为只要能规避错误，你就不必费心纠正错误了。实际上，规避错误的代价往往要比纠正错误的代价更惨重。
- 变化和不确定因素皆是人生的组成部分。我们不应抗拒变化，而应该磨炼在意外发生时迅速恢复的能力。如果你不能时刻准备揭露和探索那些不可见的因素，那么你就不能成为一名合格的领导者。
- 管理者的任务并非规避风险，而是营造一个让员工能够安全承担风险的环境。
- 失败不一定是坏事。实际上，失败一点儿都不能算是坏事，而是做新尝试时必然出现的一种结果。
- 信赖他人并不代表你相信此人不会犯错，而是在他犯错时你仍然信赖他。
- 在遇到问题时，负责实施计划的人必须拥有最终决定权，也就是说，他们不必得到上级批准就可以制定相应决策。寻找问题以及解决问题是每个员工的责任，每个员工都应该拥有暂停流水线的权力。
- 事事都顺利进行是不可能的。如果以此为目标，会让你以员工所犯的错误作为评判标准，而忽略了他们解决问题的能力。
- 不要妄想等到事事完美再公之于众。早些与人分享，多多与人分享。作品在完成之时会绽放光彩，但是在制作过程中却只是丑小鸭。
- 一家企业的沟通体制不应成为组织结构的翻版，人与人的交流不应有等级的阻隔。
- 切忌制定过于烦冗的规矩。规矩的确可以为管理者减轻负担，但也会为其余 95% 的人带来羁绊。不要为了 5% 的人的利益而设置规矩，对于有违常理的行为单独处理就好。这虽然会加重管理者的工作量，但最终对企业的健康发展是有好处的。

- 有时，设定限制反而能激发创意。令人不适或看似不稳定的环境，或许能催生优秀的作品。
- 挑战那些极端困难的问题，能迫使我们用新的视角看问题。
- 一个组织要比构成组织的个人更容易停滞不前、难以改变。不要以为泛泛的协议就意味着改变。即便大家表面赞同改变，但想要让一支团队真正行动起来，是需要你实实在在付出心血的。
- 在运作良好的企业中，各部门的工作事项虽然存在差异，目标却是彼此相联的。如果只偏重单个部门的工作事项，那么大家的利益都会受损。
- 想要见证伟大，就必然经历一段不伟大的平庸，这个道理有些人是不能理解的。在创意环境中，管理者的任务就是捍卫新生的构思不受这些人的摧残。放眼未来，不要驻足过去。
- 新出现的危机并不一定意味着噩运，这些危机可以测验和彰显一家企业的价值所在。另外，解决问题的过程往往可以将员工们的心凝聚在一起，敦促大家将目光放在当下。
- 卓越、品质和优秀这三个词应该是通过付出而获得的，应由别人冠给我们，而不是由自己来宣称。
- 不要一不小心把稳定错当成了目标。平衡要比稳定来得重要。
- 不要将目标与方法混淆。我们应坚持不懈、不遗余力地通过优化、简化及提高效率等方式努力改进我们的工作方式，但这并非我们的目标。打造出优秀的产品才是我们的目标。